LES MYSTÈRES D'OSIRIS

L'ARBRE DE VIE

LES MYSTÈRES D'OSIRIS

☥ L'ARBRE DE VIE
☥☥ LA CONSPIRATION DU MAL
☥☥☥ LE CHEMIN DE FEU
☥☥☥☥ LE GRAND SECRET

ŒUVRES DE CHRISTIAN JACQ

Romans

L'Affaire Toutankhamon, Grasset (Prix des Maisons de la Presse).
Barrage sur le Nil, Robert Laffont.
Champollion l'Égyptien, éditions XO.
L'Empire du pape blanc (épuisé)
Le Juge d'Égypte, Plon :
* *La Pyramide assassinée.*
** *La Loi du désert.*
*** *La Justice du vizir.*
Maître Hiram et le roi Salomon, éditions XO.
Le Moine et le Vénérable, Robert Laffont.
Le Pharaon noir, Robert Laffont.
La Pierre de Lumière, éditions XO :
* *Néfer le Silencieux.*
** *La Femme Sage.*
*** *Paneb l'Ardent.*
**** *La Place de Vérité.*
Pour l'amour de Philae, Grasset.
La Prodigieuse Aventure du Lama Dancing (épuisé).
Ramsès, Robert Laffont :
* *Le Fils de la lumière.*
** *Le Temple des millions d'années.*
*** *La Bataille de Kadesh.*
**** *La Dame d'Abou Simbel.*
***** *Sous l'acacia d'Occident.*

Suite de la bibliographie en fin de volume

CHRISTIAN JACQ

LES MYSTÈRES D'OSIRIS

L'ARBRE DE VIE

ROMAN

LE GRAND LIVRE DU MOIS

Osiris de couverture : © Photo12.com

ISBN : 2-7028-8600-0

Si tout demeure stable et en perpétuel renouvellement, c'est parce que la course du soleil ne s'est jamais interrompue. Si toutes choses restent parfaites et intégrales, c'est parce que les mystères d'Abydos ne sont jamais dévoilés.

Jamblique[1], *Les Mystères d'Égypte*, VI, 7

1. Philosophe néoplatonicien, né dans la seconde moitié du IIe siècle apr. J.-C.

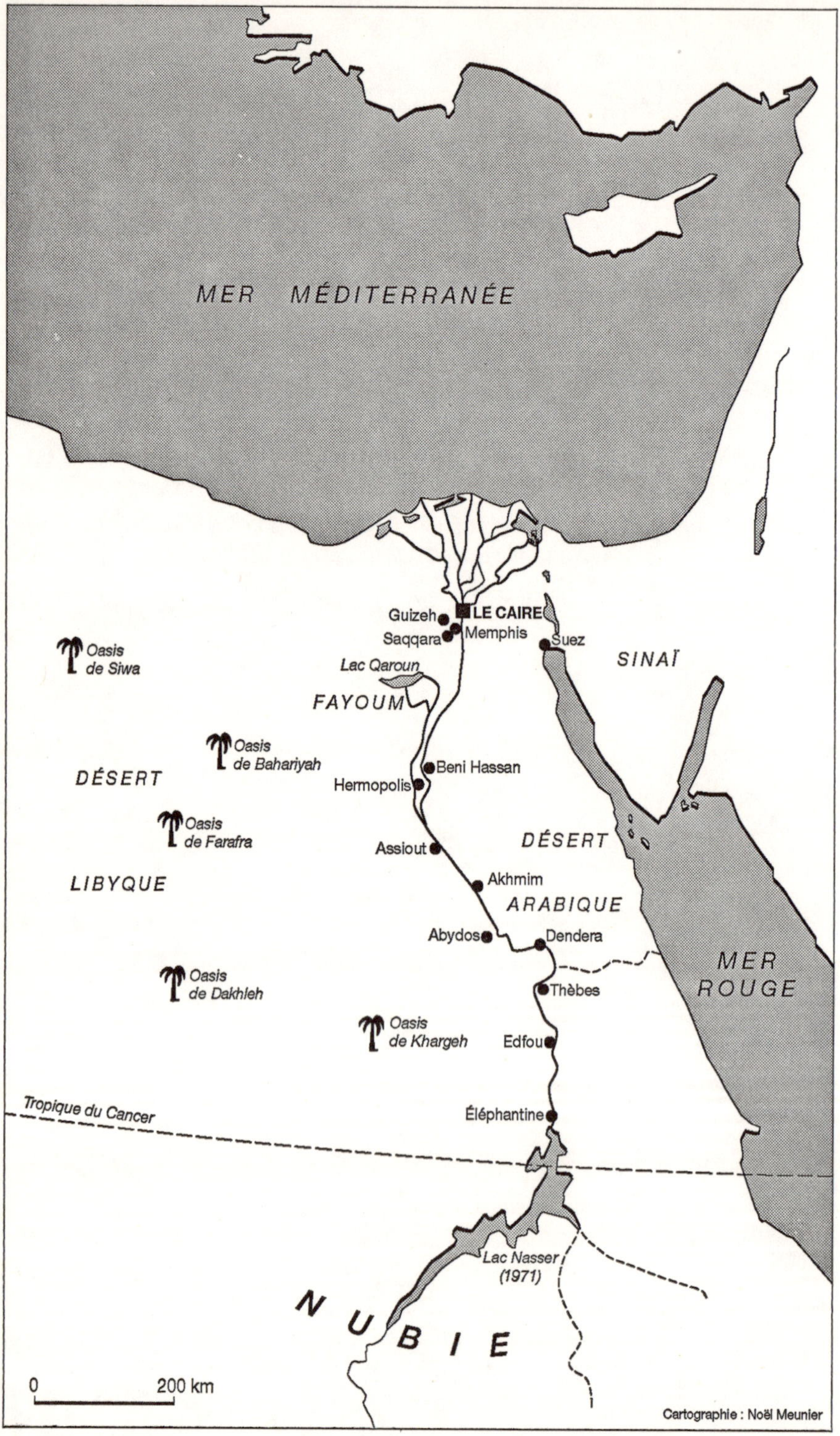

MER MÉDITERRANÉE
LE CAIRE
Guizeh
Saqqara
Memphis
Suez
SINAÏ
Oasis de Siwa
Lac Qaroun
FAYOUM
Oasis de Bahariyah
DÉSERT
Beni Hassan
Hermopolis
Oasis de Farafra
Assiout
DÉSERT
LIBYQUE
Akhmim
ARABIQUE
Abydos
Dendera
MER ROUGE
Oasis de Dakhleh
Thèbes
Oasis de Khargeh
Edfou
Tropique du Cancer
Éléphantine
Lac Nasser (1971)
NUBIE
0
200 km
Cartographie : Noël Meunier

1.

Iker ouvrit les yeux.

Impossible de bouger. Pieds et poings liés, il était solidement attaché au mât principal d'un grand bateau qui voguait à belle allure sur une mer calme.

La rive où il se promenait au terme d'une journée de travail, les cinq hommes qui se ruaient sur lui en le frappant à coups de bâton, le vide... Son corps était douloureux, sa tête en feu.

— Détachez-moi ! implora-t-il.

Un barbu corpulent s'approcha de lui.

— Tu n'es pas satisfait de ton sort, mon garçon ?

— Pourquoi m'avez-vous enlevé ?

— Parce que tu vas nous être très utile. Beau bâtiment, non ? Il s'appelle *Le Rapide*, mesure cent vingt coudées de long et quarante de large[1]. Il me fallait bien ça pour remplir ma mission.

— Quelle mission ?

— Tu es vraiment curieux ! Mais vu ce qui t'attend, je peux te confier que nous nous dirigeons vers le pays de Pount.

---

1. 62,40 mètres × 20,80 mètres.

— La terre divine ? Ce n'est qu'une légende pour les enfants !

Le capitaine sourit.

— Crois-tu que cent vingt marins au cœur plus résolu que celui des lions se seraient embarqués pour conquérir une légende ? Mon équipage n'est pas composé de rêveurs mais de rudes gaillards qui vont devenir riches, très riches.

— Moi, je me moque de la richesse ! Je veux seulement devenir scribe.

— Oublie palettes, pinceaux et papyrus. Vois-tu, la mer est une divinité aussi dangereuse et invincible que Seth. Quand la prochaine tempête déferlera sur nous, je saurai comment l'apaiser. Il conviendra de lui faire une superbe offrande afin de pouvoir ainsi atteindre Pount. C'est pourquoi nous te jetterons vivant dans les flots. En mourant noyé, tu nous protégeras.

— Pourquoi... Pourquoi moi ?

Le capitaine posa l'index sur ses lèvres.

— Secret d'État, murmura-t-il. Même à un homme qui vit ses dernières heures, je ne peux pas le révéler.

Alors que le capitaine s'éloignait, Iker faillit éclater en sanglots. Mourir à quinze ans, pour une raison inconnue, n'était-ce pas le comble de l'injustice ? Rageur, il tenta en vain de se dégager de son carcan.

— Inutile, petit, ce sont des nœuds de professionnel, observa un quadragénaire buriné qui mastiquait des oignons. C'est moi qui t'ai ficelé, et ce qu'Œil-de-Tortue fait est bien fait.

— Ne deviens pas un criminel ! Sinon, les dieux te châtieront.

— T'écouter me coupe l'appétit.

Œil-de-Tortue s'assit à la poupe.

Orphelin, éduqué par un vieux scribe qui l'avait pris en affection, Iker manifestait un goût très vif pour les études. À force de persévérance, il aurait sans doute été engagé par l'administration d'un temple où il aurait coulé des jours heureux.

Mais il n'y avait plus que cette immense étendue d'eau qui allait l'engloutir.

Une rame sur l'épaule, un jeune marin passa près du prisonnier.

— Toi, aide-moi !

L'homme s'arrêta.

— Que veux-tu ?

— Détache-moi, je t'en supplie !

— Où irais-tu, imbécile ? Ce serait stupide de te noyer avant le bon moment. Au moins, en mourant quand ce sera nécessaire, tu te rendras utile. Maintenant, fiche-nous la paix ! Sinon, foi de Couteau-tranchant, je te coupe la langue.

Iker cessa de s'agiter.

Son sort était scellé.

Mais pourquoi lui ? Avant de disparaître, il aurait au moins voulu obtenir une réponse à cette question. Secret d'État... En quoi un apprenti scribe sans fortune pouvait-il menacer le puissant pharaon Sésostris, troisième du nom, qui gouvernait l'Égypte avec poigne ? À l'évidence, le capitaine s'était moqué de lui. Sa bande de pirates s'était emparée du premier venu.

Œil-de-Tortue lui fit boire un peu d'eau.

— Il vaut mieux que tu ne manges rien. Tu n'es pas du genre à avoir le pied marin.

— Le capitaine sait-il réellement prévoir une tempête ?

— Pour ça, fais-lui confiance !

— Et si aucun cataclysme ne se déchaînait ? Alors, vous pourriez me libérer !

Le capitaine écarta Œil-de-Tortue.

— N'y pense même pas, mon garçon. Ton destin, c'est de devenir une offrande. Accepte-le, et savoure ce magnifique spectacle : qu'y a-t-il de plus beau que la mer ?

— Mes parents me feront rechercher, vous serez tous arrêtés !

— Tu n'as plus de parents, et personne ne s'apercevra de ta disparition. Tu es déjà mort.

2.

Il n'y avait plus un souffle de vent, et la chaleur devenait accablante. Affalés sur le pont, la plupart des marins sommeillaient. Même le capitaine s'était assoupi.

Iker venait de franchir les bornes du désespoir. Cet équipage de bandits était décidé à le supprimer, quoi qu'il advînt, et il ne disposait d'aucune possibilité de s'enfuir.

Le jeune homme était terrorisé à l'idée d'être englouti par la mer, loin de l'Égypte, sans le moindre rite, sans sépulture. Au-delà de la mort physique, ce serait l'anéantissement, le châtiment réservé aux criminels.

Quel forfait avait-il commis pour mériter un tel sort ?

Iker n'était ni un assassin ni un voleur, il ne pouvait être accusé ni de mensonge ni de paresse. Néanmoins, il se trouvait là, condamné au pire.

Dans le lointain, la surface de l'eau scintillait. Iker crut qu'il s'agissait d'un simple jeu de reflets, mais le phénomène prit de l'ampleur. Une sorte de barre se mit à grossir, aussi vite qu'un fauve se jetant sur sa proie. Au même moment, des centaines de petits nuages, surgis de nulle part, envahirent le ciel pour former une masse noire et compacte.

Brutalement arraché à sa torpeur, le capitaine, incrédule, contemplait ce déchaînement de forces.

— Rien n'annonçait cette tempête, murmura-t-il, abasourdi.

— Réveille-toi et distribue tes consignes, exigea Œil-de-Tortue.

— Les voiles... Ramenez les voiles ! Tout le monde à son poste !

Le tonnerre gronda avec une telle violence que la plupart des marins restèrent figés.

— Il faut sacrifier le gamin, rappela Couteau-tranchant.

— Occupe-t'en, ordonna le capitaine.

Dès qu'il serait détaché, Iker se battrait. Certes, il n'avait aucune chance de terrasser son adversaire, mais il mourrait dignement.

— Je préfère te trancher d'abord la gorge, annonça le marin. Tu seras encore un peu vivant quand je te jetterai par-dessus bord, et le dieu de la mer sera satisfait.

Iker ne put détacher son regard de la lame de silex qui allait lui ôter la vie.

À l'instant où elle entaillait sa chair, un éclair perça les nuées et se transforma en une langue de feu qui embrasa Couteau-tranchant. Le marin s'effondra en hurlant.

— La vague, hurla Œil-de-Tortue, la vague est monstrueuse !

Un mur d'eau se ruait vers le bateau.

Aucun des marins, pourtant tous expérimentés, n'avait jamais vu pareille horreur. Tétanisés, conscients de l'inutilité de leurs gestes, ils restèrent inertes, les bras ballants, les yeux rivés sur la vague qui s'abattit sur *Le Rapide* avec un grondement terrifiant.

Les doigts de sa main droite grattèrent quelque chose de mou et d'humide.

Du sable... Oui, ce devait être du sable.

Ainsi, le sol de l'autre monde était un désert inondé par la mer insatiable, sans doute peuplé d'affreuses créatures qui dévoraient les condamnés.

S'il avait encore une main, Iker possédait peut-être aussi un pied, voire deux.

Ils remuèrent, sa main gauche aussi.

Et le jeune homme osa ouvrir les yeux, puis lever la tête.

Une plage.

Une magnifique plage de sable blanc. Non loin, de nombreux arbres.

Mais pourquoi son corps pesait-il aussi lourd ?

Iker s'aperçut qu'il était encore attaché, par la taille, à un fragment du mât. Il se dégagea avec peine et se mit lentement debout, se demandant encore s'il était mort ou vivant.

Au large dérivaient les restes disloqués du *Rapide*. La vague géante avait arraché le mât et Iker pour les emporter jusqu'à cette île inondée de soleil, à la végétation luxuriante.

Le jeune homme ne souffrait que d'égratignures et de contusions.

Vacillant, il fit le tour de l'île. Quelques marins avaient peut-être bénéficié de la même chance que lui. En ce cas, il devait être prêt à combattre !

Mais la plage était déserte. Le bateau et son équipage avaient été engloutis par une mer en furie. Seul survivant : Iker, offrande promise à la dévoreuse.

La faim le tenaillait.

En s'aventurant au centre de l'île, il découvrit des palmiers-dattiers, des figuiers, de la vigne et même un jardin où poussaient des concombres, près d'une source à l'eau très claire.

Iker se gava de fruits avant de songer qu'il n'était donc pas le seul habitant de ce lopin de terre perdu au milieu des flots.

Pourquoi l'autre — ou les autres — se cachait-il et quel serait son comportement vis-à-vis de l'intrus ?

La peur au ventre, Iker explora les lieux.

Personne.

Et pas la moindre trace d'un habitant. Son seul compagnon était son cœur. Mais un garçon de quinze ans aurait tôt fait d'épuiser sa provision de souvenirs.

Épuisé par trop d'émotions, il s'endormit à l'ombre d'un sycomore.

Dès son réveil, Iker inspecta son domaine une seconde fois, sans davantage de résultats. Il s'aperçut que de gros poissons n'hésitaient pas à venir près de la plage et formaient ainsi des proies faciles. Avec une branche et le reste du cordage, le jeune homme fabriqua une canne à pêche et se servit d'un ver de terre comme appât. À peine son hameçon rudimentaire trempait-il dans l'eau qu'une sorte de perche s'y embrocha.

Ici, le rescapé ne risquait pas de mourir de faim.

Encore fallait-il allumer un feu sans disposer du matériel habituel en Égypte, dont l'élément principal était un archet ou un foret à arçon. Par chance, Iker dénicha un morceau de bois tendre et un autre allongé et pointu qu'il enfonça dans le premier, bloqué avec ses genoux. En imprimant au second le mouvement de rotation le plus rapide possible, il parvint à provoquer un échauffement tel qu'une étincelle jaillit. Il la nourrit aussitôt avec des nervures de palmier bien sèches et fit griller son poisson.

Avant de le déguster, il devait accomplir un devoir essentiel : remercier les dieux de lui avoir sauvé la vie.

À l'instant où Iker élevait les mains au-dessus de la flamme en un geste de prière, le tonnerre se déchaîna, les arbres vacillèrent et la terre trembla.

Terrorisé, le jeune homme voulut s'enfuir. Il trébucha, sa tête heurta violemment le tronc d'un figuier.

3.

Des éclairs, un ciel en feu, un serpent gigantesque à la peau dorée et aux sourcils de lapis-lazuli ! Cette fois, Iker était bel et bien mort, et un monstrueux génie de l'autre monde s'avançait vers lui pour le broyer.

Mais le reptile s'immobilisa et se contenta de l'observer.

— Pourquoi as-tu allumé ce feu, petit homme ?

— Pour... pour te rendre hommage !

— Qui t'a amené ici ?

— Personne, c'est une vague... Le bateau, les marins... Et puis...

— Dis toute la vérité et réponds sans tarder. Sinon, je te réduis en cendres.

— Des pirates m'ont enlevé, en Égypte, et ils comptaient me jeter vivant dans la mer afin de l'apaiser ! Mais le capitaine n'a pas su prévoir une violente tempête. Le navire a été détruit, je suis le seul rescapé.

— C'est Dieu qui t'a sauvé de la mort, affirma le serpent. Cette île est celle du *ka*, la puissance créatrice, la sève de l'univers. Rien n'existe sans elle. Mais ce domaine a été frappé par une étoile tombée du sommet du ciel, et tout s'est embrasé.

Moi, le maître de la terre divine, du merveilleux pays de Pount, je n'ai pu empêcher la fin de ce monde. Et toi, sauveras-tu le tien ?

Une brûlure réveilla Iker.

Le feu s'était communiqué à un buisson et les flammes léchaient les mollets du jeune homme.

Tout en s'écartant, il constata qu'aucun serpent géant ne rôdait dans les parages. Puis il s'occupa d'éteindre le début d'incendie.

Quel rêve étrange... Iker aurait juré que le reptile n'était pas une illusion et qu'il lui avait réellement parlé, avec une voix qui ne ressemblait à rien de connu et dont il se souviendrait à jamais. Les dernières flammèches disparues, le jeune homme se dirigea vers la source.

Sur le sol, deux caisses.

Iker se frotta les yeux.

Les caisses étaient toujours là. Il s'en approcha avec lenteur, comme si elles constituaient une menace.

Quelqu'un jouait avec ses nerfs.

Quelqu'un qui se cachait dans la végétation et venait d'en extraire ce butin provenant du *Rapide* ou d'un autre navire. Quelqu'un qui ne tarderait plus à se débarrasser de l'intrus pour ne pas avoir à partager son trésor.

— Tu n'as rien à craindre de moi, hurla Iker, ta fortune ne m'intéresse pas ! Au lieu de nous affronter, coopérons pour survivre !

Personne ne répondit.

Iker réexplora la petite île, changeant sans cesse de direction, revenant sur ses pas, accélérant l'allure ou la ralentissant brusquement. Tous les sens en éveil, il guettait le moindre signe de la présence d'un éventuel adversaire.

En pure perte.

Aussi dut-il se rendre à l'évidence : il était bien le seul habitant de l'île.

Mais ces caisses... Sans doute ne les avait-il pas remarquées.

Elles devaient provenir d'un précédent naufrage, et c'était une vague qui les avait apportées là.

Restait à les ouvrir.

Elles contenaient des sachets de lin et des flacons en faïence d'où se dégageait une odeur agréable. Sans doute des parfums précieux qui valaient une petite fortune.

Iker avait-il vraiment échappé à la mort ? Sur l'île, elle semblait moins brutale que sur le bateau des pirates, pourtant le destin n'apparaissait pas plus favorable. Certes, il pourrait subsister plusieurs mois, peut-être plusieurs années, mais la solitude ne finirait-elle pas par le rendre fou ? Et si la source se tarissait, et si la pêche devenait improductive ? Pour construire un radeau solide, il lui aurait fallu des outils. Cependant, voguer sur cette mer inconnue à bord d'un frêle esquif, n'était-ce pas suicidaire ?

Le jeune homme ne cessait de penser aux révélations du serpent, maître du merveilleux pays de Pount. Comment cette île minuscule pouvait-elle être la terre divine regorgeant de fabuleuses richesses, tant convoitées ?

Absurde !

Le reptile doré n'avait existé que dans l'imagination du rescapé. Mais pourquoi évoquer la nécessité de sauver son monde ? Puisqu'un pharaon régnait, l'Égypte n'était pas en péril !

L'Égypte, si lointaine, si inaccessible ! Iker songeait à son hameau, proche du sanctuaire de Médamoud, un lieu mystérieux au nord de Thèbes. Grâce au vieux scribe qui l'avait recueilli, le jeune homme ne participait que rarement aux travaux des champs et se consacrait à la lecture et à l'écriture. Ce privilège lui attirait bien des jalousies dont il se moquait, car apprendre lui nourrissait l'âme.

Iker traça dans le sable de la plage les hiéroglyphes qu'il maîtrisait. Ils formaient une phrase vantant le métier de scribe. Puis il assista au coucher du soleil, contempla longuement le ciel étoilé et s'endormit avec l'espoir, mêlé de crainte, de revoir le serpent gigantesque.

Il eut envie de manger du poisson grillé.

Équipé de sa canne à pêche, Iker marcha vers la plage.

Stupéfait, il constata qu'elle avait été recouverte par la mer.

Phénomène passager, sans nul doute.

Il lança quand même sa ligne, à plusieurs reprises, mais aucun poisson ne mordit. Étonné, il plongea et nagea longtemps sans en repérer un seul.

En reprenant pied, Iker remarqua que la mer continuait à monter. À moins que l'île ne s'enfonçât...

Immobile, le jeune homme vit le flot atteindre ses mollets, puis ses genoux, puis le haut de ses cuisses. À cette vitesse-là, l'île du *ka* ne tarderait pas à disparaître.

Pris de panique, Iker grimpa au sommet du plus haut palmier, s'écorchant les mains et les pieds.

Tremblant, le souffle court, il crut être victime d'un nouveau rêve en apercevant une voile blanche dans l'immensité bleue.

4.

De toute la force de ses poumons, Iker appela à l'aide en agitant frénétiquement la main droite.

Peine perdue et geste dérisoire... Le bateau croisait au large, bien trop loin pour l'apercevoir.

Pourtant, le jeune homme s'obstina. Si la vigie avait une vue perçante, peut-être le repérerait-elle. Et cette île qui s'enfonçait n'attirerait-elle pas la curiosité de l'équipage ?

Un instant, Iker crut que le bâtiment changeait de route et se rapprochait. Mais il dut déchanter et préféra fermer les yeux. Cette fois, il n'y aurait pas de tempête et de vague monstrueuse pour le sauver. L'eau atteindrait sa poitrine, son visage, et il se laisserait couler dans ce linceul bleu et tiède.

L'envie de vivre restait pourtant si forte qu'il rouvrit les yeux.

Cette fois, plus aucun doute ! Le bateau se dirigeait vers l'île.

Iker gesticula et cria.

C'était un navire de dimensions modestes, avec une vingtaine de marins à son bord. Comme la mer léchait le bas du palmier, le jeune homme effectua une descente rapide et nagea vers ses sauveurs aussi vite qu'il le put.

Des bras puissants hissèrent Iker qui se trouva face à un homme trapu, au faciès hostile.

— Il y a des caisses qui flottent, là-bas ! Récupérez-les. Toi, qui es-tu ?

— Je m'appelle Iker et je suis le seul survivant d'un naufrage.

— Le nom du bateau ?

— *Le Rapide*... Cent vingt coudées de long, quarante de large, cent vingt hommes d'équipage.

— Jamais entendu parler. Comment ça s'est produit ?

— Une énorme vague nous a engloutis ! Et je me suis retrouvé seul, sur cette île qui est en train de disparaître.

Ébahis, les marins regardèrent la mer recouvrir le sommet des arbres.

— Si je ne voyais pas ça de mes propres yeux, je ne l'aurais jamais cru, avoua le capitaine. De quel port es-tu parti ?

— Je l'ignore.

— Tu te moques de moi, garçon ?

— Non, j'ai été enlevé, assommé, et lorsque je me suis réveillé, j'étais attaché au mât. Le capitaine m'a expliqué que je devais être jeté dans les flots pour apaiser leur fureur.

— Pourquoi ne l'a-t-il pas fait ?

— Parce que la tempête l'a pris au dépourvu ! Un marin a bien tenté de me sacrifier, mais la vague fut la plus rapide.

Constatant le scepticisme de son interlocuteur, Iker évita de lui parler de l'apparition du serpent et de ses révélations.

— Plutôt bizarre, ton histoire... Aucun autre rescapé, tu en es sûr ?

— Aucun.

— Et ces caisses, que contiennent-elles ?

— Je l'ignore, répondit prudemment Iker, constatant qu'elles s'étaient refermées.

— On verra ça plus tard. Je t'ai sauvé la vie, ne l'oublie

pas. Et ton histoire ne tient pas debout. Personne n'a jamais vu un bâtiment qui s'appelle *Le Rapide*. Ces caisses, tu les avais repérées depuis longtemps, n'est-ce pas ? Et tu t'es débarrassé de leur propriétaire. Mais l'affaire a mal tourné, le navire s'est abîmé en mer et tu t'es montré assez astucieux pour t'en tirer avec ton butin.

— Je vous ai dit la vérité ! On m'a enlevé, on...

— Suffit, mon garçon, je ne suis pas du genre naïf. Moi, tu ne me berneras pas. Surtout, ne tente pas de résister.

Sur un signe de leur capitaine, deux marins s'emparèrent d'Iker, lui lièrent les mains dans le dos et lui attachèrent les pieds au bastingage.

Le port grouillait d'embarcations. Manœuvrant avec habileté, le capitaine accosta en douceur. Iker n'osait pas encore croire qu'il était sain et sauf. Sans doute le sort qu'on lui réservait n'avait-il rien d'attrayant.

Le capitaine s'approcha.

— À ta place, garçon, je me ferais discret, très discret. Naufrageur, voleur, peut-être assassin... Ça fait beaucoup pour un seul brigand, non ?

— Je suis innocent. La victime, c'est moi !

— Bien sûr, bien sûr, mais les faits sont têtus, et l'opinion du juge sera vite établie. Fais le malin, et tu n'échapperas pas à la peine de mort.

— Mais je n'ai rien à me reprocher !

— Pas avec moi, gamin. Voici ce que je te propose, c'est à prendre ou à laisser : soit je garde les caisses et on ne s'est jamais vus, soit je t'emmène au poste de police et tout mon équipage témoignera contre toi. Choisis, et vite !

Choisir... Quelle ironie !

— Gardez les caisses.

— Bien, l'ami, tu es raisonnable ! Tu perds ton butin, mais tu sauves ta vie. La prochaine fois que tu tenteras un coup comme celui-là, tâche de t'organiser un peu mieux. Surtout, n'oublie pas : on ne s'est jamais rencontrés.

Le capitaine banda les yeux d'Iker. Deux marins ne lui détachèrent que les pieds et le firent descendre à terre. Puis on l'obligea à marcher vite et longtemps, très longtemps.

— Où m'emmenez-vous ?

— Tais-toi ou on t'assomme.

Trempé de sueur, Iker éprouvait de plus en plus de difficulté à suivre le rythme. Les tortionnaires ne l'éloignaient-ils pas du port pour le supprimer dans une zone déserte ?

— À boire, par pitié !

On ne lui répondit même pas.

Jamais Iker ne se serait cru capable de tenir bon. En lui, une force inconnue refusait de céder à l'épuisement.

Soudain, on le poussa violemment dans le dos.

Il dévala un talus, des épineux lui lacérèrent les chairs.

Enfin, la chute s'acheva dans du sable mou. Exténué, la langue sèche, Iker allait mourir de soif.

5.

On lui mangeait les cheveux.

La douleur fut telle qu'Iker sursauta.

Effrayée, la chèvre recula.

— Tu lui ôtes le pain de la bouche, déplora un berger hirsute. Une belle bête comme ça ! Tu aurais pu attendre qu'elle soit rassasiée.

— Détache-moi, je t'en prie, et donne-moi à boire !

— Te donner à boire, peut-être, mais te détacher... D'où sors-tu ? Je ne t'ai jamais vu dans le coin.

— Des pirates m'ont enlevé.

— Des pirates, ici, en plein désert ?

— Je me trouvais sur un bateau, ils m'ont obligé à descendre et à faire un long chemin.

Le berger se gratta la tête.

— J'ai entendu des histoires plus crédibles ! Ne serais-tu pas un prisonnier évadé ?

Les nerfs du jeune homme cédèrent, il sanglota.

Personne ne le croirait donc jamais ?

— Remarque, poursuivit le berger, tu n'as pas l'air très

dangereux. Mais avec tous ces pillards qui traînent dans les parages, mieux vaut se montrer prudent. Tiens, bois un peu.

L'eau de la gourde n'était pas fraîche, mais Iker l'absorba avec avidité.

— Doucement, doucement ! Je t'en redonnerai tout à l'heure. Je vais te conduire chez le maire de mon village. Lui, il saura ce qu'il faut faire de toi.

Le jeune homme suivit docilement le troupeau de chèvres. À quoi servirait-il de s'enfuir, sinon à prouver sa culpabilité ? C'était à lui de convaincre l'édile de sa bonne foi.

Dès qu'ils aperçurent l'étranger, les enfants coururent à ses côtés.

— C'est sûrement un bandit ! s'exclama l'un d'eux. Regarde, c'est le berger qui l'a capturé, il va demander une bonne prime !

L'interpellé leva son bâton pour effrayer la marmaille, mais elle ne lâcha pas prise. Et ce fut dans un grand concert de rires et de piaillements que le cortège parvint devant la maison du maire.

— Qu'est-ce qui se passe, ici ?

— J'ai déniché ce garçon dans le désert, expliqua le berger. Comme il avait les mains liées derrière le dos, je me suis méfié. J'ai droit à une récompense, non ?

— On verra ça plus tard. Toi, entre.

Iker obéit.

Brutal, le maire le poussa dans une petite salle où était assis un homme maigre armé d'un gourdin.

— Tu tombes bien, garnement ! J'étais justement en train de discuter avec un policier. Quel est ton nom ?

— Iker.

— Qui t'a lié les mains ?

— Des marins qui m'ont recueilli sur une île déserte avant de m'abandonner non loin d'ici pour que je meure de soif.

— Cesse immédiatement de raconter des sornettes ! Tu n'es probablement qu'un petit voleur qui croyait échapper au châtiment. Quel larcin as-tu commis ?

— Aucun, je vous assure !

— Une bonne bastonnade va te redonner la mémoire.

— Écoutons-le quand même, recommanda le policier.

— Si vous avez du temps à perdre... Bon, réglez cette affaire. Moi, je dois m'occuper de mes greniers. Avant d'emmener ce petit bandit, laissez-moi un procès-verbal, pour la forme.

— Bien entendu.

Iker se préparait à recevoir des coups de gourdin, mais que pouvait-il dire d'autre que la vérité ?

— Donne-moi davantage de détails, exigea le policier.

— À quoi bon, puisque vous ne me croirez pas ?

— Qu'en sais-tu ? J'ai l'habitude d'identifier les menteurs. Si tu es sincère, tu n'as rien à craindre.

La voix mal assurée, Iker raconta ses mésaventures, en omettant le rêve au cours duquel il avait vu apparaître le grand serpent.

Le policier l'écouta avec attention.

— Tu étais donc le seul survivant, et cette île a disparu dans les flots ?

— Exact.

— Et tes sauveteurs ont gardé les caisses ?

— En effet.

— Comment s'appelait leur bateau ?

— Je l'ignore.

— Et leur capitaine ?

— Je l'ignore aussi.

En répondant, Iker prit conscience que son récit ne tenait pas debout. Aucun être sensé ne pouvait lui accorder le moindre crédit.

— D'où es-tu originaire ?

— De la région de Médamoud.

— Tu as de la famille, là-bas ?

— Non. C'est un vieux scribe qui m'a hébergé et appris les rudiments du métier.

— Tu prétends lire et écrire... Prouve-le-moi.

Le policier présenta au prisonnier une tablette de bois et un pinceau qu'il trempa dans de l'encre noire.

— J'ai les mains liées, rappela Iker.

— Je vais te détacher, mais n'oublie pas que je sais manier le gourdin.

D'une écriture appliquée, le jeune homme écrivit : « Mon nom est Iker et je n'ai commis aucun forfait. »

— Parfait, estima le policier. Tu n'es donc pas un menteur.

— Vous... vous me croyez ?

— Pourquoi en serait-il autrement ? Je te l'ai dit, j'ai l'habitude de différencier les gens sincères des fabulateurs.

— Alors, je... je suis libre ?

— Retourne chez toi en t'estimant heureux d'être sorti vivant de telles péripéties.

— Arrêterez-vous les pirates qui voulaient ma mort ?

— On s'occupera d'eux, c'est certain.

Iker n'osait pas sortir de la pièce. Le policier commençait à rédiger son procès-verbal.

— Eh bien, garçon, qu'est-ce que tu attends ?

— J'ai un peu peur des villageois.

Le policier interpella l'un des badauds qui s'étaient agglutinés devant la maison du maire.

— Toi, donne-lui une natte et de l'eau.

Dûment équipé pour le voyage, Iker se sentait aussi perdu que sur l'île du *ka*. Était-il vraiment libre, avait-il vraiment le droit de regagner son village ?

Le policier le regarda partir.

Sans attendre le retour du maire, il quitta précipitamment les lieux pour rejoindre ses camarades qui sillonnaient les environs, à la recherche de renseignements sur l'équipage du *Rapide*.

Pas plus que lui-même, ils n'appartenaient à la police du désert.

6.

En plein midi, le soleil brûlant de l'été transformait le désert de l'Est en fournaise. Les rares créatures qui parvenaient à survivre dans cet enfer, tels serpents et scorpions, s'étaient enfouies sous le sable.

Pourtant, le petit groupe de cinq hommes continuait à avancer. En tête marchait un personnage longiligne qui dépassait ses subordonnés d'une bonne tête. Barbu, les yeux profondément enfoncés dans leurs orbites, les lèvres charnues, il semblait insensible à la chaleur. La tête couverte d'un turban, vêtu d'une tunique de laine descendant jusqu'aux chevilles, il progressait d'un pas égal.

— On n'en peut plus, se plaignit l'un des suiveurs.

Comme ses compagnons, c'était un repris de justice condamné pour vol. Sous l'impulsion du grand barbu, il s'était enfui de la ferme où il purgeait la fin de sa peine sous forme de diverses corvées.

— Nous ne sommes pas encore au cœur du désert, estima le meneur.

— Que veux-tu de plus ?

— Contente-toi de m'obéir et ton avenir sera radieux.

— Moi, je rebrousse chemin.

— La police t'arrêtera et te remettra en prison, l'avertit un rouquin qui s'appelait Shab, « le Tordu ».

— Ça vaudra mieux que cet enfer ! Dans ma geôle, on me donnera à manger et à boire, et je n'aurai pas à marcher indéfiniment pour aller vers nulle part !

Le barbu fixa le contestataire avec dédain.

— Oublies-tu qui je suis ?

— Un fou qui se croit investi d'une mission sacrée !

— Tous les dieux m'ont parlé, c'est vrai, et leurs voix ne font aujourd'hui plus qu'une, car moi seul détiens la vérité. Et tous ceux qui s'opposent à moi disparaîtront.

— On t'a suivi parce que tu nous as promis la fortune ! Et ce n'est sûrement pas ici qu'on la trouvera.

— Je suis l'Annonciateur. Ceux qui auront foi en moi deviendront riches et puissants, les autres mourront.

— Tes discours me fatiguent. Tu nous as trompés et tu refuses de le reconnaître, voilà tout !

— Comment oses-tu injurier l'Annonciateur ? Repens-toi immédiatement !

— Adieu, pauvre dément.

L'homme rebroussa chemin.

— Shab, tue-le, ordonna calmement l'Annonciateur.

Le rouquin parut gêné.

— Il est venu avec nous, il...

— Étrangle-le, et que sa misérable dépouille serve de nourriture aux prédateurs. Ensuite, je vous amènerai à l'endroit où vous aurez la révélation. Alors, vous comprendrez vraiment qui je suis.

Le Tordu n'en était pas à son premier meurtre. Il attaquait toujours par-derrière et plantait dans le cou de sa victime la lame acérée d'un couteau de silex.

Subjugué par le grand barbu dès leur première rencontre, il avait la certitude que ce chef de bande à la parole coupante comme un rasoir le mènerait loin.

Sans se hâter, le rouquin rattrapa le fuyard, l'exécuta proprement et regagna le petit groupe.

— Il faudra marcher encore longtemps ? demanda-t-il.

— N'aie crainte, répondit l'Annonciateur, et contente-toi de me suivre.

Terrorisés par la scène à laquelle ils venaient d'assister, les deux autres voleurs n'osèrent pas émettre la moindre protestation. Eux aussi étaient subjugués par leur guide.

Nulle goutte de sueur ne perlait au front de l'Annonciateur, nulle sensation de fatigue n'affectait sa démarche. Et il donnait l'impression de savoir parfaitement où il allait.

Au milieu de l'après-midi, au moment où ses compagnons étaient sur le point de défaillir, il s'immobilisa.

— C'est ici, déclara-t-il. Regardez bien le sol.

Le désert avait changé. Çà et là, des plaques blanchâtres.

— Gratte et goûte, Shab.

Le rouquin s'agenouilla.

— C'est du sel.

— Non, c'est l'écume du dieu Seth qui jaillit des profondeurs du sol. Elle m'est destinée pour que je devienne plus fort et plus impitoyable que Seth lui-même. Cette flamme détruira les temples et les cultures, elle anéantira la puissance du pharaon pour que règne la vraie foi, celle que je vais propager sur toute la terre.

— On a soif, rappela l'un des voleurs, et ce n'est pas ça qui va nous désaltérer !

— Shab, donne-m'en une grande quantité.

Sous le regard ébahi de ses trois suiveurs, l'Annonciateur absorba tellement de sel que sa langue et sa bouche auraient dû être en feu !

— Il n'existe pas de meilleur breuvage, affirma-t-il.

Le plus jeune des brigands détacha un morceau de croûte et le mâcha.

Il poussa un cri déchirant et se roula sur le sol avec l'espoir d'éteindre la brûlure qui le dévorait.

— Personne d'autre que moi n'est habilité à décréter la volonté de Dieu, précisa l'Annonciateur, et quiconque tenterait de rivaliser connaîtra le même sort. Il est juste que cet impie périsse.

Le malheureux eut encore quelques soubresauts, puis il se raidit.

Les deux disciples survivants se prosternèrent devant leur maître.

— Seigneur, implora Shab le Tordu, nous ne disposons pas de tes pouvoirs et nous reconnaissons ta grandeur... Mais nous sommes assoiffés ! Peux-tu soulager notre souffrance ?

— Dieu m'a élu pour favoriser les vrais croyants. Creusez, et vous serez satisfaits.

Le rouquin et son acolyte creusèrent avec frénésie.

Bientôt, ils dégagèrent les rebords d'un puits. Encouragés par cette découverte, ils atteignirent une couche de pierres sèches qu'ils ôtèrent en un temps record.

Et l'eau apparut.

De la ceinture de leurs tuniques, ils firent une corde à laquelle ils attachèrent une gourde.

Quand le Tordu la remonta pleine, il l'offrit à l'Annonciateur.

— Seigneur, vous d'abord !

— Le feu de Seth me suffit.

Shab et son compagnon s'humectèrent les lèvres, puis burent à petites gorgées avant de se mouiller les cheveux et la nuque.

— Dès que vous aurez repris des forces, décréta l'Annonciateur, nous commencerons notre conquête. La grande guerre vient de débuter.

7.

Sobek le Protecteur[1], chef de la garde personnelle du pharaon Sésostris, se montrait d'une nervosité inhabituelle. Pour assurer la sécurité du monarque, il n'utilisait les services que de six policiers. Il les jugeait beaucoup plus efficaces qu'un bataillon de soldats plus ou moins vigilants, car ces six hommes ressemblaient à des fauves, sans cesse en alerte et prêts à bondir au moindre danger. Et Sobek le Protecteur ne se contentait pas de commander : aussi athlétique, rapide et puissant que ses subordonnés, il participait aux entraînements quotidiens au cours desquels personne ne retenait ses coups.

À Memphis, la capitale, protéger le monarque posait déjà mille et un problèmes. Ici, à Abydos, en terrain inconnu, il fallait s'attendre à des dangers inédits.

Pendant le voyage en bateau[2], aucun incident. Au débarcadère, seuls quelques prêtres sans armes avaient accueilli le pharaon, qui s'était aussitôt rendu au temple d'Osiris.

---

1. En égyptien, Sobek-khou.
2. Abydos se trouve à 485 kilomètres au sud du Caire (près de l'antique Memphis) et à 160 kilomètres au nord de Louxor (l'ancienne Thèbes).

Âgé de cinquante ans, haut de plus de deux mètres[1], le roi était un colosse au visage sévère. Troisième de la lignée des Sésostris, il portait les noms de « Divin de transformations », « Divin de naissance », « Celui qui se transforme », « La puissance de la lumière divine apparaît en gloire » et de « L'homme de la puissante déesse[2] ».

Au cours de ses cinq premières années de règne, malgré une autorité incontestable, Sésostris n'avait pas réussi à se rallier quelques chefs de province dont la richesse leur permettait d'entretenir des forces armées et de se comporter, sur leur territoire, comme de véritables souverains.

Sobek le Protecteur redoutait une intervention de leurs soudards. Sésostris ne leur apparaissait-il pas comme un gêneur qui, tôt ou tard, remettrait en cause leur indépendance ? Le déplacement à Abydos, territoire sacré dépourvu de rôle économique, avait été tenu secret. Mais pouvait-on réellement garder un secret au palais de Memphis ? Persuadé du contraire, le policier avait vainement tenté de convaincre le roi de renoncer à ce voyage.

— Rien à signaler ?

— Rien, chef, lui répondirent ses hommes l'un après l'autre.

— L'endroit est désert et silencieux, ajouta l'un d'eux.

— Normal pour le domaine d'Osiris, observa Sobek le Protecteur. Disposez-vous aux bons endroits et interceptez sans ménagement quiconque tentera de s'approcher.

— Même un prêtre ?

— Aucune exception.

« La Grande Terre » était le nom traditionnel du territoire réservé à Osiris, le dieu qui détenait le secret de la résurrection.

---

1. Quatre coudées, trois palmes et deux doigts selon Manéthon.
2. *S-n-Ouseret,* d'où la transcription Sésostris. Autre interprétation : « le frère d'Osiris ». Sésostris III monta sur le trône vers 1878 av. J.-C.

Premier souverain d'Égypte, c'est lui qui avait jeté les bases de la civilisation pharaonique. Assassiné mais vainqueur de la mort, il régnait à présent sur les « justes de voix », et seule la célébration de ses mystères conférait à son héritier, le pharaon, sa dimension surnaturelle et sa capacité à maintenir les liens avec les puissances créatrices. Sans l'accomplissement des rites osiriens, l'Égypte ne survivrait pas.

Quelques champs fertiles où poussaient les meilleurs oignons du pays, quelques maisons modestes disposées le long d'un canal, le désert que fermait une longue falaise, un grand lac entouré d'arbres, un bois d'acacias, un petit temple, des chapelles, des stèles, les tombes des premiers pharaons et celle d'Osiris : tel se présentait le site d'Abydos, hors du temps, hors de l'Histoire.

Ici se trouvaient l'île des Justes et la porte du ciel que gardaient les étoiles.

Sésostris pénétra dans la petite salle où l'attendaient les prêtres permanents. Tous se levèrent et s'inclinèrent.

— Merci d'être venu si vite, Majesté, dit le supérieur, un homme âgé à la voix lente.

— Ta lettre évoquait un grand malheur.

— Vous allez pouvoir le constater par vous-même.

Quand le supérieur et le pharaon sortirent du temple, Sobek le Protecteur et l'un de ses subordonnés voulurent les escorter.

— Impossible, objecta le prêtre. L'endroit où nous nous rendons est interdit aux profanes.

— C'est trop imprudent ! Si jamais...

— Nul ne peut violer la loi d'Abydos, trancha Sésostris.

Le roi ôta les bracelets d'or qu'il portait aux poignets et les confia à Sobek. Sur le territoire sacré d'Osiris, il fallait se dépouiller de tout métal.

Rongé par l'inquiétude, le policier regarda s'éloigner les deux hommes, qui longèrent le Lac de Vie entouré d'arbres puis empruntèrent un chemin bordé de stèles et de chapelles pour atteindre le bois sacré de Péker, centre vital et secret du pays.

En son cœur, un acacia.

L'arbre qui, en poussant sur la tombe d'Osiris, avait fait comprendre à ses fidèles que le souverain des justes de voix était ressuscité.

Sésostris perçut aussitôt l'ampleur du désastre : l'acacia dépérissait.

— Quand Osiris renaît, rappela le supérieur, l'acacia se couvre de feuilles et le pays est prospère. Mais Seth, l'assassin et le perturbateur, tente toujours de le dessécher. Alors, la vie quitte les vivants. Si l'acacia meurt, la violence, la haine et la destruction régneront sur cette terre.

Par sa présence dans cet arbre, Osiris unissait le ciel, la terre et les espaces souterrains. En lui, la mort se joignait à la vie, et une autre vie, lumineuse, les englobait.

— As-tu, chaque jour, arrosé le pied d'eau et de lait ?

— Je n'ai pas manqué à mes devoirs, Majesté.

— Donc, un être maléfique sait manipuler la puissance de Seth et l'utilise contre Osiris et contre l'Égypte.

— Les textes précisent que cet acacia plonge ses racines dans l'océan primordial et y puise l'énergie qui l'anime. Seul un or approprié pourrait guérir l'arbre.

— Sait-on où il se trouve ?

— Non, Majesté.

— Je le découvrirai. Et je connais le moyen de ralentir, sinon de stopper, la dégénérescence de l'acacia : je bâtirai un temple et une demeure d'éternité à Abydos. Ils produiront une magie efficace qui freinera le processus et nous donnera le temps, espérons-le, d'obtenir le remède.

— Majesté, le collège de prêtres sera trop peu nombreux pour...

— Je ferai venir des ritualistes et des bâtisseurs qui se consacreront exclusivement à cette tâche. Tous seront soumis au secret absolu.

Soudain, une hypothèse absurde traversa l'esprit du roi.

— Quelqu'un aurait-il tenté de s'emparer du vase sacré?

Le prêtre pâlit.

— Majesté, vous savez bien que c'est impossible!

— Vérifions quand même.

Sésostris constata que la porte du tombeau d'Osiris était hermétiquement close et le sceau royal intact. Lui seul pouvait donner l'ordre de le briser et de pénétrer dans ce sanctuaire.

— Même si un insensé forçait cette porte, rappela le supérieur, il ne parviendrait pas à s'approcher du vase et encore moins à le prendre en main.

— Abydos n'est pas suffisamment protégé, estima le monarque. Désormais, des soldats veilleront sur le site.

— Majesté, aucun profane ne peut...

— Je connais la loi d'Abydos, puisque j'en suis le dépositaire et le garant. Aucun profane ne souillera le domaine d'Osiris, mais tous les chemins qui y mènent seront sous surveillance.

Du haut de la butte sacrée, Sésostris contempla l'espace sacré où se jouait le sort de son pays, de son peuple et, plus encore, d'une certaine vision de l'ultime réalité.

En montant sur le trône, il savait que sa tâche ne serait pas facile à cause de l'ampleur des réformes nécessaires. Mais il n'imaginait pas que son principal adversaire serait la nouvelle mort d'Osiris.

D'un pas déterminé, Sésostris s'engagea dans le désert vers une zone vierge située entre des dunes de sable et la limite des cultures.

Indifférent aux morsures du soleil, le pharaon voyait.

Il voyait s'édifier là deux édifices, son temple et sa demeure d'éternité, qui retarderaient l'échéance fatale en jouant le rôle d'une digue contre les forces des ténèbres.

Quel était le responsable de cette agression aussi imprévisible que redoutable? Il faudrait au roi toute la fermeté dont un homme pouvait être capable pour ne pas céder au désespoir et livrer combat à un adversaire encore invisible.

8.

Après deux rudes journées de marche, Iker avait eu la chance d'être recueilli par une caravane qui se rendait à Thèbes pour y livrer des marchandises. Le patron s'était d'abord montré réticent à accepter une bouche inutile mais, lorsque le jeune homme lui avait révélé qu'il savait lire, son attitude s'était modifiée.

— Je possède des tablettes avec des promesses d'achat. Tu pourrais les vérifier ?

— Montrez-les-moi.

Impatient, le patron ne put s'empêcher de poser la question essentielle :

— Ça parle bien des responsables du palais qui s'engagent à me payer ?

— En effet, et vous avez obtenu de bons prix.

— L'expérience, mon garçon, l'expérience ! Où habites-tu ?

— À Médamoud.

— Un petit village de rien du tout ! Qu'est-ce que tu faisais dans le désert ?

— Vous ne connaîtriez pas deux marins qui s'appellent Œil-de-Tortue et Couteau-tranchant ?

Le marchand se tâta le menton.

— Ça ne me dit rien... Le nom de leur bateau ?

— *Le Rapide*. Cent vingt coudées de long, quarante de large.

— Jamais entendu parler. Tu ne raconterais pas n'importe quoi ?

— Je dois me tromper.

— C'est sûr ! *Le Rapide*... Tu penses bien que, si un pareil bateau avait existé, on le saurait ! Que dirais-tu de mettre un peu d'ordre dans ma paperasse ? Avec le fisc, on n'est jamais trop prudent.

Iker s'exécuta, donnant pleine satisfaction à son hôte.

Et le voyage se déroula au rythme des ânes et des haltes au cours desquelles le jeune homme dégusta le poisson séché et les oignons qu'on lui offrait en échange de son travail.

Malgré les questions qui ne cessaient de l'obséder, Iker apprécia le moment où la caravane quitta enfin la piste aride pour s'engager dans une campagne verdoyante animée par des palmeraies. Oubliée la mer dangereuse, oubliées les montagnes menaçantes ! Dans les champs bien irrigués, des paysans récoltaient des légumes.

— Dis, garçon, tu n'aimerais pas travailler pour moi ? demanda le marchand.

— Non, je veux retrouver mon professeur pour continuer d'apprendre le métier de scribe.

— Ah, je te comprends ! On ne gagne pas forcément beaucoup, mais on est respecté. Alors, garçon, bonne chance.

Iker goûta le parfum de l'air et la douce chaleur du printemps. Pressé d'atteindre son village, il marcha vite en empruntant les sentiers qu'il avait tant de fois parcourus pendant son enfance afin de s'isoler et de s'immerger dans la sérénité du paysage. Bien qu'il ne détestât pas jouer avec ses camarades, Iker préférait méditer sur les mystères du monde et les forces invisibles.

Le village de Médamoud se composait de petites maisons blanches bâties sur une éminence et abritées du soleil par des acacias, des palmiers et des tamaris. À l'entrée, un puits que surveillait un gardien qui crut à l'apparition d'un fantôme.

— Tu n'es pas... tu n'es pas Iker !

— Mais si, c'est bien moi.

— Ça alors, Iker... Que t'est-il arrivé ?

— Rien d'important.

Connaissant la propension du gardien au bavardage, Iker préférait réserver ses confidences à son professeur.

— Tu devrais peut-être repartir.

— Repartir ? Je veux rentrer chez moi et poursuivre mes études !

Face à l'indignation du jeune homme, le gardien n'insista pas.

Intrigué, Iker se hâta jusqu'à la demeure du vieux scribe qui l'abritait et l'éduquait. Sur son passage, des gamines cessèrent de jouer avec leurs poupées de chiffon, et des femmes portant des provisions s'immobilisèrent, l'œil soupçonneux.

La porte était close. Des planches obstruaient les fenêtres.

Iker frappa et frappa encore.

— N'insiste pas, lui recommanda la voisine. Le vieux scribe est mort.

Le ciel tomba sur la tête du jeune homme.

— Mort... Depuis combien de temps ?

— Une semaine. Après ton départ, la tristesse l'a rongé.

Iker s'assit sur le seuil et pleura.

En l'enlevant, les pirates avaient tué son père adoptif.

— Va voir le maire, conseilla la voisine. Il t'en dira davantage.

Malgré son chagrin, Iker perçut l'hostilité du village. Tous, ici, le considéraient comme responsable du décès de son maître.

Pour la première fois, le jeune homme ressentit la brûlure insupportable de l'injustice. Mais il expliquerait tout, et cette blessure disparaîtrait.

La tête et le cœur lourds, Iker marcha lentement jusqu'à

la maison du maire qui donnait des instructions aux ouvriers chargés d'entretenir les canaux.

— On jurerait... notre apprenti scribe ! C'est bien toi ? Quelle surprise ! J'étais pourtant certain de ne plus te revoir.

Le ton du maire, un quinquagénaire rondouillard, était à la fois ironique et mordant. D'un geste méprisant, il congédia les ouvriers.

— Tu as fait mourir de chagrin ton protecteur, Iker. C'est un crime dont tu auras à répondre devant les dieux. Si j'en avais la possibilité, je t'enverrais en prison.

— Vous vous trompez, je suis innocent ! Des pirates m'ont enlevé, je ne leur ai échappé que par miracle.

Le maire éclata de rire.

— Invente quelque chose de plus plausible ! Ou plutôt, tais-toi et va-t'en.

— Mais... Je voudrais rentrer chez moi !

— Tu parles de la maison ? Son propriétaire n'a pas rédigé de testament en ta faveur. C'est pourquoi je l'ai réquisitionnée. Les habitants du village te méprisent, tu n'as plus ta place parmi nous.

— Il faut me croire, j'ai vraiment été enlevé, j'ai...

— Ça suffit ! J'espère que le remords te pourrira l'âme. Si tu ne pars pas immédiatement, j'ordonne à mes domestiques de t'expulser à coups de bâton. Ah... Ton protecteur souhaitait que je te lègue ce coffret, si jamais tu réapparaissais. Encore une générosité naïve de sa part, mais je suis contraint d'exécuter ses dernières volontés. Quitte Médamoud, Iker, et n'y reviens sous aucun prétexte.

Serrant le coffret contre sa poitrine, Iker attendit d'être loin du village pour l'ouvrir. Il s'aperçut que le verrou en bois avait été brisé.

À l'intérieur, un petit papyrus roulé et scellé.

Le sceau, lui aussi, avait été rompu et reconstitué maladroitement.

En quelques lignes, le vieux scribe maudissait son élève et

lui promettait mille châtiments. Mais Iker connaissait suffisamment l'écriture de son professeur pour constater qu'elle avait été imitée de manière grossière.

Sur le fond du coffret, une mince couche de plâtre. À l'ombre d'un tamaris, le jeune homme la gratta avec un morceau de bois.

Apparut un message qui lui dilata le cœur :

> *Je sais que tu ne t'es pas enfui comme un voleur. Je prie pour que tu sois sain et sauf. Mon existence s'achève, je forme des vœux afin que tu deviennes un bon scribe. Si tu reviens à Médamoud, j'espère que ce brigand de maire te remettra le testament par lequel je te lègue ma maison et ce coffret qui contient mes plus beaux calames. Mais un étranger est venu ici. Le maire s'entend à merveille avec lui. Je sens rôder des forces obscures, c'est pourquoi je préfère dissimuler ce message selon la technique que je t'ai enseignée. Ne t'attarde pas dans la région, pars pour la province de Djou-ka, « la Montagne élevée*[1] *». Ce sera la première étape de ton voyage. Puissent les dieux te conduire au terme de ta Quête. Quelles que soient les épreuves, ne cède pas au désespoir. Je serai toujours à tes côtés, mon fils, pour t'aider à accomplir un destin que tu ignores encore.*

1. L'actuel Qaou el-Kébir.

9.

Quand le Trésorier Médès pénétra dans sa somptueuse demeure du centre-ville de Memphis, deux serviteurs s'empressèrent de lui laver les pieds et les mains, de le chausser de sandales d'intérieur, de le parfumer et de lui servir du vin blanc frais provenant des oasis.

L'imposant personnage, qui était souvent invité à dîner au palais et avait même mangé à la table du roi, comptait au nombre des hauts fonctionnaires de la capitale. Vêtu de lin fin de première qualité, il vérifiait les inventaires des temples qui redistribuaient les richesses après les avoir sacralisées.

Dès sa nomination, Médès avait perçu tous les avantages qu'il pouvait retirer de sa position privilégiée. En utilisant au mieux les services de scribes comptables, d'intendants et d'archivistes, le Trésorier volait peu, mais souvent. Agissant avec une extrême prudence, il ne laissait aucune trace de ses malversations et truquait les documents administratifs avec tant d'habileté que même un œil exercé ne s'apercevrait de rien.

Or Médès n'était ni satisfait ni heureux.

D'abord, il stagnait. Certes, le pharaon Sésostris lui avait accordé un poste important, mais le Trésorier souhaitait davantage. Personne n'était plus compétent que lui. Médès était le meilleur et voulait être reconnu comme tel. Si ce roi obstiné persistait à ne pas le comprendre, il faudrait intervenir, peut-être de façon brutale. Sésostris avait beaucoup d'ennemis, à commencer par de richissimes chefs de province avec lesquels Médès s'entendait bien. Si le pharaon commettait l'erreur de s'attaquer à leurs prérogatives, son règne serait bref. Ne murmurait-on pas que l'un de ses prédécesseurs avait été assassiné ?

Ensuite, Médès s'interrogeait sur la véritable nature du pouvoir et la meilleure manière de se l'approprier. Afin de mieux détourner certains approvisionnements destinés aux temples, il était devenu prêtre temporaire. En participant à des rituels, il avait touché au sacré. Affichant son enthousiasme pour les pratiques spirituelles, flattant ses supérieurs, se présentant comme un donateur généreux, Médès était fasciné par les mystères auxquels il n'avait pas accès. Seuls le pharaon et quelques permanents étaient admis à les contempler. Le roi n'y puisait-il pas l'essentiel de sa puissance ?

Les portes du temple couvert demeuraient fermées au Trésorier. Sur ce domaine-là, que Médès supposait aussi essentiel que l'activité économique, il n'avait pas encore de prise. Et il n'était pas prêt à abandonner ses fonctions profanes pour vivre une existence de reclus.

La situation semblait bloquée, jusqu'à ce que le bavardage d'un dignitaire du temple d'Hathor, à Memphis, lui procurât une information capitale à propos de la Terre du dieu, le pays de Pount. Comme tous ceux qui connaissaient cette fable, Médès s'en amusait. Le peuple et les enfants avaient le goût du merveilleux, et il fallait bien les distraire avec des légendes.

Or, selon le dignitaire, Pount n'était pas une légende.

La Terre du dieu existait bel et bien, elle recelait des produits extraordinaires, dont un or à nul autre pareil, utilisé jadis en grand secret par certains sanctuaires. En échange d'un mobilier coûteux, le bavard avait donné de vagues indications géographiques avant de décéder d'une crise cardiaque. C'était peu, mais suffisant pour entreprendre une recherche.

— Maître, annonça l'intendant de Médès, votre visiteur est arrivé.

— Fais-le patienter, j'ai besoin de me reposer quelques minutes.

Depuis quelque temps, Médès avait grossi. Doté d'une grande énergie que n'altérait pas sa quarante-deuxième année, il avait tendance à trop manger et à trop boire afin de calmer ses insatisfactions. Aussi replète que lui, sa femme devait se montrer inventive et perverse lorsqu'ils tentaient d'atteindre le plaisir.

Des cheveux noirs plaqués sur son crâne rond, un visage lunaire, le torse large, les jambes courtes et les pieds potelés, Médès était compact et trapu.

Parfois, il avait l'impression d'étouffer, surtout lorsqu'il n'obtenait pas assez vite ce qu'il voulait. Mais son avidité était telle qu'il reprenait le dessus pour continuer sa marche en avant. Et cette entrevue avec l'un de ses émissaires serait probablement une étape décisive.

Du côté de la rue, sa maison était bien protégée : fenêtres à claire-voie en bois, lourde porte principale formée de madriers et fermée par un gros verrou, entrée de service que surveillait en permanence un gardien. Deux étages, quinze pièces, une terrasse, une loggia ouverte sur le jardin où avait été aménagé un plan d'eau.

C'est à l'abri d'un kiosque que Médès reçut son visiteur, le faux policier qui avait interrogé Iker.

— J'espère que tu m'apportes d'excellentes nouvelles.

— Plus ou moins, seigneur.

— Tu as l'or ?

— Oui et non. Enfin, peut-être...

Médès sentit monter la colère.

— En affaires, je n'apprécie pas l'imprécision. Reprenons

donc les éléments les uns après les autres. Quand *Le Rapide* est-il rentré au port ?

— Il n'est pas rentré, seigneur, car il a sombré corps et biens.

— Sombré ! En es-tu certain ?

— Je n'ai qu'un seul témoignage, mais il paraît sérieux.

— Celui du capitaine ?

— Non, du jeune homme que vous m'avez ordonné d'enlever à Médamoud et que j'ai intercepté dans une bourgade proche de Coptos. Vous savez, ce garçon sans famille qui aimait tant la solitude et l'étude.

— Je sais, je sais ! L'offrande idéale pour apaiser une tempête. Le maire de Médamoud nous avait signalé ce jeune naïf, et il ne l'a pas regretté. Mais comment pourrait-il être le seul témoin rescapé ?

— Je l'ignore, mais c'est un fait. Il m'a raconté qu'une vague énorme avait submergé *Le Rapide*, qu'il s'était retrouvé par miracle sur une île déserte et qu'il avait été recueilli par un bateau dont le capitaine n'a pas cru un seul mot de son histoire. Pourtant, ce dernier s'est emparé de deux caisses provenant de l'île avant de débarquer son passager que tout le monde prend pour un fou.

« Le naufragé aurait-il atteint Pount ? » s'interrogea Médès.

— Pourrait-il retrouver l'île ?

— D'après lui, seigneur, elle s'est enfoncée sous les eaux et a disparu.

— Que contenaient les caisses ?

— Des substances odoriférantes.

— Rien d'autre ?

— Il n'a rien dit d'autre.

— Et tu l'as laissé partir !

— Comment faire autremen seigneur ? En tant que policier, j'ai fait semblant d'enregistrer sa déposition, le maire de la bourgade n'a rien vu d'anormal, et nous n'avions aucune raison de retenir ce fabulateur à la tête malade.

— Il ne t'est pas venu à l'esprit qu'il te mentait ?

— Je le crois sincère.

— Moi, je suis sceptique ! T'a-t-il donné le nom du bateau qui l'a secouru ?

— Il l'ignore.

— Ce garçon s'est moqué de toi ! tonna Médès. Il t'a berné avec des contes pour enfants afin de mieux dissimuler la vérité.

— Je vous assure...

— Il faut le retrouver, et vite ! Sans doute est-il retourné à Médamoud. Le maire a dû l'en chasser, mais il connaît peut-être la direction qu'il a prise. Quand tu l'auras rattrapé, fais-le parler puis débarrasse-t'en.

— Vous voulez dire...

— Tu m'as parfaitement compris.

— Mais, seigneur...

— Ce va-nu-pieds n'a pas de famille, personne ne se souciera de cette nouvelle et définitive disparition. Dissimule son cadavre, vautours et rongeurs s'en chargeront. Et tu seras grassement payé. Pars immédiatement.

Le Trésorier dissimulait mal sa fureur. Pour armer un bateau et rassembler une bande de forbans capables de naviguer en direction de Pount, il avait dépensé sans compter tout en évitant d'attirer l'attention des autorités. Dans un proche avenir, il ne serait pas en mesure de poursuivre cette aventure.

Dès que le faux policier eut quitté sa demeure, Médès songea que l'équipage qui avait recueilli le naufragé ne tiendrait certainement pas sa langue. Dans les tavernes des ports, on avait probablement évoqué l'incident et, de plus, le capitaine chercherait à négocier le contenu des deux caisses. Même s'il ne s'agissait que d'onguents, il en tirerait une petite fortune. Et si cette étrange cargaison comportait des produits plus précieux encore, il lui faudrait trouver un interlocuteur compétent et riche.

À l'évidence, ce capitaine-là, s'il existait vraiment, ne passerait pas inaperçu.

Aussi Médès convoqua-t-il son âme damnée, Gergou, jouisseur invétéré et redoutable collecteur d'impôts. Il agirait en toute légalité et lui rapporterait son dû.

10.

Sur le bateau qui le reconduisait à Memphis, Sésostris prenait pleinement conscience du terrifiant défi qui venait de lui être lancé, à l'instant où il souhaitait s'attaquer aux chefs de province refusant de céder la moindre parcelle de leurs prérogatives.

Depuis qu'Osiris avait créé l'Égypte, formée du Delta et de la vallée du Nil, Pharaon régnait sur les Deux Terres après les avoir solidement liées. En tant que « Celui de l'Abeille », il gouvernait le Nord ; en tant que « Celui du Jonc », le Sud. L'abeille produisait le miel, l'or végétal, indispensable pour guérir ; le jonc servait à cent usages et, sous la forme du papyrus, devenait le support des hiéroglyphes, « les paroles de Dieu ». Ainsi, en la personne de Pharaon, protégé par Horus, maître du ciel et fils d'Osiris chargé de veiller sur son père, toutes les forces de création se réunissaient-elles. Et c'était à lui de rassembler les parties dispersées du pays.

Sésostris ne comptait pas moins de six adversaires redoutables, six chefs de province qui se considéraient comme autonomes et dédaignaient le monarque installé à Memphis. Par bonheur, ils ne songeaient pas à se fédérer, car chacun tenait farouchement à son indépendance. À cause de cette situation, l'Égypte s'appauvrissait. Maintenir le statu quo évitait, certes, de graves conflits, mais conduisait le royaume à la décadence.

Fait étrange, cinq des six notables hostiles au pharaon se trouvaient à la tête de provinces proches d'Abydos. Était-ce l'un d'eux qui avait réussi à utiliser la capacité de destruction de Seth contre l'acacia d'Osiris ? Si l'hypothèse se confirmait, Sésostris mènerait un combat sans pitié, à la fois pour faire reverdir l'arbre et pour sauver l'Égypte.

Il devait commencer par recueillir un maximum de renseignements sur ces six potentats afin d'identifier le coupable. Ensuite, il faudrait frapper avec efficacité, sans laisser à l'ennemi la possibilité de se relever. Mais à qui confier une mission aussi délicate ? La cour de Memphis était peuplée de flatteurs, d'intrigants, d'ambitieux, de lâches et de menteurs. Seul Sobek le Protecteur se vouait à sa tâche corps et âme, sans se soucier de bénéfices personnels.

Sésostris serait donc contraint d'utiliser les maigres forces dont il disposait et, surtout, de se fier à son intuition. Quant à la quête de l'or susceptible de guérir l'acacia, elle serait encore plus ardue. La légende prétendait que l'or vert de Pount possédait d'exceptionnelles qualités, mais plus personne ne connaissait l'emplacement de la Terre du dieu. Et produisait-elle toujours le précieux métal ? Restaient les mines du désert de l'Est, sous contrôle de certains chefs de province, et celles de Nubie, hors d'atteinte.

Là encore, la tâche semblait impossible. Sésostris n'avait pas les moyens d'entreprendre une telle recherche.

La solution s'imposait donc d'elle-même : il lui faudrait les créer.

Première priorité : donner une énergie nouvelle à l'arbre de vie.

Aussi le pharaon commença-t-il à tracer les plans d'un temple et d'une demeure d'éternité, destinés à Abydos.

Dans les champs, on travaillait dur. Les récoltes du printemps étaient abondantes et rien ne devait être perdu.

À une journée de marche de Médamoud, Iker s'était présenté à l'intendant d'un grand domaine pour lui offrir ses services d'apprenti scribe.

— Tu tombes bien, mon garçon. J'ai une belle quantité de sacs à compter et à marquer. Ensuite, tu me feras l'inventaire.

Une semaine de travail en perspective, avec un salaire convenable : de la nourriture une natte, une gourde et une paire de sandales.

Tout en travaillant, le jeune homme fulminait contre le maire de Médamoud, ce bandit qui avait détruit le testament du vieux scribe pour voler la maison destinée à son disciple ! Il avait aussi piétiné les dernières volontés du défunt en ouvrant le coffret, en dérobant les calames et en rédigeant un faux texte d'imprécations contre Iker.

Comment pouvait-on être aussi vil ? Iker découvrait un monde cruel, impitoyable, où le mensonge et la perfidie triomphaient. Mais une immense joie effaçait ces déconvenues : son professeur savait qu'il ne s'était pas enfui, il avait gardé confiance en lui. Pourtant, quel étrange message ! De quelle Quête, de quel destin parlait-il ? Soudain, ce vieux maître lui apparaissait aussi mystérieux que le gigantesque serpent de l'île du *ka*.

Iker aurait aimé porter plainte contre le maire de Médamoud et le faire condamner. Mais qui le croirait ? En l'absence de testament, le jeune homme n'avait aucun droit sur la demeure de son professeur. À Médamoud, il ne trouverait que des accusateurs qui lui reprocheraient d'avoir quitté le village sans mot dire.

Sa tâche achevée, Iker s'apprêtait à continuer son chemin.

— Tu me parais très consciencieux, mon garçon. Ne souhaiterais-tu pas un emploi plus stable ?

— Pas pour le moment.

— Tu es jeune, mais n'oublie pas de te fixer. Voici de quoi subsister pendant plusieurs jours.

Du pain, de la viande séchée, de l'ail et des figues : l'intendant se montrait généreux.

— Où comptes-tu aller ?

— Dans la direction de la Montagne élevée.

— Autant te prévenir, le chef de ce territoire ne passe pas pour commode.

Des murets séparaient les parcelles et retenaient l'eau aussi longtemps que nécessaire. Avec une science consommée, les paysans irriguaient au mieux leurs champs. La prospérité se construisait sans cesse, et il n'y avait pas de jour de fête pour le paresseux.

En pénétrant dans la province de la déesse serpent Ouadjet, « la Verdoyante », Iker fit une constatation surprenante : dans le nom de Djou-ka, « la Montagne élevée », il y avait le même mot *ka* que dans « l'île du *ka* », le domaine du serpent à jamais englouti dans un rêve. Était-ce un hasard ou bien un signe de ce destin évoqué par le vieux scribe ?

Ka, « haut, élevé »... Vers quel but mystérieux le jeune homme devait-il monter ? Et qu'était vraiment le *ka*, cette énergie secrète qui s'écrivait, en hiéroglyphique, avec deux bras levés ?

Perdu dans ses pensées, Iker se heurta à un homme armé d'un bâton.

— Holà, mon garçon ! Tu devrais regarder devant toi !

— Pardonnez-moi, mais... vous êtes le policier qui m'a interrogé, près de Coptos !

— C'est bien moi. J'ai eu un peu de mal à te retrouver.

— Que me voulez-vous ?

— Ta déposition était incomplète, j'aimerais davantage de précisions.

— Je vous ai tout dit. Celui qu'il faudrait arrêter, c'est le maire de Médamoud.

— Pour quelle raison ?

— C'est un voleur. Il a détruit un testament en ma faveur.

— Peux-tu le prouver ?

— Malheureusement non.

— Revenons plutôt à ton témoignage et à ces deux caisses remplies de produits précieux. Tu as forcément inspecté leur contenu. Détaille-le-moi.

— Des substances odoriférantes, je crois.

— Allons, mon garçon, ça ne me suffit pas. Tu en sais davantage.

— Je vous assure que non.

— Si tu ne te montres pas raisonnable, tu risques d'avoir de gros ennuis.

Le faux policier faucha les jambes d'Iker d'un violent coup de bâton.

Le jeune homme tomba en avant, son agresseur le plaqua au sol.

— Maintenant, la vérité !

— Je vous l'ai dite !

— Le nom du bateau qui t'a sauvé ?

— Je l'ignore.

Une dizaine de coups de bâton sur les épaules arrachèrent des cris de douleur à Iker.

— Le nom du bateau et celui de son capitaine ?

— Je l'ignore !

— Tu n'es vraiment pas raisonnable, mon garçon. Je veux ces renseignements et je les aurai. Sinon, je te tue.

— Je vous jure que je ne sais rien !

Le faux policier frappa encore, mais n'obtint aucune autre réponse.

À l'évidence, ce gamin disait bien la vérité et il n'avait rien de plus à lui apprendre.

Sa nuque, son dos et ses reins étaient en sang. À l'issue d'une nouvelle série de coups, Iker s'évanouit.

Il ne respirait presque plus.

Son agresseur traîna le corps vers un fourré de papyrus, en bordure d'un canal.

Agonisant, Iker ne tarderait pas à rendre l'âme.

Puisqu'il succomberait à ses blessures, le faux policier ne serait pas tout à fait responsable de sa mort. Face à d'éventuels juges, ici-bas comme dans l'au-delà, c'était préférable.

11.

D'abord, ce fut une douleur intolérable. Puis l'apaisement, avec une sensation de fraîcheur comme Iker n'en avait jamais éprouvé. Soudain, son dos cessa de le faire souffrir, et il entrouvrit les yeux pour savoir dans quel monde son agresseur l'avait envoyé.

— Il s'est réveillé ! s'exclama une jeune fille.

— Tu en es certaine ? interrogea une voix d'homme, rugueuse.

— Il nous regarde, père !

— Dans l'état où il était, jamais il n'aurait dû survivre.

Iker tenta de se redresser, mais une brûlure fulgurante le cloua sur sa natte.

— Ne bouge surtout pas ! exigea la jeune fille. Tu as beaucoup de chance, tu sais. C'est moi qui t'ai découvert dans un fourré de papyrus consacré à la déesse Hathor. D'ordinaire, je me contente d'y déposer une offrande, mais comme des dizaines d'oiseaux le survolaient en piaillant, j'ai osé m'y aventurer. Leur comportement était si anormal que je voulais en avoir le cœur net. J'ai prévenu mon père, des paysans t'ont transporté. Depuis trois jours, je ne cesse de t'enduire du plus efficace de nos baumes. Il se compose de natron, d'huile blanche, de graisses d'hippopotame, de crocodile, de silure et de muge, d'oliban et de miel. Le médecin-chef de la province m'a même donné des pastilles d'extrait de myrrhe pour apaiser tes douleurs. J'étais la seule à croire que tes blessures n'étaient pas mortelles.

Elle était brune, jolie, très vive. Son père, un paysan robuste, semblait franchement hostile.

— Que t'est-il arrivé, mon garçon ?

— Un homme m'a attaqué pour me voler.

— Que possédais-tu donc de si précieux ?

— Une natte, une gourde, des sandales...

— C'est tout ! Et d'où venais-tu ?

— Je suis orphelin et je me loue comme scribe débutant.

— Tu me coûtes cher, mon garçon, très cher.

Le paysan s'éloigna.

— Ne t'inquiète surtout pas, recommanda la jeune fille. Bien qu'il soit bourru et cassant, mon père est un brave homme. Moi, je m'appelle Petite Fleur. Et toi ?

— Iker.

— Comme ça, tu n'es pas beau à voir ! Mais quand tes blessures seront guéries, tu ne devrais pas être trop vilain garçon.

— Tu crois que je pourrai remarcher ?

— Dans moins d'une semaine, nous nous promènerons ensemble dans la campagne.

Petite Fleur ne s'était pas vantée. Grâce aux effets du baume, des antalgiques et de nombreux massages, Iker tenait sur ses jambes. Par miracle, aucun os n'avait été brisé, et les traces des coups commençaient déjà à s'effacer.

Pourtant, il n'y eut pas de promenades dans la campagne, car le fermier formait d'autres projets.

— Tu es plus solide qu'il n'y paraît, constata-t-il. Et tu es surtout très endetté, car ce traitement vaut une fortune.

— Comment puis-je vous rembourser ?

— Dans ma ferme, je n'ai pas besoin de scribaillons. En revanche, il me faut un ouvrier agricole.

— Je crains d'être inefficace !

— À toi de choisir : ou bien tu me payes en travaillant, ou tu passeras plusieurs années en prison. Le chef de notre province n'aime pas les escrocs. Je peux t'engager dans une équipe de paysans sous la direction d'un contremaître. Tu logeras dans une petite maison et tu disposeras d'un lopin de terre où tu cultiveras tes légumes. Mais avant de distribuer mes largesses, j'exige la vérité. Qui es-tu vraiment et pourquoi t'a-t-on agressé ?

Se demandant s'il n'était pas tombé dans un nouveau piège et si ce fermier n'était pas taillé dans le même bois que le maire de Médamoud, Iker se montra prudent.

— Je vous le répète, je suis un scribe débutant et je viens de la région thébaine. Mon but était de devenir écrivain public et d'aller de village en village pour rédiger les lettres de protestation des victimes de l'administration. L'homme qui m'a assommé m'a volé mon matériel.

Le fermier parut convaincu.

— Rembourse d'abord tes dettes. Si le métier te plaît, tu resteras. Sinon, tu repartiras.

Le contremaître était plutôt sympathique, mais il ne ménagea pas le dernier arrivé. Iker dut d'abord nettoyer la cour de la ferme, puis maintenir propre la basse-cour, un portique au toit soutenu par des colonnettes de bois en forme de tige de lotus. Là évoluaient des oies grises à la tête blanche, des cailles, des canards et des poules. Le préposé à la nourriture apportait de grands couffins remplis de grains qu'il déversait dans des auges, et les animaux disposaient d'un plan d'eau qu'alimentaient des rigoles.

Dès le troisième jour, Iker se vit forcé d'intervenir.

— Je crois qu'il y a une petite erreur, dit-il au porteur de couffins, un escogriffe mal rasé.

— Erreur de quoi ?

— Le premier jour, tu as versé le contenu de six couffins. Le deuxième, seulement de cinq. Et aujourd'hui, ils sont beaucoup moins remplis.

— Ça te dérange ?

— Je veille sur cette basse-cour. Les bêtes doivent être correctement nourries.

— Un peu plus, un peu moins... Tu veux qu'on partage la différence ?

— Je veux que tu apportes six couffins bien pleins.

L'escogriffe comprit qu'Iker ne plaisantait pas et que toute négociation serait impossible.

— Tu ne vas pas en parler au patron ?

— Si tu rectifies ton erreur, bien sûr que non.

Iker ne s'était pas fait un ami, mais la basse-cour lui témoigna bruyamment son affection.

— Es-tu satisfait de ton nouveau travail ? lui demanda Petite Fleur alors qu'Iker caressait une oie magnifique, presque apprivoisée.

— Je le fais de mon mieux.

— Tu n'as plus mal ?

— Grâce à tes soins, je suis rétabli. Tu m'as sauvé la vie, je t'en serai toujours reconnaissant.

— Tu n'étais pas tout à fait mort, et la déesse Hathor t'aurait évité de périr. Moi, j'ai juste hâté ta guérison.

Petite Fleur prit un air contrarié.

— Mon père m'interdit de te fréquenter.

— Serait-il mécontent de moi ?

— Au contraire, mais tu l'intrigues parce que tu n'es pas comme les autres. Il m'a ordonné d'épouser un vrai paysan pour que je lui donne de beaux enfants et que nous nous occupions bien de la ferme.

— Quand on a la chance d'avoir un père honnête et courageux, il faut l'écouter.

— Tu parles comme un vieux ! Dis, Iker, tu ne voudrais pas devenir un vrai paysan ?

— J'ai encore beaucoup à rembourser, mais mon vrai métier, c'est scribe.

— Je dois m'en aller. Si mon père nous surprenait, il me battrait.

— Jamais vu une aussi belle basse-cour, mon garçon ! constata le fermier. J'aime ceux qui mettent du cœur à l'ouvrage. Mais tu ne te mêles guère à tes camarades, paraît-il.

— Je préfère être seul avec les bêtes.

— Eh bien, ça va changer ! Il y a beaucoup d'orge à couper, et tu apprendras à manier la faucille.

Iker ne songea même pas à protester.

Sans cesse, il se posait et se reposait les mêmes questions, sachant que ce n'était pas ici qu'il trouverait des éléments de réponse. Pour continuer son chemin, il devait d'abord éponger sa dette, donc travailler sans relâche afin de pouvoir, au plus vite, recouvrer la liberté.

Le jeune homme fut intégré à une équipe de moissonneurs rudes et expérimentés qui dévisagèrent le novice avec amusement.

— N'aie pas peur de t'épuiser, gamin, dit l'un d'eux, les champs sont grands ! L'année est belle et bonne, cette terre riche, nous ne manquons de rien, et la viande des agneaux est meilleure que tout. Mais il faut la mériter. Alors, aie la main ferme et ne nous retarde pas. Je ne connais personne qui soit mort d'avoir trop travaillé.

Iker eut vite le front bronzé. Ce qui lui permettait de tenir bon, c'était la musique jouée par un flûtiste. Il variait le rythme, mais terminait toutes ses mélodies avec gravité.

— Ton visage est enflé, remarqua l'un de ses camarades, tu as tenu ta tête basse trop longtemps. Va voir le flûtiste, il te rafraîchira.

Se sentant mal, Iker obéit volontiers.

De l'eau fraîche sur le cou et les tempes, puis quelques gorgées remirent d'aplomb le jeune homme.

— La tâche est rude, reconnut le musicien, c'est pourquoi je joue pour vos *kas*. Ainsi, tes camarades et toi ne manquez pas d'énergie.

— Qu'est-ce que le *ka* ? demanda Iker.

— Ce qui nous permet de vivre, d'exister et de survivre. Osiris a inventé la musique pour que l'harmonie dilate notre cœur. Elle célèbre le moment où l'on coupe l'orge et le blé, cet acte sacré qui révèle leur esprit, Osiris lui-même.

Iker buvait les paroles de l'instrumentiste.

— Où as-tu appris tout cela ?

— Dans le temple principal de la province. Le maître de musique m'a enseigné la flûte, et je l'enseignerai à mon successeur. Sans elle, sans la magie qu'elle transmet, les moissons ne seraient qu'un labeur exténuant, et l'esprit d'Osiris quitterait l'épi mûr.

— Osiris... C'est lui, le secret de la vie ?

— Au travail, Iker ! exigea le chef d'équipe.

Le flûtiste jouait de nouveau.

Iker continua à manier la faucille, mais il eut la sensation que chaque geste, au lieu de l'épuiser, lui donnait de la force.

Était-ce cela, le *ka*, l'énergie naissant du travail bien fait ?

12.

Contrairement aux autres moissonneurs qui n'étaient pas chargés de ramasser les épis, cette nouvelle corvée avait été imposée à Iker. Le jeune homme ficelait des gerbes et les enfournait dans des sacs que lui apportait un adolescent.

— Devrons-nous trimer comme ça encore longtemps ? se plaignit-il. Pour notre village, on a déjà assez !

— Il y a d'autres villages, rappela Iker, et la récolte ne sera pas partout abondante. C'est pourquoi il ne faut pas songer qu'à nous-mêmes.

Son collègue le regarda d'un œil mauvais.

— Tu ne serais pas du côté du patron ?

— Je suis du côté du travail bien fait.

Le paysan haussa les épaules et prépara un nouveau sac.

— Pause déjeuner, annonça le contremaître.

À l'ombre d'une cabane de roseaux, des mets appétissants avaient été disposés sur une natte : galettes chaudes remplies de légumes, pains dorés et croustillants, ail rôti dans de l'huile, yoghourts salés à base de lait de chèvre additionné de fines herbes, lait caillé, poisson séché, bœuf en marinade, figues, grenades et bière fraîche.

Iker mourait de faim, mais l'escogriffe l'empêcha de s'asseoir.

— Il n'y a plus de place ici. Va voir ailleurs.

— Mais c'est mon équipe ! Les autres, je ne les connais pas.

— Nous, on ne veut pas de toi. Les mouchards, on les déteste.

— Moi, mouchard ?

— J'ai expliqué aux gars que tu m'as dénoncé au patron parce que je n'apportais pas assez de grains à la basse-cour.

— C'est un mensonge !

— Puisque tu te tiens toujours à l'écart, continue. Ne nous dérange pas pendant qu'on mange. Si tu insistes, on n'hésitera pas à cogner.

Iker n'avait pas envie de se battre.

— Voilà un peu d'eau et un morceau de pain, concéda l'escogriffe, triomphant. Tâche de ne pas ralentir la cadence après un tel festin. Sinon, c'est nous qui te dénoncerons au patron.

Le banni s'éloigna et savoura les quelques bouchées qui ne suffiraient pas à lui donner l'énergie nécessaire pour poursuivre sa tâche.

Alors qu'il se perdait dans ses pensées, des cris d'effroi lui firent tourner la tête.

Sortant de sa cachette, un cobra royal venait de jaillir au milieu des convives.

Tous s'étaient levés d'un bond.

— Chassez-le en direction d'Iker ! hurla l'escogriffe.

Tapant des pieds, jetant de la terre, les ouvriers agricoles parvinrent à leurs fins.

Iker n'avait pas bougé.

Ce cobra avait des yeux beaucoup plus grands que la normale, ses écailles étaient dorées, et il se mouvait avec une élégance fascinante.

Hypnotisé, le jeune homme songeait au serpent de l'île du *ka*.

— C'est la déesse des moissons ! s'exclama un paysan.

Surtout, laissons-la agir et ne lui faisons aucun mal. Sinon, la récolte serait gâchée.

Iker s'agenouilla et déposa devant le cobra femelle le reste de son morceau de pain. Puis il leva les mains en signe de vénération.

Un profond silence s'instaura.

Entre le jeune homme et le serpent, moins de trois pas. L'un et l'autre étaient aussi immobiles que des statues, mais le cobra ne tarderait plus à frapper.

La fuite du temps était interrompue.

Et le miracle se produisit, comme au temps d'Osiris où l'épine ne piquait pas, où les bêtes féroces ne mordaient pas. Se satisfaisant du geste d'offrande, le reptile disparut dans le champ voisin. Il n'existait pas de meilleur présage pour annoncer la qualité et la quantité des récoltes.

— Les gars et moi, on te présente nos excuses, dit l'escogriffe, très gêné. On ne pouvait pas savoir que tu étais un protégé de la déesse. On espère que tu n'es pas trop fâché et que tu acceptes de partager notre repas. Et puis il est normal que tu deviennes notre chef d'équipe. Comme ça, nous aussi on sera protégés.

L'estomac dans les talons, Iker ne se fit pas prier.

— En tant que chef d'équipe, dit le contremaître à Iker, tu es autorisé à conduire les ânes jusqu'à l'aire. Décharge les sacs en silence, laisse agir les ritualistes et ne pose aucune question.

— Il y a donc une cérémonie ?

— Ne pose aucune question.

À la tête de cinq ânes qui connaissaient le chemin mieux que lui, Iker se dirigea vers l'aire sise près d'une meule provisoire faite de javelles. Les quadrupèdes s'immobilisèrent d'eux-mêmes sans que le jeune homme ait à utiliser son bâton.

Se trouvaient là deux scribes, qui notèrent le nombre de sacs. Une partie était destinée aux paysans et à leurs familles, l'autre à la boulangerie de la province. Leur travail achevé, ils se retirèrent.

Ne restaient que neuf chefs d'équipe, sept vanneuses et trois ritualistes, dont le flûtiste.

— L'aire semble rectangulaire, déclara-t-il, mais en réalité elle est ronde. En elle se cache le hiéroglyphe[1] qui signifie « la première fois », l'instant où la création s'est manifestée. Que la déesse des moissons soit honorée.

Ses deux collègues dressèrent un petit autel en bois sur lequel ils disposèrent un vase de lait, du pain et des gâteaux.

— Nous nous sommes lamentés lors de l'enterrement du bon berger Osiris, poursuivit le flûtiste. Le grain a été enfoui en terre, et nous avons cru qu'il était mort à jamais. Comme la moisson a été abondante, nous pouvons nous réjouir ! Le blé et l'orge poussent sur le dos d'Osiris, il supporte les richesses de la nature, ne se fatigue jamais et n'émet aucune plainte. Que les chefs d'équipe déposent sur l'aire le contenu des sacs.

Iker était si heureux de participer au rituel qu'il ne sentit même pas le poids de son fardeau.

— Qu'on amène les ânes, ordonna le flûtiste, et qu'on les fasse tourner en rond.

— Qu'ils soient repoussés, protesta un autre ritualiste, qu'ils ne frappent pas mon père ! Les ânes de Seth ne doivent pas meurtrir le grain d'Osiris.

— Le mystère doit être accompli jusqu'à son terme, affirma le flûtiste.

Les ânes tournèrent et tournèrent encore, aussi recueillis que les humains qui observaient la scène.

Sans en comprendre toute la signification, Iker sentait qu'il assistait à un acte essentiel. Il aurait bien posé cent questions, mais il respecta le silence.

— Que les grains soient purifiés, exigea le flûtiste.

---

1. *Sep tepy,* 𓊗, « la première fois ».

Les deux autres ritualistes firent sortir les ânes de l'aire, et ce fut au tour des vanneuses d'entrer en action.

Leur mission accomplie, elles remplirent les sacs et les posèrent sur le dos des ânes.

— Que les suivants de Seth emmènent Osiris au ciel d'où il répandra ses bienfaits sur cette terre, ordonna le flûtiste.

S'organisa une procession qui s'orienta vers les greniers.

— Que les chefs d'équipe déchargent les ânes, qu'ils montent jusqu'au sommet des greniers et y déversent leur contenu.

« Ainsi, constata Iker, le grenier est assimilé au ciel où vit l'esprit d'Osiris contenu dans le grain. »

Habité par le rite extraordinaire qu'il venait de vivre, le jeune homme descendit pas à pas l'escalier pour graver dans sa mémoire chaque seconde de cette aventure. Le contact de ses pieds nus avec les marches de calcaire rendait plus intense ce rituel qui lui offrait une nouvelle réalité.

Le flûtiste, les deux autres ritualistes, les chefs d'équipe et les sept vanneuses étaient prosternés face à un géant aux yeux enfoncés dans leurs orbites, aux paupières lourdes et aux pommettes saillantes. Son regard était si perçant qu'il tétanisa Iker. Le nez droit et fin, la bouche arquée, le torse large, cet homme sévère avait de grandes oreilles, capables de capter le moindre bruissement de l'univers.

Il portait une chemise de lin à bretelle unique passant sur l'épaule gauche et un tablier rectangulaire sur lequel était figuré un griffon écrasant les ennemis de l'Égypte.

La poigne du flûtiste contraignit Iker à s'allonger sur le sol.

— Vénère Pharaon, l'être qui nous donne la vie.

13.

Sésostris éleva vers le ciel l'offrande de blé et d'orge qui revenait aux dieux. Puis il gravit l'escalier qui menait au sommet du plus haut des greniers et, avec un tison, alluma un brasero dans lequel avaient été déposées des boulettes d'encens.

Tout en accomplissant ce rite, le roi songea au regard du jeune homme qu'il avait croisé. Il n'en connaissait pas de semblable.

Toujours aussi attentif, Iker écouta le pharaon.

— Osiris meurt et revit, il s'offre pour nourrir son peuple. Père et mère des humains, il produit les grains avec l'énergie secrète qui est en lui afin de faire subsister les êtres. Tous vivent de sa respiration et de sa chair, lui qui est venu de l'île de la flamme pour s'incarner dans les céréales. Nous mangeons le corps d'Osiris, nous perdurons grâce à l'or végétal.

Petite Fleur présenta au roi une poupée composée d'épis. Reproduite à de nombreux exemplaires, cette fiancée du blé serait exposée sur la façade de chaque maison jusqu'à la moisson suivante.

Puis le flûtiste apporta une grande et belle corbeille fabriquée avec des joncs flexibles colorés en jaune, en bleu et en rouge. Le fond était renforcé par deux barres de bois disposées en croix.

— Voici la corbeille des mystères, Majesté. Ce qui était épars y est rassemblé.

— Qu'elle retourne au temple, ordonna Sésostris.

Tremblant d'émotion, le propriétaire de la ferme apparut et se prosterna.

— Majesté, ma plus belle vache est en train de mettre bas ! Le miracle s'accomplit, une fois encore !

Tous les participants à la cérémonie se déplacèrent jusqu'à l'étable.

Le flûtiste prononça des formules magiques favorisant la délivrance, pendant que le chef des bouviers assistait l'animal, qui lui lécha la main.

Luttant contre la souffrance, la vache tendit le cou et fléchit l'arrière-train. Le bouvier lui caressa les flancs pour la calmer.

— Le Verbe se trouve chez les taureaux, rappela le pharaon, l'intuition connaissante chez les vaches. Qu'on les traite avec le plus grand respect.

La voix rassurante du souverain apaisa la mère.

Et surgit la tête d'un petit veau que l'accoucheur tira doucement, en même temps que les pattes antérieures. Tacheté, les yeux marron, il était superbe.

L'accoucheur le déposa devant la mère qui le lécha longuement.

Chacun attendait sa décision.

D'un regard profond et déterminé, la vache fixa Iker.

— Approche-toi et porte le veau tacheté, exigea le flûtiste.

Un peu maladroit, Iker tint avec tendresse le petit être, qui ne manifesta aucune inquiétude.

— Le nouveau soleil est apparu, conclut le pharaon. Que la fête de la fin des moissons nous rassemble dans la joie.

Pour Sobek le Protecteur et ses hommes, pas question de se laisser aller et de prendre part, si peu que ce soit, aux réjouissances. En raison de son état de santé, Ouakha, le chef de la province du Cobra, n'avait pu assister au rituel en compagnie du roi. Mais n'était-ce pas une stratégie habile qui lui permettrait de décliner toute responsabilité en cas d'attentat ?

S'aventurer ainsi en territoire hostile apparaissait comme une folie. Pourtant Sésostris avait pris cette décision, et le chef de sa garde personnelle devait s'y adapter. Par bonheur, la cour de Memphis ignorait les projets réels du monarque.

— Qu'as-tu appris sur Ouakha ? demanda Sésostris.

— Il passe pour un bon administrateur, aimé des petites gens, et il ne s'est jamais prononcé ouvertement contre vous. Son souci majeur, à l'image de ses prédécesseurs, est l'achèvement de sa demeure d'éternité.

— Dispose-t-il d'une milice ?

— Non, seulement de forces de l'ordre assez réduites, sans compter des policiers du désert qui surveillent les pistes menant aux oasis de Dakleh et de Khargeh. Cette province commence avec elles et assure la sécurité des caravanes.

— As-tu enquêté sur le garçon que je t'ai désigné ?

— Il s'appelle Iker. C'est un ouvrier agricole récemment engagé.

— Qu'on ne le perde pas de vue.

Sobek se cabra.

— Si vous le jugez dangereux, Majesté, pourquoi ne pas l'arrêter ?

— Il n'est pas une menace.

— Mais alors...

— Contente-toi de le faire observer sans qu'il le sache.

Rongé par l'arthrose, le chef de province Ouakha reçut le pharaon sur le seuil de son incroyable demeure d'éternité, rappelant les ensembles architecturaux du temps des grandes pyramides. La gigantesque tombe grimpait vers le sommet de la falaise, s'imprégnant de la force de la Montagne élevée. Ses parties successives étaient reliées entre elles par des escaliers.

Au temple d'accueil succédait une longue chaussée menant à une première cour ; puis la rampe aboutissait à un portique à colonnes s'ouvrant sur une deuxième cour fermée par de hauts murs. Venait ensuite une sorte de sanctuaire abritant la chambre de résurrection. Au terme du parcours, dans l'axe, une niche pour le *ka*, point de contact entre l'ici-bas et l'au-delà.

— Un splendide monument presque digne d'un roi, constata Sésostris.

— J'en suis conscient, Majesté, mais n'y voyez aucune provocation. Telle était la tradition locale qui s'éteindra avec moi.

— Pour quelle raison ?

— Parce que votre règne sera un grand règne et que vous avez décidé de mettre fin à l'indépendance des chefs de province.

— D'où vient cette conviction ?

— De votre présence ici.

— Et si c'était vrai, comment réagirais-tu ?

— En vous approuvant sans réserve, car cette anarchie n'a que trop duré. Pour le moment, les dégâts sont minimes, mais il est temps de rétablir fermement la loi de Maât. C'est en réunissant les provinces et en maintenant leur union d'une poigne inflexible que vous rendrez l'Égypte prospère. Me donnez-vous l'autorisation de m'asseoir sur cette banquette de pierre ?

Sésostris acquiesça.

— Je suis heureux d'avoir vécu assez longtemps pour connaître cet instant, avoua le vieil Ouakha. Un roi faible aurait éparpillé le pouvoir et détruit le pays.

— Certains chefs de province ne partagent pas ton opinion.

— Je ne l'ignore pas, Majesté. Avec cinq d'entre eux, la confrontation risque d'être rude, voire violente. Surtout, ne reculez pas. Les grandes familles ont eu tort de s'attacher au caractère héréditaire des fonctions en oubliant que la qualité d'être et les compétences doivent primer sur la naissance. Le système est devenu si rigide qu'il faut le briser net. C'est vous qui régnez, personne d'autre.

Indéchiffrable, le monarque ne manifesta pas le moindre signe de satisfaction.

— Vos adversaires sont riches, arrogants et déterminés, reprit Ouakha. Vous pouvez compter sur moi, sur mes policiers et sur la population de ma province pour vous soutenir dans votre entreprise.

— Une autre guerre s'est déclarée, révéla Sésostris.

— Qui nous attaque ?

— Un être capable de manier la force de Seth et décidé à faire de nouveau mourir Osiris.

Le visage d'Ouakha s'assombrit.

— Et vous supposez, Majesté, qu'il s'agit d'un des chefs de province qui vous sont hostiles.

— C'est une hypothèse que je ne peux écarter.

— Comment notre terre aurait-elle engendré un tel monstre ? En agissant ainsi, il ruinerait les efforts accomplis depuis le temps des dieux et nous plongerait dans les ténèbres !

— C'est pourquoi je dois l'identifier tout en rendant l'Égypte cohérente et forte.

— Je ne dispose d'aucun renseignement sur un tel démon, précisa Ouakha.

— Que sais-tu sur Pount ?

— C'est une belle légende, Majesté. Il y a bien longtemps, des navigateurs auraient découvert l'emplacement de ce pays merveilleux et en auraient rapporté de l'or.

— Sur le territoire que tu contrôles, aucun gisement ?

— Aucun.

— Es-tu satisfait de tes tailleurs de pierre, Ouakha ?

— Leurs œuvres parlent pour eux, Majesté.

— Je vais avoir besoin de ces artisans pendant une longue période, et ils seront soumis au secret.

Sésostris allait savoir si le chef de province Ouakha était vraiment un allié.

— Ils sont à votre disposition, Majesté.

14.

Inspecteur des impôts et collecteur de taxes, Gergou était un homme épais, alcoolique rarement ivre et amateur de femmes qu'il considérait comme des objets à donner du plaisir. Divorcé pour la troisième fois, il s'était plu à martyriser ses épouses, si effrayées par sa violence qu'elles n'avaient pas osé porter plainte. Quant à sa fille unique, réfugiée chez sa mère, elle jurait bien de ne plus revoir cette brute.

En rencontrant le Trésorier Médès, Gergou s'était offert un nouveau destin. Devenir l'homme de main de cet important personnage, sous couvert de ses fonctions officielles, lui donnait de l'allant. Il pouvait désormais, en toute impunité, exercer sa cruauté naturelle sur les victimes qu'on lui désignait et sur celles qu'il choisissait.

Non seulement le travail était bien payé, mais encore de belles promotions s'annonçaient-elles. Comme Médès grimperait forcément dans la hiérarchie, Gergou le suivrait.

Marin de formation, il tenait lui-même le gouvernail du bateau fiscal. Moins à l'aise lors des déplacements terrestres, il suait beaucoup. Superstitieux, il ne voyageait pas sans une bonne dizaine d'amulettes.

En arrivant à Coptos, Gergou fut soulagé. Le désert l'oppressait et, comme son patron, il supportait mal la chaleur. Mais c'était ici, dans cette ville, qu'il retrouverait la trace des deux caisses que voulait Médès. Son instinct de chasseur le trompait rarement, et il avait débusqué assez d'animaux sauvages pour sentir que la bande de marins malhonnêtes ne devait pas être loin.

Avec son équipe de policiers armés de gourdins, Gergou ne donna pas dans la finesse. Il fit la tournée des tavernes et interrogea chacun des patrons.

Le sixième fut le bon.

— C'est vrai, admit le tenancier, quelques fêtards se sont vantés d'avoir fait main basse sur un trésor inattendu et ils se sont enivrés jusqu'au matin.

— Ont-ils précisé la nature de ce trésor ? demanda Gergou.

— Des parfums et des onguents précieux, d'après ce que j'ai entendu.

— De quelle provenance ?

— Ils n'en ont pas parlé.

— Et où sont-ils partis, ces fêtards ?

— Le plus excité, qu'ils appelaient « capitaine », a évoqué la ferme de ses parents, au sud de la ville. Ils y seraient tranquilles en attendant le résultat des transactions. Je n'en sais vraiment pas plus.

— C'est déjà bien, tavernier. À condition, bien sûr, que tu n'aies pas menti.

— Sûr que non ! Ça ne m'attirera pas d'ennuis, au moins ?

— Au contraire, affirma Gergou avec un sourire gourmand. Si tu acceptes d'entrer dans mon réseau d'indicateurs, tu en retireras même un joli bénéfice.

— Cette ferme du sud de la ville, je vais vous en préciser l'emplacement.

Le capitaine avait les yeux fixés sur les deux caisses d'où émanait toujours une odeur délicieuse.

Chaque fois qu'il tentait de les ouvrir, elles devenaient si brûlantes qu'il était contraint de renoncer. Ses complices commençaient à s'impatienter, mais aucun ne voulait prendre le risque d'être victime d'un maléfice. Ils possédaient sûrement une fortune, mais comment la négocier au mieux ?

Il fallait s'éloigner de Coptos, et traiter l'affaire dans une plus grande ville afin d'y passer inaperçus, et peut-être aller jusqu'à Memphis.

Le plus ennuyeux, c'était de devoir partager. Pour le moment, le capitaine avait besoin de porteurs. Ensuite, ce serait différent.

Un bruit de lutte l'alerta.

Dehors, on se battait. Il aurait dû sortir, mais il ne pouvait pas abandonner les caisses.

Quelques cris féroces fusèrent puis, pendant quelques secondes, ce fut le silence.

Gergou fit irruption dans la pièce.

— Ah ! voilà sans doute le fameux capitaine et chef des voleurs ! Et pas tout seul... Avec les deux caisses que recherche le fisc !

— Le fisc ? Mais...

— As-tu déclaré ces richesses à l'administration ?

— Pas encore, mais...

— Un de tes hommes est mort, les autres ont été arrêtés. En se rendant coupables de coups et blessures sur des représentants de l'ordre, ils ont commis une faute très grave, passible de lourdes peines. Ni eux ni toi ne reverrez la mer.

— Je ne me suis pas battu, moi !

— Seuls les lâches fuient leurs responsabilités, assena Gergou.

— Ces caisses ne m'appartiennent pas ! Prenez-les et laissez-moi partir.

— Comment les as-tu obtenues ?

— Par hasard ! J'ai recueilli un naufragé sur une île déserte.

— Son emplacement ?

— Je l'ai vue s'enfoncer dans les flots.

Gergou gifla le capitaine.

— J'ai horreur qu'on se moque de moi. Tu vas parler, et vite !

Il frappa le marin avec délectation.

Le nez et plusieurs côtes brisés, le visage en sang, le capitaine relata les événements tels qu'ils s'étaient déroulés. Convaincu de la sincérité de son interlocuteur, Gergou était ébranlé.

— Qu'y a-t-il dans ces caisses ?

— Je n'ai pas réussi à les ouvrir ! Quand j'essaie, elles me brûlent les doigts.

Gergou, lui, n'essaya pas. La témérité n'était pas son fort, et on ne le payait pas pour prendre des risques. Cette affaire lui semblait de plus en plus bizarre, et il revenait à Médès de démêler les fils de l'écheveau.

Un domestique apporta de la bière fraîche à Médès et à son visiteur.

— Le gamin a-t-il parlé ? demanda le Trésorier avec impatience.

— Il ne savait vraiment rien, seigneur, affirma le faux policier, et il n'a fait que répéter son histoire absurde. Je crois que ce garçon a été tellement terrifié lors du naufrage qu'il en a perdu la tête.

— Tu t'en es débarrassé ?

— Vos ordres ont été exécutés.

— Il est bon que tu t'éloignes de la région. Je t'ai trouvé un excellent poste loin d'ici, dans le Fayoum. Peu de travail, jolie maison, belle rémunération. Ta place est réservée sur un bateau.

Le faux policier s'inclina et s'éclipsa.

Dépité, Médès vida d'un trait deux coupes de bière. Il ne doutait pas que l'interrogatoire eût été bien mené et que le petit scribe eût perdu l'esprit. Ne restaient plus que les deux caisses, si elles existaient.

La réponse ne tarda pas.

Le lendemain soir, un Gergou à la face rougeaude et réjouie se présenta au portier de la demeure de Médès, qui le reçut aussitôt.

— Mission accomplie, patron !

— Où sont les caisses ?

— Dans un entrepôt désaffecté, sous bonne garde. Elles m'ont paru trop voyantes pour être livrées ici.

— Excellente initiative ! L'équipage ?

— On n'en entendra plus parler. Ces criminels pourriront au bagne.

— Que t'a appris le capitaine ?

— Je ne l'ai pas ménagé, vous pouvez me croire ! Mais ce pauvre type est devenu fou. Un gamin et ces caisses recueillis sur une île déserte, votre bateau qui a coulé à la suite d'une tempête, cette île qui s'est enfoncée dans la mer, et le gamin seul rescapé : voilà tout ce que j'ai pu en tirer.

Médès ne cachait pas son désappointement.

— Il semble que ce soit la vérité, Gergou. Nous avons perdu *Le Rapide* et son équipage, la mer n'a pas voulu du petit scribe comme offrande. Cette expédition, à laquelle j'ai consacré tant d'efforts et de patience, se solde par un échec.

— Vous oubliez les caisses ! Jusqu'à présent, personne ne les a ouvertes.

— Comment peux-tu en être certain ?

— Un maléfice les protège.

— Nous, nous le briserons !

Les deux hommes se rendirent sans tarder à l'entrepôt désaffecté, gardé par les sbires de Gergou.

Médès demeurait persuadé que le pays de Pount existait

bel et bien, et ces événements surprenants ne faisaient que renforcer sa conviction. La vague qui avait détruit son bateau et tué son équipage ne prouvait-elle pas que la Terre du dieu savait se défendre pour protéger ses richesses ?

Étant donné leur taille, les deux caisses contenaient une véritable fortune.

— C'est curieux, observa Gergou, elles ne sentent plus rien. Jusqu'ici, il s'en dégageait une fragrance d'une incroyable suavité.

— Ouvre-les.

Gergou recula.

— Il paraît qu'elles brûlent les mains !

— Donne-moi ton couteau.

Avec hargne, Médès réussit à planter la lame dans la jointure de deux planches.

— Tu vois, il ne se passe rien.

Un peu rassuré, Gergou poursuivit le travail.

À l'intérieur des caisses, il n'y avait plus que de la boue d'où émanait une odeur fétide.

15.

Après une journée harassante, le soir était d'une douceur divine. Avec la fin des moissons, le rythme du travail des paysans se ralentissait, les siestes s'allongeaient, et chacun se félicitait de l'abondance exceptionnelle de la récolte, due sans nul doute à la présence du pharaon. Comme leur chef, les habitants de la province étaient devenus de fervents partisans de Sésostris.

Les dernières lueurs du crépuscule s'estompèrent vite, cédant la place à une nuit embaumée. Bêtes et humains avaient faim, et de joyeux dîners s'organisèrent autour des cuisines en plein air.

Seul, à l'écart, assis sur une borne marquant la limite d'un champ, Iker n'avait aucun appétit. Personne, ici, ne connaissait Œil-de-Tortue et Couteau-tranchant. En décrivant le faux policier qui avait tenté de le tuer, il s'était pris à espérer que quelqu'un l'identifierait. Mais cet assassin ne devait pas habiter la région et, son forfait accompli, il s'était enfui.

Poser des questions ne menait nulle part. Aussi le jeune homme s'enfermait-il dans le mutisme. Il lui fallait quitter cette contrée afin de poursuivre son enquête, mais pour aller où ? Et rembourser sa dette prendrait encore beaucoup de temps.

Seul moment de clarté dans cette désolation, le rituel célébré en présence du pharaon. Jamais le jeune homme n'aurait pu supposer qu'il croiserait le chemin du monarque. Comme les autres, il avait à peine osé le regarder.

— Si tu ne manges rien, murmura la voix fluette de Petite Fleur, tu dépériras.

— Quelle importance ?

— Tu es tout jeune, Iker, et pétri de qualités ! Pourquoi ne pas accepter ta condition, convaincre mon père et lui succéder ?

— Parce qu'il reste trop de questions sans réponse.

— Oublie-les !

— Impossible.

— Tu te compliques la vie pour rien, je t'assure !

— Le rituel célébré sur l'aire n'était pas si simple.

— Ce sont de vieilles coutumes paysannes, ne te tourmente pas à cause d'elles !

— Pourquoi le pharaon a-t-il honoré ce mystère de sa présence ?

— Parce qu'il veut s'assurer du soutien du chef de notre province ! Comme tu l'as constaté, notre roi n'est pas un gringalet qui acceptera de partager le pouvoir. Bientôt, il affrontera des despotes locaux résolus à lui désobéir. Nous, au moins, on sera tranquilles. Débarrasse-toi de ton passé, Iker, et ne songe qu'à ton avenir. Moi, j'existe ; cette ferme, ces champs, ces greniers existent, eux aussi. Si tu le désires, tout peut t'appartenir.

— Souviens-toi que ton père t'interdit de me fréquenter.

Petite Fleur sourit.

— Depuis que tu as été désigné pour tenir le jeune veau, symbole du soleil renaissant, c'est différent. Plus personne, ici, n'osera formuler la moindre critique contre toi. Cette nuit, nous pourrions la passer ensemble.

Elle s'était un peu trop maquillée, mais son charme n'avait jamais été aussi prenant.

— Je dois réfléchir.

— Et si tu réfléchissais... après ?

— Tu me mépriserais, Petite Fleur, et tu aurais raison ! Tes paroles m'ont touché, je l'avoue, et je dois vraiment réfléchir.

Bourru comme à son habitude, le patron interpella Iker.

— Le bouvier est malade. Conduis les bœufs au canal pour qu'ils puissent boire et se baigner.

À la ferme, on préparait le banquet qui marquait la fin des moissons. Partout, dans la campagne, ce serait une grande fête suivie de plusieurs jours de repos. Ce bonheur tranquille n'était-il pas l'œuvre de Sésostris qui venait de quitter la province après avoir célébré le rituel dans le temple principal ?

À l'idée de se rafraîchir, les bœufs ne se firent pas prier. Ils prirent d'eux-mêmes la bonne direction, le jeune homme se contentant de les accompagner.

Leur endroit préféré était bordé de vieux saules qui dispensaient une ombre agréable. Chacun à leur tour, placides, ils descendirent la pente et goûtèrent l'eau du canal avec un plaisir évident.

Iker s'assit sur la berge.

Il n'avait pas dormi de la nuit, envisageant de passer une existence paisible auprès de Petite Fleur. Mais les scènes qu'il voyait, lui bon père de famille et fermier modèle, elle parfaite épouse et mère attentive, de belles récoltes, de beaux troupeaux, des greniers bien remplis, ne lui procuraient aucune joie.

Iker ne devait pas se mentir à lui-même : les épreuves qu'il avait vécues ne pouvaient être effacées. Comprendre leur signification demeurait son but primordial.

Un vent étrange se leva, semblant provenir en même temps de toutes les directions de l'espace.

Les bœufs s'immobilisèrent.

Et Iker la vit.

Une femme d'une beauté sublime, aux cheveux d'or et à

la peau très lisse, sortit des feuillages. De sa longue robe blanche jaillissait une lumière éblouissante.

Un instant, un seul instant, leurs regards se croisèrent.

Elle.

C'était elle, nulle autre ne saurait l'égaler.

— Tu as l'air bizarre, dit l'escogriffe à Iker. D'où viens-tu, avec ces bœufs ?

— Du canal bordé de saules.

— Ah, je comprends ! Toi aussi, tu as cru voir la déesse. Tu n'es pas le premier, rassure-toi ! Les jeux d'ombre et de lumière dessinent le corps d'une femme magnifique que les bouviers décrivent avec enthousiasme. Malheureusement, ce n'est qu'une illusion.

L'escogriffe prit un air égrillard.

— Petite Fleur, elle, est bien réelle ! D'après la rumeur, elle en pince pour toi. C'est du sérieux, non ?

— La rumeur est un poison dont personne ne devrait se nourrir.

— Encore une sentence inutile ! Tu es sur le bon chemin, Iker. Petite Fleur, on en rêve tous ! La fille du patron, tu te rends compte ? Allons préparer le banquet. Cette année, il s'annonce fabuleux.

Plusieurs pavillons en roseaux avaient été dressés afin de protéger les convives du soleil, et les enfants ne cessaient d'importuner les cuisiniers, qui finissaient par céder en leur offrant des morceaux de gâteaux.

Indifférent à cette agitation, Iker rentra les bœufs à l'étable.

Quand il en sortit, il se heurta à Petite Fleur.

— As-tu réfléchi ?

— Je m'estime incapable de te rendre heureuse.

— Tu te trompes, Iker !

— Tu m'accordes beaucoup trop d'importance, Petite Fleur.

— Tu ne ressembles pas aux autres, et c'est toi que je veux.

Irritée, elle lui tourna le dos et rejoignit son père qui surveillait la préparation des mets.

Avant de rassasier les hommes, il fallait honorer les dieux.

Aussi une vingtaine de porteuses d'offrandes garnirent-elles un autel de nourritures consacrées par le temple et réservées à la puissance invisible qui présidait au banquet. Coiffées d'une perruque noire, vêtues d'une robe moulante recouverte d'une résille de perles bleues, des bracelets aux poignets et aux chevilles, les prêtresses étaient plus ravissantes les unes que les autres.

Mais la dernière les éclipsa toutes.

Son élégance était telle qu'elle captiva les plus blasés. La démarche noble, le visage aux traits d'une finesse inégalable, les hanches minces, elle semblait surgir d'un monde où aurait régné la perfection. L'orfèvre divin avait façonné sa beauté, tracé la courbe de ses sourcils et rendu ses yeux brillants comme l'étoile du matin.

Avec calme et lenteur, comme si elle se trouvait seule dans un temple, la jeune prêtresse déposa sur l'autel une fleur de lotus épanouie.

Ainsi le parfum de l'au-delà régnerait-il sur les réjouissances des humains.

Puis elle se retira avec une grâce qui envoûta l'assistance.

Quand elle passa près de lui, Iker dut se rendre à l'évidence : elle était bien la femme sublime qui lui était apparue dans le feuillage des saules.

16.

— Comment te sens-tu ? demanda Petite Fleur à Iker, allongé sur sa natte, un linge humide posé sur le front.

— Referme la porte, le moindre rayon de lumière m'est insupportable.

La jeune fille changea le linge.

— Veux-tu que je te masse ?

— Ce n'est pas nécessaire.

— Cette indigestion semble très sévère.

— Oui, elle l'est...

— Tu ne sais pas mentir, Iker ! Et je t'ai observé : tu n'as presque rien mangé. Ce n'est pas une indigestion qui te cloue au lit.

— Peu importe.

— Au contraire, c'est très important ! Pourquoi te trouves-tu dans cet état ?

— Je l'ignore.

— Moi, je le sais ! Tu crois que je ne t'ai pas vu la regarder avec des yeux enfiévrés ?

— De qui parles-tu ?

— De cette prêtresse que tous les mâles, et toi en particulier, dévoraient du regard ! Tu es bien capable d'être tombé amoureux et malade en même temps.

— Tu ne peux pas comprendre, Petite Fleur.

— Je ne comprends que trop bien, au contraire ! Tu aurais tort de t'enfermer dans le plus inaccessible des rêves. Cette fille est une prêtresse qui vit au temple et n'en sort que pour célébrer des rituels. Tu ne la reverras jamais.

Iker se redressa.

— Dans quel temple ?

— À part ça, elle ne t'intéresse pas ! Personne ne le sait, figure-toi, et c'est mieux ainsi. Vas-tu enfin te réveiller et t'apercevoir que moi, je ne suis pas un rêve ?

— Laisse-moi, je t'en prie.

Iker voulait graver profondément dans sa mémoire cet instant magique où la jeune prêtresse lui avait prêté attention. Il aurait dû lui parler, lui demander son nom, faire un geste, même dérisoire, pour la retenir.

— C'est la première fois qu'elle venait ici ?

— La première et la dernière.

— Tu connais sûrement son nom, Petite Fleur !

— Désolée de te décevoir.

— Quelqu'un l'a forcément invitée, quelqu'un qui pourrait me parler d'elle !

— N'y compte pas. Maintenant, lève-toi et va travailler. Cette histoire d'indigestion ne saurait s'éterniser. Tu as une dette à rembourser, souviens-toi.

Vivre sans la revoir n'avait aucun sens.

Hélas ! comme l'avait affirmé la fille du fermier, personne ne connaissait le nom de la belle prêtresse. Elle n'avait été qu'une sublime apparition lors d'un rituel, et il n'existait d'autre solution que de l'oublier.

Mais Iker l'aimait, et aucune autre femme ne l'attirerait. Quelles que fussent les difficultés, il devait la retrouver.

— Voici le moment le plus pénible de l'année, lui annonça l'escogriffe. Les scribes comptables viennent vérifier le nombre exact de bêtes que compte chaque troupeau. Pas question de tricher, sinon c'est la bastonnade et une forte amende. De plus, il faut se montrer aimable avec ces têtes à claques.

Les scribes s'assirent à l'abri d'un baldaquin, le percepteur bénéficia d'un coussin. Iker détesta son arrogance et son visage satisfait.

Bœufs, vaches, ânes, moutons et porcs commencèrent à défiler sans trop de pagaille.

Iker se plaça discrètement derrière un scribe pour voir comment il travaillait.

À plusieurs reprises, le percepteur, qui ne prenait aucune note et se contentait d'observer, demanda de la bière fraîche. Le comptage achevé, il appela le fermier.

— J'ai réexaminé les estimations de mes collègues, déclara-t-il avec froideur. Sur 700 cruches de miel, tu en dois 70 au fisc; sur 70 000 sacs de céréales, 7 000.

— L'impôt a augmenté, et personne ne m'a prévenu !

— Je viens de le faire.

— Moi, je porte plainte auprès du tribunal de la province !

— C'est ton droit, mais rappelle-toi que j'y siège en tant qu'expert. L'état sanitaire de tes bêtes ne me paraît pas satisfaisant. Si tu refuses de payer, les services vétérinaires t'infligeront une lourde amende.

— N'écoutez pas ce voleur ! intervint Iker en brandissant le papyrus qu'il venait d'arracher au scribe. Regardez plutôt ce document : sur l'ordre de ce bandit, ses subordonnés inscrivent de faux chiffres ! Ils augmentent le nombre de têtes de bétail pour majorer l'impôt.

Un tic secoua la lèvre supérieure du percepteur, pris au dépourvu.

Dans les rangs des paysans, la colère gronda.

— Qu'on arrête cet insolent ! ordonna le fonctionnaire. Vous ne comprenez pas qu'il ment pour vous dresser contre les autorités ? Si vous osez vous en prendre à ma personne, vous irez tous en prison.

Pendant quelques instants, la situation demeura figée.

— Pas de bêtises, les gars, recommanda l'escogriffe. Le percepteur a raison. Et puis c'est une affaire entre le patron et lui. Nous, ça ne nous concerne pas.

— Emparez-vous de ce gredin ! ordonna le fonctionnaire aux quatre policiers armés de bâtons.

Iker prit la fuite à toutes jambes.

Grâce à sa meilleure connaissance des lieux, il avait une chance de leur échapper.

Avec l'aide de l'escogriffe, heureux de se débarrasser d'un rival encombrant, les policiers fouillèrent les cabanes, les abris en roseaux, les étables, parcoururent les champs, explorèrent les bosquets.

Le délinquant avait disparu.

— Il n'ira pas loin, annonça le percepteur.

— À moins qu'il ne quitte la province, rectifia le fermier.

— Toi, tu ne perds rien pour attendre !

— Et ça, qu'est-ce que tu en fais ? ironisa le paysan en brandissant le papyrus.

— Tu sais à peine lire !

— Suffisamment pour constater que tu es bel et bien un voleur. Et mon personnel ne me laissera pas tomber.

— Admettons, admettons... Alors, oublions cette histoire. Il ne s'agit que d'une simple erreur d'écriture que je vais rectifier immédiatement.

— Oublie aussi la hausse injustifiée de mes impôts.

— Tu as beaucoup de chance, je suis un homme compréhensif. Mais ne m'en demande pas plus !

La police avait décidé de sillonner les alentours de la ferme deux jours encore, avec l'espoir de recueillir indices ou témoignages.

En rentrant chez elle, Petite Fleur songeait à ce beau jeune homme au grand front et aux yeux verts, si intenses, qui lui avait échappé. En son âme brûlait un feu dont l'intensité lui déplaisait, mais elle aurait bien fini par l'apaiser. Si différent des autres garçons qui la courtisaient, Iker avait la prestance et la détermination d'un chef. Son épouse l'aurait poussé à acquérir d'autres parcelles de terrain, à agrandir leur domaine et à engager de nouveaux tâcherons. Leur réussite aurait été éclatante.

Mais son favori n'était plus qu'un délinquant en fuite.

Petite Fleur referma la porte de sa chambre où personne, même son père, n'était autorisé à pénétrer. Dans de vastes corbeilles, elle rangeait avec soin ses robes, ses perruques et ses manteaux. Une bonne partie des bénéfices de l'exploitation servait à la rendre élégante. Et dans sa salle d'eau, elle disposait de deux coffrets en albâtre où étaient préservés ses produits de beauté.

Elle étouffa un cri en le découvrant.

— Iker ! Que fais-tu ici ?

— N'est-ce pas la meilleure cachette ?

— La police te recherche, elle...

— Je n'ai rien fait de mal, au contraire.

— On ne peut pas lutter contre ce percepteur.

— Bien sûr que si ! Nous avons la preuve qu'il commet des malversations, et il sera condamné.

— Ce n'est pas si simple, Iker.

— Appelle ton père, et mettons au point notre stratégie. Je serai le principal témoin.

— Je te le répète : ce n'est pas si simple.

— Explique-toi, Petite Fleur !

— Tout est possible, à condition que tu acceptes de m'épouser.

— Je ne sais pas mentir, tu l'as constaté. Et je ne suis pas amoureux de toi.

— Quelle importance ? L'essentiel, c'est que nous formions un bon couple et que nous nous enrichissions.

— Le malheur s'abattrait sur nous, sois-en certaine.

— Ton refus est-il définitif ?

— Oui, Petite Fleur.

— Tu ne sais pas ce que tu perds.

— Pardonne-moi, mais j'ai d'autres exigences.

— Cette prêtresse dont tu t'es bêtement amouraché !

— Je veux faire condamner ce percepteur. Sans la justice, ce monde serait invivable. Acceptes-tu d'aller chercher ton père ?

Petite Fleur réfléchit.

— Entendu.

Iker l'embrassa tendrement sur le front.

— Plus aucun fonctionnaire corrompu n'osera vous importuner, tu verras.

Le jeune homme n'eut pas longtemps à attendre.

— Tu peux venir, Iker, appela Petite Fleur.

Alors qu'il sortait de la chambre, trois policiers se jetèrent sur lui et lui lièrent les mains derrière le dos.

Blottie dans les bras de son père, Petite Fleur regardait ailleurs.

— Pour moi, tout est arrangé, déclara le fermier. Ma fille a bien agi en prévenant la police que tu te cachais ici et que tu la menaçais. Après tout, tu n'es qu'un maraudeur endetté et insolent. Tu mérites un châtiment exemplaire, et personne ne te plaindra.

— Adieu, Petite Fleur, dit Iker. À présent, je ne te dois plus rien.

17.

La condamnation était sans appel : un an de travaux forcés pour injure à un dignitaire dans l'exercice de ses fonctions, violence envers la police et tentative de fuite.

Le magistrat, présidant une cour formée de maires de la province, ne s'était guère intéressé aux explications d'Iker. Les témoignages accablants du percepteur, des scribes, du fermier, de sa fille et de l'escogriffe avaient emporté la conviction du jury.

Pendant le long voyage qui le menait aux mines de cuivre du Sinaï, Iker ne fut l'objet d'aucune brutalité. Il ne manqua ni d'eau ni de nourriture et bénéficia de la sympathie des policiers du désert, qui ne lui cachèrent pas la rudesse de l'épreuve qui l'attendait.

— Heureusement pour toi, lui dit leur chef, tu es jeune et en bonne santé. Un organisme usé ne résisterait pas une année.

— Je ne suis coupable de rien ! J'ai simplement débusqué un percepteur corrompu.

— On le sait, mon garçon. Nous, on obéit aux ordres. Te laisser t'enfuir dans ce désert nous attirerait de graves ennuis.

Et tu n'aurais aucune chance de t'en sortir. Mieux vaut purger ta peine, même si elle est injuste.

Le convoi était placé sous la protection de Sopdou, « le Pointu », un faucon au bec acéré qui régnait sur les solitudes brûlantes de l'Est. Caché dans une pierre sacrée en forme de triangle, à l'image d'un rayon de lumière descendant du haut du ciel, le dieu préservait ses fidèles des raids menés par les coureurs des sables, pillards sans foi ni loi qui attaquaient les caravanes et tuaient les marchands.

Fasciné par le désert, Iker oublia la ferme et ses médiocres habitants. Délivré de tout ressentiment, il voyait souvent apparaître le visage de la belle prêtresse. Lorsqu'elle ouvrait les yeux et le regardait, il devenait vigoureux au point de soulever des montagnes et d'ignorer toute fatigue ! Dès qu'elle disparaissait, il se sentait vide, abattu, presque incapable d'avancer. Le désir de la revoir était si fort qu'il reprenait confiance. Oui, il franchirait ce nouvel obstacle et partirait à la recherche de cette femme inaccessible.

À Timna [1], un cirque désertique bordé de falaises aux pentes rudes abritait des mines de cuivre exploitées depuis les premières dynasties. Des convois d'ânes apportaient régulièrement aux mineurs des vivres, des vêtements et des outils. En raison de la dureté des conditions de travail, les techniciens étaient fréquemment relevés. Quant aux condamnés, ils devaient s'adapter ou mourir. Quelques criminels, surveillés par des gardiens vigilants, n'avaient pas le temps de paresser. Ils devaient creuser et consolider puits et galeries afin de faciliter la tâche des spécialistes.

Les bâtiments — maisons, entrepôts, prison — étaient construits en pierre sèche. Seul édifice en pierre de taille, le sanctuaire dédié à Min, seigneur de vie, protecteur des carriers et des mineurs, déclencheur du tonnerre et des orages qui remplissaient les citernes. Grâce à lui, les ouvriers chargés de sortir le cuivre du ventre de la montagne ne manquaient pas d'eau.

1. Trente kilomètres au nord d'Elath (Edom).

À l'arrivée du convoi, le responsable de l'exploitation, un trapu basané à la voix éraillée, parut fort surpris.

— Où sont les condamnés ?

— Il y en a juste un, répondit le gradé. Ce garçon.

— C'est une plaisanterie ?

— Pour lui, non.

— Quel crime a-t-il commis ?

— Il a mis en lumière la malhonnêteté d'un des percepteurs de la province du Cobra.

— Mais... ce n'est pas un délit !

— Un fermier, sa fille et ses proches ont témoigné contre lui. Verdict : un an ici.

— C'est énorme ! Pourquoi n'a-t-il pas fait appel ?

— Il n'en a pas eu le temps. À l'évidence, tout le monde semblait pressé de se débarrasser de lui.

Le trapu se gratta l'occiput.

— Je n'aime pas ça... Pas du tout ! Tu as les documents officiels ?

— Les voici. On te laisse le gamin et on repart. La prochaine fois, on tâchera de t'amener de la meilleure main-d'œuvre.

Pendant que les policiers se restauraient, le trapu dévisagea le condamné.

— Ton nom ?

— Iker.

— Ton âge ?

— Seize ans.

— Paysan ?

— Non, apprenti scribe. On m'a attaqué, volé, puis...

— Ton histoire ne m'intéresse pas et tu ne devrais pas être ici. Mais c'est comme ça, et personne ne peut rien y changer.

Le trapu tourna autour d'Iker.

— Voyons voir... Tu es trop grand pour te glisser dans un boyau et tu n'as pas assez de muscles pour être affecté à l'extraction. Je te mets dans l'équipe qui s'occupe des fours. Je ne peux rien faire de mieux, mon garçon.

— Je vous remercie.

— Tâche de tenir le coup et ne te laisse pas marcher sur les pieds.

Deux surveillants emmenèrent Iker dans une petite cabane de pierres sèches. Sur le sol, deux nattes.

— Attends ici.

L'endroit n'était pas gai, la montagne franchement hostile. On se sentait si loin de l'Égypte qu'elle semblait inaccessible. Mais Iker refusa de céder au désespoir. Il sortirait de cette prison et retrouverait la jeune prêtresse.

Un homme d'une vingtaine d'années, le visage carré, les sourcils épais et le ventre rond, pénétra dans la cabane.

— C'est toi, le nouveau ?

— Je m'appelle Iker.

— Moi, Sékari. On est dans la même équipe. Il paraît que tu es innocent ?

— En effet.

— Moi aussi. Mieux vaut ne pas parler du passé et se préoccuper du présent. Notre patron, c'est Gueule-de-travers. Un mauvais et un teigneux. Récidiviste, et déjà dix ans ici ! Il a survécu à la mine et règne sur les fours à cuivre. Aucun surveillant n'ose s'attaquer à lui. Prends bien garde de ne pas lui déplaire. Côté rations, je te préviens : maigre et pas fameux. Mais tu es bien tombé. Le cuisinier m'a à la bonne, et je reçois des suppléments. Comme tu m'as l'air plutôt sympathique, je veux bien t'associer à la combine, mais à deux conditions : d'abord, tu tiens ta langue ; ensuite, tu assumes une partie de mes corvées.

— Entendu.

Sékari s'agenouilla et creusa le sol dans l'angle le plus obscur de la pièce pour en sortir un petit vase d'albâtre dont il ôta le bouchon de tissu. Dans la paume de sa main, il versa des pastilles qu'il offrit à Iker.

— Avale ça.

— Qu'est-ce que c'est ?

— Un mélange de graines de caroube et d'aneth. Ce remède t'évitera diarrhées et autres désordres digestifs. Certains en sont morts.

Iker avala, Sékari exhuma un autre trésor.

— Protéger le corps ne suffit pas, il faut aussi s'occuper de l'âme. Sinon, tu seras accablé par la tristesse et tu perdras ta vitalité. Pour être tranquille, porte ça autour du cou.

Sékari offrit à Iker une cordelette équipée d'une série de minuscules amulettes en cornaline qui représentaient des faucons, l'oiseau d'Horus, et des babouins, l'animal de Thot, patron des scribes.

Le jeune homme les frotta longuement entre ses doigts.

— Bon, il faut y aller. Sinon, on sera punis.

Gueule-de-travers était une sorte de monstre velu qui ne redoutait pas la température des fours, variant de 700 à 1 000 degrés, où étaient réduits des alliages de cuivre.

Dès le premier coup d'œil, il détesta le nouveau venu.

— Ici, gamin, personne n'est innocent. File droit, sinon je t'écrase. Et personne ne me le reprochera. Une bouche de moins à nourrir, ce serait une bonne nouvelle.

Iker soutint le regard de Gueule-de-travers.

— Tu es plus fort que moi, mais tu ne me fais pas peur.

— Commence par ranger les lingots. On verra après.

Alors que la gangue restait en surface, le cuivre fondu se déposait au fond du four et s'écoulait dans des fosses d'où l'on retirait le métal brut, refondu dans un creuset, puis coulé dans des moules avant d'être durci par martelage. Le métal était ensuite transformé en lingots, inventoriés et numérotés en vue de leur transport vers l'Égypte.

Un mois plus tard, Iker continuait à entreposer les lingots. Gueule-de-travers ne lui avait adressé aucun reproche.

— C'est bizarre, observa Sékari en dégustant une figue. D'habitude, il ne se montre pas aussi conciliant.

— Je lui obéis et je me tais : ça doit lui suffire. Et puis tu m'as donné des amulettes efficaces.

— Tant mieux pour toi, mais reste vigilant.

— Tu n'aurais pas entendu parler de deux marins appelés Œil-de-Tortue et Couteau-tranchant ?

Sékari réfléchit.

— Non, ça ne me dit rien.

— Tu pourrais interroger les autres prisonniers ?

— Si tu veux. Ces deux types sont tes amis ?

— Je les ai perdus de vue et j'aimerais savoir d'où ils sont originaires. Et j'aimerais aussi revoir le faux policier qui a tenté de me tuer.

— Un faux policier ! Tu es sûr que...

Iker décrivit son agresseur.

— Bon, je m'en occupe. Mais je ne te promets rien.

Les démarches de Sékari s'étaient révélées infructueuses. Aucun des condamnés n'avait pu lui fournir le moindre renseignement.

Surmontant sa déception, Iker remplissait avec application sa tâche, en vérité peu pénible.

— Bon travail, petit, reconnut Gueule-de-travers, presque aimable. Tu mérites mieux que ça. Au moins, que ton séjour te soit profitable : tu dois tout savoir du cuivre, à commencer par les fours. Demain, nous les nettoierons ensemble. C'est un sacré privilège, tu sais. Je te l'accorde parce que tu sais te tenir à ta place. C'est une qualité rare qui mérite d'être récompensée.

De son pas lourd, Gueule-de-travers s'éloigna. Il ne supportait plus ce gamin qui, à l'évidence, était un mouchard dépêché par la police pour savoir comment fonctionnait la hiérarchie des détenus.

Et le principal visé, c'était lui, Gueule-de-travers !

Cet Iker allait le dénoncer, et il serait renvoyé dans une galerie de mine.

Une seule solution : lui griller la tête dans un four et faire croire à un accident.

Le soleil se leva.

Sékari s'étira et bâilla.

— Aujourd'hui, j'aide le cuisinier. Et toi ?

— Je nettoie les fours avec Gueule-de-travers, répondit Iker.

— Il t'a vraiment à la bonne ! On jurerait qu'il veut te former pour que tu lui succèdes.

En sortant de leur cabane, Iker et Sékari se heurtèrent au responsable de l'exploitation et à une escouade de policiers du désert.

— Vous deux, Gueule-de-travers et trois autres condamnés, vous êtes transférés.

— Où ça ? questionna Sékari.

— Aux mines de turquoise de la déesse Hathor.

— Pourquoi ça ?

— Ordre supérieur.

— Mais on s'est bien comportés, on n'a reçu aucun blâme, on...

— Les mines de turquoise ont un besoin urgent de personnel. Soyez disciplinés et travaillez dur, sinon on vous ramènera ici. En ce cas, je vous promets un régime de faveur.

18.

Toutes les voies d'accès terrestres à Abydos étaient gardées par des soldats qui ne laissaient passer personne. Pour pénétrer dans le territoire sacré d'Osiris, il ne restait plus que le débarcadère, placé sous haute surveillance. Et c'est là qu'accosta une flottille que guidait le bateau du pharaon.

Sous son regard, les marins déchargèrent des blocs de pierre, des bases de colonnes et des dalles de pavement. Puis descendit l'équipe d'artisans de la province du Cobra, comptant un maître d'œuvre, des sculpteurs et des charpentiers. Tous avaient prêté serment de garder le silence sur leur travail. Ils savaient qu'ils ne reverraient pas leurs proches avant de l'avoir terminé.

Le supérieur des prêtres d'Abydos s'inclina devant le monarque.

— L'acacia ?

— Son état est stationnaire, Majesté.

— Je suis venu créer un temple, une demeure d'éternité et une ville, annonça Sésostris. Au sud du site sera construite la cité d'Ouâh-sout, « l'Endurante d'emplacements ». Chaque jour, elle bénéficiera d'approvisionnements en viandes, en poissons et en légumes. Des bouchers et des cuisiniers y résideront, prêtres et artisans ne manqueront de rien.

— Comment envisagez-vous notre rôle, Majesté ?

— Selon mon dernier décret, aucun ritualiste d'Abydos ne pourra être transféré ailleurs. Aucun d'entre eux ne sera soumis à la corvée agricole, aucune institution n'aura le droit de prélever un seul pouce du territoire d'Osiris. Deux sortes de prêtres y seront admis : les permanents et les temporaires. Quand une équipe de temporaires se retirera pour céder la place à une autre, elle devra avoir accompli sa tâche à la perfection, sous peine de sanctions. Les permanents seront le Chauve, responsable des rites de la Maison de Vie ; le Serviteur du *ka*, qui vénérera et entretiendra l'énergie spirituelle ; Celui qui verse la libation sur les tables d'offrande ; Celui qui veille sur l'intégrité du grand corps d'Osiris ; Celui dont l'action est secrète et qui voit les secrets ; les sept musiciennes qui enchantent l'âme divine ; enfin, Celui qui porte la palette en or sur laquelle sont inscrites les formules de connaissance. C'est à toi que je la confie.

Le roi remit le précieux objet au vieil homme.

— Je me montrerai digne de votre confiance, Majesté. Quand nommerez-vous les titulaires des autres fonctions ?

— Choisis les ritualistes les plus compétents. Mais avant d'aller plus loin, je dois savoir si le génie du lieu nous est favorable.

Sésostris partit seul dans le désert.

Malgré ses mises en garde répétées, Sobek le Protecteur avait interdiction de le suivre.

Depuis l'aube des temps veillait sur Abydos une mystérieuse divinité, « Celui qui est à la tête des êtres de l'Occident[1] ». Passé de l'autre côté des ténèbres, il parcourait néanmoins le domaine des vivants lorsque s'ouvraient les portes de l'invisible.

Sans son approbation, l'entreprise du pharaon était vouée à l'échec.

1. Khenty-Imentyou.

Il s'immobilisa à l'endroit précis où serait édifié le sanctuaire de son temple. Ici, la terre entrait en résonance d'une manière particulière avec le ciel.

La nature entière fit silence.

Plus un chant d'oiseau, plus un murmure de vent.

Soudain, sortant d'ailleurs, il apparut.

Un chacal noir, haut sur pattes, à la queue immense et aux grandes oreilles très droites.

Méfiant, il se tint à bonne distance de l'intrus. Très vite, Sésostris perçut ses exigences. L'incarnation du Premier des Occidentaux le sommait de dévoiler ses intentions.

— Je dois interrompre la dégénérescence de l'acacia, déclara le souverain. Pour y parvenir, j'édifierai un temple où, chaque jour, sera célébré un rituel qui entretiendra la vitalité de ce lieu. Mais il serait inefficace sans la présence d'une demeure d'éternité où s'accompliront les mystères de la mort et de la résurrection. Ce n'est pas pour ma propre gloire que des artisans feront naître ces édifices, mais pour qu'Osiris demeure la clé de voûte de la civilisation égyptienne. Lis les plans de l'œuvre dans mon cœur, et marque-les au sceau de ta puissance. Sans elle, ils ne viendront pas à l'existence.

Le chacal s'assit sur ses pattes arrière, leva la tête vers le soleil et chanta une mélopée si intense et si profonde qu'elle fit vibrer l'âme de tous les êtres vivant sur la Grande Terre d'Abydos.

L'Annonciateur et ses suivants venaient de franchir un nouveau plateau calcaire qui succédait à une série de collines pierreuses entrecoupées de pics. Çà et là, un îlot de verdure inattendu où ils se reposaient quelques heures avant de repartir dans le désert.

Subjugués par leur chef qui ignorait la fatigue et le doute, les hommes parvenaient encore à mettre un pied devant l'autre.

Ils ne se demandaient même plus combien de temps ils survivraient dans cette fournaise.

— On ne les trouvera pas, affirma Shab le Tordu. Mieux vaudrait renoncer, seigneur.

— T'ai-je déjà déçu ?

— Jamais, mais comment croire à cette légende ?

— As-tu déjà vu des cadavres déchiquetés par les monstres du désert ?

— Non.

— Moi, si. Et ce jour-là, j'ai compris que ces créatures détenaient la force dont nous avons besoin. Avec elle, nous serons invincibles.

— Une bonne milice bien entraînée ne serait-elle pas préférable ?

— Même si toute armée peut être vaincue, celle que je vais rassembler sera différente.

— Sauf votre respect, ce n'est pour le moment qu'un ramassis de pouilleux !

— Crois-tu que de simples pouilleux seraient encore vivants, s'ils n'avaient pas entendu mes paroles ?

— Ça, il faut dire… Qu'ils tiennent encore debout, c'est incroyable !

Ils n'étaient qu'une vingtaine, mais avaient accepté de suivre l'Annonciateur après qu'il leur eut promis la fortune au terme de rudes combats. Délinquants et repris de justice, ils se réjouissaient d'échapper ainsi au châtiment.

Chaque fois que l'un d'eux s'apprêtait à renoncer ou à se révolter, l'Annonciateur s'approchait de lui et le réconfortait du regard. Quelques mots, prononcés sur un ton égal et envoûtant, remettaient l'égaré sur le bon chemin. Un chemin qui, cependant, menait vers les profondeurs d'un désert sans fin.

Ce fut à la tombée du jour que le marcheur de tête crut apercevoir le *sedja*, un monstre à tête de serpent et à corps de lion.

— Les gars, j'ai une hallucination ! Et si ce n'en est pas une, il va voir ce que j'en fais, moi, de cette horreur !

Il courut en direction de la bête pour lui fracasser la tête d'un coup de bâton. Toutefois le cou du serpent s'esquiva, et les griffes du lion se plantèrent dans la poitrine de l'agresseur.

— Alors, ça existe vraiment, murmura Shab, terrifié.

Surgirent le *séref*, à tête de faucon et à corps de lion, et l'*abou*, un énorme bélier avec une corne de rhinocéros sur le museau.

Deux membres de l'expédition tentèrent de s'enfuir, mais les deux monstres les rattrapèrent et les massacrèrent.

Dans une lueur rousse qui embrasa le désert se manifesta le *sha*, l'animal de Seth, un quadrupède doté d'une tête proche de celle de l'okapi. Même s'il paraissait moins redoutable que les trois autres, ses yeux rougeoyants tétanisèrent les survivants.

— Qu'est-ce qu'on fait ? demanda Shab, dont les dents s'entrechoquaient.

L'Annonciateur leva les bras.

— Toutes les divinités m'inspirent, celles du mal comme celles du bien, déclama-t-il. La lumière du jour et la force des ténèbres habitent mon esprit. Elles ne parlent qu'à moi, et moi seul suis leur interprète. Qui me désobéit sera anéanti, qui m'obéit sera récompensé. De ces multiples puissances, je n'en ferai qu'une seule, et je serai son unique propagateur. La terre entière se soumettra, il n'y aura plus qu'une seule foi et qu'un seul maître.

Seul Shab le Tordu ne s'était pas allongé dans le sable pour éviter d'être repéré par les prédateurs. Cependant il ne crut pas à ce que son regard lui montrait.

L'Annonciateur s'approcha des trois monstres tueurs, passa lentement les mains sur les griffes, le bec et la corne, et il s'enduisit du sang de leurs victimes.

Puis il arracha les yeux de braise de l'animal de Seth et les plaqua sur les siens.

Une tempête de sable se leva, obligeant Shab à se jeter sur le sol. Aussi brève que violente, elle céda la place à un vent glacial.

L'Annonciateur s'était assis sur un rocher.

Plus la moindre trace des monstres.

— Seigneur... Ce n'était qu'un cauchemar ?

— Bien sûr, mon ami. De telles créatures n'existent que dans l'imagination des peureux.

— Pourtant il y a des morts, déchiquetés !

— Des victimes d'un fauve que notre présence a rendu furieux. Je sais à présent ce que je voulais savoir, et nous allons accomplir notre premier coup d'éclat.

Shab avait été la proie d'un de ces mirages si fréquents dans le désert. Mais pourquoi les yeux de l'Annonciateur étaient-ils devenus rouge sang ?

19.

Avant de partir pour les mines de turquoise du Sinaï, situées au sud-ouest de celles de cuivre, Sékari avait préparé un remède composé de cumin, de miel, de bière douce, de calcaire et d'une plante appelée « poil de babouin ». Après avoir broyé et filtré les ingrédients, il avait obtenu une boisson indispensable pour garder du tonus et repousser les nombreux reptiles qui rôdaient dans le désert. Précaution supplémentaire et nécessaire : s'enduire tout le corps de purée d'oignon afin de faire fuir serpents et scorpions. Elle présentait aussi l'avantage de développer les cinq sens, avantage non négligeable dans un milieu hostile.

Seul Gueule-de-travers avait refusé ces précautions, mais il sentait tellement mauvais que même une vipère à cornes ne se risquerait pas à le mordre.

— Tu connais les secrets des plantes, Sékari ? s'étonna Iker.

— Avant de commettre de grosses bêtises, j'étais jardinier et oiseleur. Regarde là, sur mon cou ; c'est la cicatrice d'un abcès que m'a infligé la grande perche aux extrémités de laquelle étaient accrochés les pots remplis d'eau. Combien de milliers de fois je les ai portés ! Ma spécialité, c'était la chasse aux oiseaux dans les jardins. Je les aime bien, ces bestioles, mais il y en a qui dévastent tout ! Si l'on n'intervenait pas, on ne mangerait pas un seul fruit. Alors, avec mon piège à ressort et mon filet, je les capturais pour leur faire comprendre qu'elles devaient aller se nourrir ailleurs. À l'exception des cailles qui finissaient sur le gril ou en ragoût, je relâchais les autres. J'avais même appris à leur parler ! Avec certaines, il suffisait que j'imite leur chant pour qu'elles évitent le verger.

— En quoi consistaient tes... grosses bêtises ?

Sékari hésita.

— Tu sais, dans nos métiers, on ne peut pas tout déclarer au fisc, sinon on ne s'en sortirait pas. Il y a un scribe contrôleur qui s'est intéressé à moi, un grand type très laid avec un nez plein de boutons. Un faux cul qui se faisait passer pour incorruptible, alors qu'il mentait comme il respirait ! Bref, quand il a attaqué mon territoire, j'ai mis le piège en fonction. Vu l'habileté de cet imbécile, il s'est empêtré dans le filet et il s'est un peu étouffé. Personne ne l'a regretté, mais la justice a quand même considéré que j'étais coupable. Comme il y avait un aspect accidentel, je n'ai pas été condamné à mort, mais je ne sortirai pas des mines avant longtemps.

— Décidément, les percepteurs ne nous réussissent pas ! N'espères-tu pas une remise de peine pour bonne conduite ?

— C'est la raison pour laquelle je garde profil bas. Discret et serviable, telle est ma devise. Ainsi, je suis bien noté par les surveillants.

— Connais-tu les mines de turquoise ?

— Non, mais il paraît que le travail y est moins dur que dans celles de cuivre.

— Pourquoi nous envoie-t-on là-bas ?

— Aucune idée. Si tu veux un conseil, méfie-toi de Gueule-de-travers.

— Il se montre plutôt aimable avec moi, objecta Iker.

— C'est justement ça qui n'est pas normal. Ce type est un

tueur, même s'il n'a été condamné que pour vol, coups et blessures. Je suis persuadé qu'il te déteste et te joue la comédie.

Iker frotta ses amulettes et ne prit pas l'avertissement à la légère. De fait, oubliant sa première impression, il avait baissé la garde.

C'était lui, l'apprenti scribe, qui porterait la pierre triangulaire de Sopdou, recouverte d'un voile. On ne signalait pas de coureurs des sables dans la région, mais mieux valait s'assurer la protection du dieu.

— On arrive, prévint un policier.

Le site[1] était grandiose. Des successions de montagnes, à l'infini, et des ouadi cernaient un plateau à l'écart des dépressions qu'il dominait. Quelques épineux, des roches déchiquetées, des grès jaune et noir, des collines rouges, un vent violent animaient ce paysage à la fois hostile et attirant.

Composée de policiers, des prisonniers transférés, d'ânes porteurs d'eau et de nourriture, la caravane emprunta un sentier pentu qui permettait d'accéder au plateau.

À l'orée d'un chemin processionnel bordé de stèles et menant à un temple, un solide quinquagénaire les attendait.

— Je m'appelle Horourê et je suis le commandant du corps expéditionnaire envoyé ici par le pharaon Sésostris. En raison des conditions climatiques, ma mission est particulièrement difficile, et j'ai besoin de davantage de mineurs. C'est pourquoi vous êtes réquisitionnés. Nous sommes le quatrième mois de la saison chaude, tout à fait défavorable à l'extraction de la turquoise qui ne supporte pas cette température. Elle perd sa couleur bleu-vert, si intense. Néanmoins, le pharaon m'a ordonné de lui rapporter la plus belle pierre jamais découverte, et nous devrons donc réussir. Chaque jour, nous vénérerons Hathor, la

1. Son nom moderne est Sérabit el-Khadim, un plateau d'une vingtaine de kilomètres carrés.

souveraine des lieux, afin qu'elle guide nos bras. Aujourd'hui, repos. Demain à l'aube, au travail.

Les habitations se trouvaient à l'est du temple. Les hommes libres qui travaillaient sur ce site en échange d'un bon salaire regardèrent d'un œil inquiet ces délinquants qu'on leur imposait. Et l'allure de Gueule-de-travers ne rassura personne.

Plusieurs cabanes de pierre sèche se transformèrent en cellules dont les portes furent refermées et gardées.

Sur les nattes, des galettes fourrées aux pois chiches, des dattes et de l'eau.

— J'ai connu pire, avoua Sékari en se jetant sur la nourriture.

Sévèrement encadrée, l'équipe des détenus comparut devant Horourê.

Sans mot dire, il les précéda dans un temple composé d'une succession de cours à piliers dont les autels étaient couverts d'offrandes. Recueilli, Iker eut l'impression de changer de monde en pénétrant dans ce domaine sacré où régnaient le silence et des parfums d'encens.

Horourê les conduisit jusqu'à une grande cour flanquée de citernes et de bassins de purification.

Il leva les yeux vers la montagne.

— Vous êtes face au sanctuaire d'Hathor, notre protectrice. Puisse-t-elle orienter nos recherches et nous offrir la pierre parfaite.

Sur un autel, Horourê déposa une coupe d'albâtre contenant du vin, un collier, deux sistres et une statuette de chatte.

— Lorsque la déesse est furieuse et veut châtier les humains, elle prend la forme d'une lionne. Dans le désert, elle massacre les égarés. Quand la Lointaine revient vers la terre aimée des dieux, elle se transforme en chatte, douce et affectueuse. Elle détient la turquoise, symbole de la joie et du renouveau, capable de triompher du malheur et de la décrépitude.

Cette pierre transmet son énergie aux enfants de la lumière et fait naître en eux l'allégresse. Hathor, c'est toi qui permets au soleil de surgir et ressuscites notre monde chaque matin. Que ton rayonnement pénètre dans nos cœurs.

Iker vécut chaque phrase comme une révélation. Il se sentait si bien dans ce sanctuaire que le visage de la belle prêtresse réapparut. Elle était là, tout près de lui, et partageait son émotion.

La brève cérémonie s'acheva trop vite, tous sortirent du temple. Horourê emmena les condamnés au pied d'une falaise rébarbative.

— L'endroit est dangereux, révéla-t-il. C'est pourquoi il vous est réservé. Lorsque nous lui avons présenté la statue de Min, elle a reculé. Autrement dit, la carrière est enceinte mais refuse de nous livrer son fruit. Tenter de creuser une galerie reviendrait donc à l'offenser, elle se vengerait en tuant les mineurs. La prudence consisterait à attendre que la montagne elle-même nous accorde l'autorisation de l'explorer. Comme je vous l'ai déjà dit, nous sommes pressés.

— Pourquoi ne pas creuser ailleurs ? demanda Sékari.

— Parce que je suis persuadé qu'une turquoise unique, inaltérable, est cachée ici. À vous de choisir : ou vous prenez le risque, ou vous serez renvoyés aux mines de cuivre. Si vous réussissez, vous obtiendrez la liberté.

« Libre ! » : le terme résonna avec intensité dans la tête d'Iker.

— Je refuse, décréta Gueule-de-travers. Je préfère retourner à mes fours. Si des spécialistes se dérobent, c'est que le coup est pourri.

Les autres prisonniers l'approuvèrent.

— Moi, trancha Iker, je tente l'aventure.

— Tu es fou ! protesta Sékari. Tu n'as pas entendu le patron ? Le dieu Min lui-même a reculé !

— Qu'on me donne les outils nécessaires.

— Iker, sois raisonnable, tu cours à la catastrophe ! Jamais un homme seul ne pourra réussir.

— Ne viens-tu pas avec moi ? Entre croupir dans une mine de cuivre où tes chances de survie sont minces et recouvrer rapidement la liberté, tu hésites ?

Troublé, Sékari contempla la paroi.

— Vu comme ça... Mais tu passes le premier.

— Entendu.

— Pas d'autres volontaires ? demanda Horourê.

— Aucun autre, répondit Gueule-de-travers, ravi de se débarrasser du mouchard.

Horourê mit un genou en terre et leva les mains vers la montagne en signe de vénération.

— La galerie que vous creuserez portera le nom de « Celle qui rend prospères les mineurs et permet de voir la perfection d'Hathor ». Que la pierre vivante accueille avec bienveillance le choc des outils, qu'elle sache que nous œuvrons pour la lumière et non pour nous-mêmes.

Le chef de l'expédition remit aux deux volontaires des pics et des percuteurs en silex et en dolérite.

— On commence où ? demanda Sékari.

Horourê désigna un point précis. Et le chant des outils brisa le silence de la montagne.

20.

Le Renifleur pouvait être content de lui. Après avoir écumé pendant dix ans les pistes de l'isthme de Suez et détroussé un nombre incalculable de caravanes, il venait de terrasser son principal rival sans combattre. Le chef de la bande adverse était bêtement mort d'une chute dans un ravin, et ses hommes avaient été incapables de s'entendre pour désigner son successeur. Aussi avaient-ils préféré se placer sous l'autorité du Renifleur afin de former la plus redoutable bande de coureurs des sables de la région. Désormais, leur efficacité serait accrue et pas un marchand ne leur échapperait.

Tantôt ils prenaient tout, tantôt ils se contentaient de prélever une partie des biens en faisant jurer à leurs victimes de ne pas porter plainte, sous peine de représailles. Ils ne manquaient pas de violer les femmes, elles aussi soumises à la loi du silence.

— Proies en vue, annonça un guetteur.

— Belle caravane ? demanda le Renifleur, alléché.

— Ça n'en a pas l'air.

— Alors, qu'est-ce que c'est ?

— Une vingtaine de bonshommes.

— Des policiers ?

— D'après leur allure, sûrement pas ! Ces types ont dû se perdre dans le coin. Une bande de traîne-misère sans le moindre intérêt.

— On pourrait en engager quelques-uns et supprimer les autres.

— Faut voir.

La prestance du chef de la mauvaise troupe impressionna les coureurs des sables. Marchant à plusieurs pas devant eux, son regard était celui d'un fauve aux yeux agressifs.

Honteux d'éprouver de la crainte, le Renifleur apostropha le grand gaillard.

— Qui es-tu, l'ami ?

— L'Annonciateur.

— Et qu'annonces-tu ?

— Que les ennemis du pharaon doivent se soumettre à ma volonté afin d'écraser ce tyran.

Le Renifleur mit les poings sur ses hanches.

— Tiens donc ! Et pourquoi devrait-on t'aider ?

— Parce que je suis le seul interprète des puissances. Et moi seul peux vaincre.

— Tu as perdu la raison, l'ami, mais tu m'amuses !

— En ce cas, pourquoi ta voix tremble-t-elle ?

— Ton insolence ne m'impressionne pas !

— Si tu désires vivre, soumets-toi immédiatement à l'Annonciateur.

Le Renifleur éclata de rire.

— Assez de bavardages ! Je vais vous examiner un par un. Les plus costauds, je les enrôle. Les autres se dessécheront dans le désert.

L'Annonciateur tendit le bras gauche.

— Une dernière fois, soumets-toi.

Alors que le Renifleur s'apprêtait à frapper, la main de l'Annonciateur se transforma en serre et son nez en bec de rapace.

— C'est le faucon-homme ! s'exclama un coureur des sables. Il nous exterminera tous !

Ses acolytes s'aplatirent dans le sable, mains sur la tête. En demeurant rigoureusement immobiles, ils échapperaient peut-être à la fureur du monstre.

Un vent glacé les fit frissonner.

L'un d'eux osa pourtant relever la tête et regarder.

Il vit le cadavre du Renifleur, la gorge tranchée.

— Qui refuse de m'obéir ? demanda l'Annonciateur d'une voix douce.

Les coureurs des sables se prosternèrent devant leur nouveau maître.

— Ça y est, constata un Sékari en sueur, les piliers de soutènement sont érigés ! Maintenant, on a une petite chance de s'en sortir.

En s'enfonçant dans la galerie qu'il venait de découvrir, Iker n'avait pas songé que son plafond risquait de s'effondrer. Sans l'intervention de son compagnon, les deux explorateurs seraient morts ensevelis.

— On n'est pas malheureux, estima Sékari. On ne creuse que depuis quelques jours, et on tombe sur ce boyau au cœur de la roche ! À croire qu'il nous attendait.

— Quelques piliers supplémentaires ne me paraîtraient pas superflus.

— Tu as raison : avant de continuer, on étaye.

Horourê fut étonné de voir, une fois de plus, les deux insensés ressortir vivants.

— Belle trouvaille, chef ! clama Sékari.

— Des turquoises ?

— Pas encore, mais une galerie qui mène sûrement au trésor !

La nouvelle fit rapidement le tour du domaine de la déesse Hathor où Gueule-de-travers et les autres réfractaires étaient réduits à des tâches subalternes avant leur retour aux mines de cuivre. À leur amertume s'ajoutait la jalousie.

Depuis le début de leur dangereuse aventure, Iker et Sékari ne se mêlaient plus à leurs ex-collègues. Et ils bénéficiaient de bien meilleurs repas.

Alors que le soleil se couchait, Horourê s'assit en face d'eux.

— Ni l'un ni l'autre ne manquez de courage.

— Moi, protesta Sékari, j'ai presque épuisé ma réserve ! Vous ne croyez pas qu'on en a fait assez ?

— Il me faut la plus belle des turquoises. Tant que vous ne l'aurez pas découverte, votre mission ne sera pas achevée.

— Je peux vous poser une question ? demanda Iker.

— Je t'écoute.

— Connaîtriez-vous deux marins appelés Œil-de-Tortue et Couteau-tranchant, auriez-vous entendu parler de leur bateau, *Le Rapide* ?

— Mon domaine, c'est le désert, pas la navigation. Tâchez de vous reposer : après-demain, vous retournez dans le ventre de la montagne.

La caravane s'arrêta au bord du seul oued où coulait encore un peu d'eau. Sous la surveillance des policiers, les marchands déchargèrent leurs ânes qui s'empressèrent d'aller boire.

— Encore trois jours de marche, estima le guide, et nous atteindrons la frange du Delta. Là-bas, il y a des canaux, des arbres et de l'herbe. Content de sortir enfin de ces solitudes brûlantes ! Cette fois, le voyage m'a paru bien long.

— Estime-toi heureux d'en être sorti vivant, répliqua le lieutenant de police. L'endroit est de plus en plus dangereux.

— Des attaques de coureurs des sables ?

— La dernière fut un vrai massacre.

— Pourquoi le pharaon n'intervient-il pas plus vigoureusement ?

— Il faut croire qu'il a d'autres soucis. Mais je suis quand même ici avec une dizaine de patrouilleurs expérimentés.

— Allons chercher les jarres de réserve. Nous avons mérité un repas copieux.

Chaque guide connaissait les emplacements où, sous la protection magique de petites stèles et d'amulettes, étaient dissimulées des provisions régulièrement renouvelées. Elles servaient d'appoint aux voyageurs fatigués qui avaient mal calculé la quantité de vivres indispensable pour leur parcours.

La stèle était brisée, les amulettes disloquées.

— Qui a osé faire ça ? s'indigna le lieutenant. Ces barbares ne respectent plus rien !

Le guide s'aperçut que la nourriture avait disparu.

— Je rédige immédiatement un rapport qui fera du bruit ! promit le gradé. Cette fois, l'armée ratissera la région.

Des hurlements alertèrent les deux hommes.

— On attaque la caravane !

Le guide tenta de s'enfuir, deux coureurs des sables le rattrapèrent et lui fracassèrent le crâne à coups de bâton.

Le lieutenant, lui, fit face à l'ennemi, mais succomba vite sous le nombre.

Surpris de ne pas être tué, il fut amené devant un homme anormalement grand et maigre, aux yeux rouges.

— Depuis combien d'années sillonnes-tu le désert ? questionna l'Annonciateur.

— Plus de dix ans.

— Alors, tu connais tout de la région. Si tu veux éviter la torture, indique-moi les sites essentiels aux yeux du pharaon et décris-les en détail.

— Pour quelle raison ?

— Contente-toi de répondre. Surtout, sois précis.

Le policier évoqua les fortins, les étapes obligées des caravanes, les mines de cuivre et celles de turquoise.

— La turquoise, répéta l'Annonciateur sur un ton étrange. Une divinité la protège-t-elle ?

— La déesse Hathor.

— Se montre-t-elle toujours bienveillante ?

— Pas lorsqu'elle prend la forme d'une lionne terrifiante qui parcourt la Nubie et dévore les rebelles. Grâce à la turquoise, il est possible de l'apaiser.

— Le site d'exploitation est-il surveillé ?

— Des policiers le gardent en permanence.

— Je n'ai plus besoin de toi, brave soldat, puisque tu n'es pas homme à trahir ton pays.

L'Annonciateur tourna le dos au lieutenant, que Shab le Tordu se chargea d'exécuter.

21.

Iker suffoquait, toussait, mais continuait à creuser la galerie menant vers le cœur de la montagne. Après avoir consolidé les piliers de soutènement, Sékari, épuisé, se contentait d'observer son compagnon d'infortune.

— Ça ne mène nulle part, Iker. À force de jouer avec la chance, on finira écrasés.

— Ici, la roche est très solide. J'éprouve les plus grandes difficultés à progresser.

— Toujours pas la moindre turquoise !

Rageur, Sékari frappa la paroi d'un coup de pic.

— Là, regarde... Tu as brisé une gangue !

Un reflet bleu-vert.

Sékari approcha la mèche de sa lampe, soigneusement préparée pour ne pas fumer.

— Des turquoises... Ce sont des turquoises !

La moue du commandant Hourourê ne présageait rien de bon.

— Ce sont des pierres médiocres, jugea-t-il. Leur couleur est terne, sans vie. Impossible de les rapporter à la cour.

— Vous avez vous-même signalé que la saison était défavorable à l'extraction, rappela Iker.

— Une journée de repos, et vous continuez. Je sais que la reine des turquoises se cache dans cette montagne, et il me la faut. Votre liberté est à ce prix.

Surmontant leur déception, Iker et Sékari se remirent au travail. Et l'apprenti scribe eut de la volonté pour deux.

— J'ai une idée, déclara-t-il.

— Holà ! Ce ne serait pas une folie, par hasard ?

— Et si l'on creusait la nuit ? On laisse la lumière lunaire pénétrer dans la galerie et on regarde vivre les parois. Je suis persuadé que la roche ne respire pas de la même manière que dans la journée.

— Et nous, on dort quand ?

— Essayons.

Sékari haussa les épaules.

De fait, l'atmosphère était bien différente. Les deux compagnons eurent l'impression de pénétrer dans un sanctuaire où des forces mystérieuses étaient à l'œuvre. Recueillis, ils progressèrent lentement pour atteindre le fond de la galerie.

La lampe de Sékari s'éteignit.

— Il ne manquait plus que ça ! Je vais en chercher une autre.

— Attends un peu.

— Nous sommes dans les ténèbres !

— Justement pas.

— Ah... mais tu as raison !

De la paroi émanait une lueur bleue, à la fois intense et douce.

— On devrait peut-être sortir au plus vite, suggéra Sékari.

— Donne-moi le petit pic.

Avec précaution, Iker creusa la roche autour de la lueur.

Apparut une magnifique turquoise dont l'éclat émerveilla les découvreurs.

Et le jeune homme y contempla son visage. Au centre de la pierre, la belle prêtresse le regardait, souriante.

— Excellent travail, reconnut le commandant Horourê. Je n'ai encore jamais vu de turquoise de cette qualité.

— Alors... nous sommes libres ? demanda Iker.

— La parole donnée ne se reprend pas. Vous partirez pour la vallée du Nil avec la prochaine caravane.

— Il nous faut des documents destinés à l'administration.

— Les voici.

Le jeune homme serra contre son cœur la tablette de bois qui lui redonnait un avenir.

— Un exploit comme le nôtre ne mérite-t-il pas du vin ? suggéra Sékari.

Horourê fit semblant de réfléchir.

— Tu demandes beaucoup... Mais j'y avais pensé.

Sékari vida trois coupes de suite, puis prit le temps d'apprécier le cru charpenté tout en mangeant comme quatre.

— Dommage que l'endroit manque de femmes ! Sinon, ce serait le bonheur total. Bientôt, on passera de joyeuses soirées. As-tu une petite amie, Iker ?

— Je suis à la recherche d'une femme.

— Une seule ! Où l'as-tu rencontrée ?

— D'abord près d'un canal, sous un saule.

— Ah, la déesse qui apparaît aux bouviers ! C'est une vieille légende qui ne manque pas de charme. Mais moi, je te parle d'une vraie femme.

— Elle existe.

— Comment ça, elle existe ?

— Je l'ai rencontrée une deuxième fois.

— Toujours sous un saule ?

— Non, lors d'une fête, à la campagne. Et je viens de la revoir une troisième fois, au cœur de la turquoise.

Sékari vida une nouvelle coupe de vin.

— Tu as beaucoup travaillé, Iker, peu dormi, et toutes ces émotions t'ont troublé. Quelques heures de sommeil te remettront d'aplomb.

— Je ne connais pas son nom, mais je sais qu'elle est prêtresse.

— Ah... Plutôt jolie ou plutôt austère ?

— Il n'existe pas de plus belle femme au monde.

— Toi, tu as l'air vraiment amoureux ! J'espère que ta prêtresse n'appartient pas au Cercle d'or d'Abydos.

— De quoi s'agit-il, Sékari ?

— C'est une expression qu'on employait, entre jardiniers, pour désigner les initiés qui se retirent dans un temple.

— Tel n'est pas son cas, puisqu'elle participait à la fête en tant que porteuse d'offrandes.

— Tant mieux pour toi ! Mais j'espère que ce n'était pas sa dernière apparition avant de rejoindre ses collègues.

— Pourquoi le « Cercle d'or », et pourquoi Abydos ?

— Là, tu m'en demandes trop ! Abydos est le lieu le plus mystérieux d'Égypte où Osiris ressuscite afin que le pays continue à vivre en harmonie, comme chacun sait. Le reste, ça ne concerne pas des gens comme nous.

— Crois-tu qu'il soit possible de pénétrer dans ce Cercle ?

— Pour être franc, je m'en moque complètement ! Et toi aussi, au fond.

— Comment peux-tu l'affirmer ?

— Parce que tu as des tâches impérieuses à accomplir ! Ne recherches-tu pas la trace de deux marins qui sont la cause de tes malheurs ?

— Deux marins, un bateau, un faux policier qui a tenté de m'assassiner, murmura Iker. Et puis le pays de Pount...

— Ah non, ne te replonge pas dans la légende ! Te rends-tu compte que tu es devenu le plus grand découvreur de turquoise et que ce haut fait sera peut-être relaté au pharaon en personne ?

— Tu oublies que le commandant du corps expéditionnaire, c'est Horourê. Et c'est lui qui sera considéré comme l'auteur de cet exploit.

— Là, tu as sans doute raison, reconnut Sékari. Bon, mais on est libres !

— M'aideras-tu dans mes recherches ?

Le jardinier parut gêné.

— Tu sais, moi, je suis un garçon paisible qui n'aspire qu'à une vie tranquille, loin des conflits. La bagarre, ce n'est pas mon fort.

— Je comprends. Donc, nos routes se séparent.

Ivre, Sékari sombra dans un profond sommeil dès qu'il s'allongea sur sa natte. Ne parvenant pas à s'endormir, Iker sortit de la cabane et contempla les étoiles. Pourquoi le destin le manipulait-il ainsi ? Vers où l'entraînait-il ?

Penser à la jeune prêtresse l'apaisait et le faisait souffrir en même temps. Si elle était réellement inaccessible, il ne connaîtrait jamais le bonheur. Mais pourquoi désespérer, alors qu'il pouvait à présent reprendre son métier et sa Quête ? La découverte de la turquoise n'était-elle pas un signe encourageant ? En prenant des risques, en percevant le secret de la montagne, Iker était arrivé au but. En continuant à se comporter ainsi, il décèlerait la piste de ses agresseurs et finirait par savoir pourquoi ils l'avaient choisi comme proie. Et il se persuada que la déesse Hathor le guiderait jusqu'à celle qu'il aimait.

Iker crut entendre un cri étouffé, provenant de l'endroit où aboutissait le principal chemin d'accès au plateau. Là se tenait en permanence une sentinelle.

Le jeune homme marcha dans cette direction, mais son instinct lui interdit de signaler sa présence.

Plusieurs silhouettes se tapirent derrière les rochers.

Tout s'était passé si vite et si silencieusement que la situation paraissait normale.

Mais Iker ne s'était pas trompé : des intrus violaient le territoire de la déesse après avoir supprimé la sentinelle.

Le front brusquement trempé de sueur, il voulut se diriger vers la maison d'Horourê.

D'autres silhouettes lui barrèrent le passage.

Et un cri brisa la quiétude de la nuit.

— À l'attaque, hurla Shab le Tordu, et tuez-les tous !

22.

Après avoir supprimé toutes les sentinelles préposées à la surveillance du plateau, les assaillants déferlèrent comme une vague.

Sous le regard tranquille de l'Annonciateur qui n'eut même pas besoin d'intervenir, Shab le Tordu et les coureurs des sables massacrèrent policiers et mineurs.

Alors que le commandant Horourê tentait d'organiser un semblant de résistance, il eut la nuque brisée à coups de pierre par Gueule-de-travers.

— Tapez dur, les amis, je suis avec vous ! hurla-t-il à l'intention des agresseurs.

Désemparé, Iker voulait se jeter dans la bataille lorsqu'il fut plaqué au sol.

— Fais le mort, lui ordonna Sékari, ils viennent par ici.

Des bâtons ensanglantés à la main, plusieurs tueurs passèrent auprès d'eux sans leur accorder la moindre attention.

— Il faut filer d'ici en vitesse !

— C'est toi, Sékari ?

— Ai-je tellement changé ? Secoue-toi !

— Il faut se battre, il faut...

— On n'a aucune chance.

Comme ivre, Iker se laissa entraîner par Sékari.

— Ton nom ? exigea l'Annonciateur.

— Gueule-de-travers.

— Pourquoi nous as-tu aidés ?

— J'étais condamné à perpétuité dans les mines de cuivre. On m'a transféré ici pour trouver la reine des turquoises.

— As-tu réussi ?

— Moi, non. Mais un indicateur de la police, un dénommé Iker, l'a extraite du ventre de la montagne.

— Où se trouve cette merveille ?

— Probablement dans la maison du commandant Horourê que j'ai tué de mes mains ! Moi, j'ai pris plaisir à me débarrasser de mes geôliers. Et je vais leur infliger le pire des châtiments, celui qu'ils réservent aux criminels : brûler leurs cadavres.

L'Annonciateur opina du chef.

Pendant que Gueule-de-travers et Shab le Tordu allumaient des bûchers, leur chef pénétra dans la demeure d'Horourê. Il ne lui fallut pas longtemps pour s'emparer d'un coffret en albâtre où se dissimulait l'admirable turquoise.

Pendant que sa troupe ripaillait, fière de sa première grande victoire, l'Annonciateur présenta la précieuse pierre à la lumière lunaire afin qu'elle se charge d'énergie.

Ainsi cette turquoise devenait-elle une arme décisive sur le chemin de sa conquête.

— Qui êtes-vous vraiment ? l'interpella Gueule-de-travers, passablement éméché.

— Celui qui te permettra de tuer un maximum d'Égyptiens.

— Alors, vous êtes un général !

— Beaucoup plus que cela. Je suis l'Annonciateur, qui étendra son culte et sa nouvelle religion à la terre entière.

— Ça me rapportera quoi, à moi ?

— Mes disciples connaîtront la gloire et la fortune.

— La gloire, je m'en moque. La fortune, ça m'intéresse.

— La moitié des turquoises conservées dans le trésor de cette exploitation t'appartiennent.

Gueule-de-travers en saliva.

— Vous êtes un fameux patron, vous ! Moi, je n'ai pas la tête à commander. À ce prix-là, je vous suis. Mais tâchez de ne pas mollir.

— Sois sans inquiétude.

— Ce qui m'ennuie, c'est de ne pas avoir identifié le cadavre de cet Iker. Mais ces charognes brûlent tellement bien qu'on ne reconnaît plus personne. Vous ne buvez pas avec nous ?

— Il faut bien que quelqu'un garde la tête froide.

Chancelant, Gueule-de-travers se guida à la lueur des brasiers où se consumaient les corps des policiers et des mineurs pour rejoindre la horde vociférante des vainqueurs.

Ni Sékari ni Iker ne se seraient crus capables de courir aussi longtemps. À bout de souffle, ils s'assirent sur des pierres plates.

— Il ne faut pas s'arrêter, recommanda Sékari. Ces bandits tenteront sûrement de nous rattraper.

— Qui sont-ils, à ton avis ?

— Probablement des coureurs des sables. D'ordinaire, ils s'attaquent aux caravanes.

— Gueule-de-travers les a aidés !

— Normal, Iker. Son cœur est mauvais.

Ils repartirent et marchèrent jusqu'à épuisement. La soif desséchait leur gorge.

— Comment trouver l'emplacement des points d'eau ? demanda Iker.

— Pas la moindre idée.

— Regardons la vérité en face, Sékari : survivre s'annonce difficile.

— Elle ne me plaît pas du tout, ta vérité.

— On aurait sans doute mieux fait de mourir en combattant.

— Non, puisqu'on est vivants ! Frotte tes amulettes les unes contre les autres et applique-les sur ta gorge.

Iker s'exécuta, la sensation de soif s'atténua.

— À moi, maintenant.

Moins oppressés, ils continuèrent à s'éloigner du lieu du massacre.

Au milieu du jour, le sable devint tellement chaud qu'il leur brûla les pieds. Ils creusèrent un trou où ils se réfugièrent, le pagne sur la tête afin de se protéger du soleil.

Quand la température baissa, ils repartirent.

La soif était si intense que même les amulettes ne parvenaient plus à la calmer.

Face à eux, une étrange montagne aux reflets dorés.

— On n'aura pas la force de franchir cet obstacle, constata Sékari.

— Elle bouge.

— Qu'est-ce que tu racontes ?

— La montagne bouge, Sékari.

— Un mirage... Un simple mirage.

— Elle avance vers nous.

Attentif, Sékari ne pouvait donner tort à son compagnon.

— On devient fous, mon pauvre Iker !

Des roches se détachèrent du sommet, roulèrent le long de la paroi et tombèrent sur le sol avec fracas.

— C'est un tremblement de terre ! s'écria Sékari, ne sachant dans quelle direction s'enfuir.

— Observe la couleur de la montagne, recommanda Iker, impassible.

Au fur et à mesure que les rochers se brisaient, une teinte bleu-vert apparaissait.

— C'est Hathor, elle nous protège. Ne bougeons pas d'ici et vénérons-la.

Peu convaincu de la justesse de vues de son compagnon, Sékari s'agenouilla quand même et invoqua la déesse du ciel.

À deux doigts de son pied gauche, une fissure s'ouvrit.

— L'endroit n'est vraiment pas sûr !

— Contemple l'œuvre de la déesse.

La montagne entière était devenue turquoise, les bruits inquiétants s'atténuaient.

Alors que la terre cessait de gémir, Sékari jeta un coup d'œil à la fissure. Et ce qu'il y découvrit le stupéfia.

— On dirait... de l'eau !

Il plongea le bras et le ressortit mouillé.

— De l'eau, Iker, on est sauvés !

— Buvons à petites gorgées.

Pour la première fois de son existence, ce liquide parut à Sékari aussi délicieux que du vin. Les deux compagnons s'en aspergèrent, se lavèrent et se désaltérèrent.

— On n'a pas d'outre, déplora Sékari. Si on s'éloigne de ce point d'eau, on est fichus. En plus, je commence à avoir vraiment faim.

— Hathor nous protège, rappela Iker. Passons la nuit ici et attendons un autre signe.

— Si tu bénéficies des faveurs de toutes les déesses, rassure-moi tout de suite !

— Comme toi, je ne suis qu'un affamé perdu dans ce désert. Mais ce monde n'est-il pas plus mystérieux qu'il n'y paraît ? Si nous savons lire certains messages, nous découvrirons peut-être une issue.

— Eh bien, dormons.

Alors que Sékari rêvait d'une énorme côte de bœuf grillée aux fines herbes et d'une jarre de bière fraîche, Iker le secoua.

— Qu'est-ce qui se passe ?... La montagne a encore bougé ?

— Le soleil vient de se lever. En route, Sékari. Il faut marcher avant qu'il ne fasse trop chaud.

— Comment, en route ? Moi, je ne m'éloigne pas de ce point d'eau !

— Ne faisons pas attendre notre guide.

Le jardinier se leva d'un bond et regarda autour de lui.

— Je ne vois personne !

— Là-haut, dans le ciel.

Un faucon décrivait de larges cercles au-dessus des deux hommes.

— Tu te moques de moi, Iker ?

— Mon vieux maître m'a appris que le nom d'Hathor signifie « Demeure d'Horus[1] ». Et l'incarnation d'Horus est précisément ce faucon que la déesse nous envoie pour nous guider.

— Le désert t'a définitivement troublé l'esprit !

— Viens, suivons-le.

— Mais... le point d'eau ?

— Il nous en indiquera d'autres.

— Je préfère rester ici.

— Tu préfères aussi voir arriver les coureurs des sables ?

L'argument porta. Tout en protestant, Sékari marcha derrière Iker.

— Ton faucon ne s'occupe pas de nous, mais de sa future proie. Vois, il s'éloigne et nous abandonne !

Mais le faucon revint.

Tantôt il progressait, tantôt il tournait au-dessus de ses protégés.

Au terme de plusieurs heures de marche, ils éprouvèrent de nouveau les brûlures de la soif.

— Le faucon vient de se poser ! s'écria Sékari en butant dans une pierre.

— Et toi, tu viens de heurter une petite stèle. Si on creusait ?

Au pied du modeste monument, deux jarres contenant des fruits secs. Un peu plus loin, un point d'eau.

— Ce n'est pas un festin, estima Sékari, mais on s'en contentera.

---

1. Hathor est une transcription de l'égyptien Hout-Hor. Hout signifie « demeure, domaine, temple ».

23.

Voilà longtemps que les deux voyageurs ne comptaient plus les jours. Ils suivaient le faucon qui, après les avoir guidés vers l'est, avait pris la direction du sud. À chaque fois que le rapace se posait, Iker et Sékari trouvaient soit de l'eau, soit de la nourriture, soit les deux. Et ils n'avaient pas croisé la route d'un seul coureur des sables.

Puis le désert devint moins aride, s'égayant d'épineux et de tamaris nains.

Dans un puissant battement d'ailes, le faucon monta vers le soleil et disparut dans l'éblouissante lumière de midi.

— Notre guide nous abandonne, regretta Sékari.

— Regarde là-bas : un autre lui succède.

Au sommet d'une colline, une belle gazelle blanche aux cornes en forme de lyre.

— Un conteur m'a appris qu'elle était l'animal d'Isis et qu'elle permettait à l'égaré de retrouver son chemin, indiqua le jardinier.

La gazelle partit au grand galop.

— Ce n'était malheureusement qu'une légende !

— Pas si sûr, objecta Iker.

— Tu ne l'as pas vue décamper ?

— Suivons ses traces, dans le sable. Elle nous attend peut-être plus loin.

Iker ne se trompait pas.

L'aérien quadrupède s'amusa à disparaître et à réapparaître, leur offrant le spectacle de bonds prodigieux et de courses folles, sans laisser trop longtemps dans l'angoisse les deux humains dont il avait la charge.

Le paysage changeait, le désert reculait, la végétation devenait plus abondante.

— Si mon intuition est juste, prophétisa Sékari, nous approchons des plateaux dominant la vallée du Nil. Comme ces creux et ces bosses ont du charme ! Ici, les plantes surgissent à la moindre pluie. Bientôt, nous verrons des balanites et des acacias. Tu te rends compte : on a survécu au désert !

— Grâce à Hathor, au faucon et à la gazelle, rappela Iker.

— Je vais retourner à mes jardins. Et toi, si tu oubliais le passé ?

— Non seulement je ne l'oublie pas, mais encore ne dois-je pas négliger une nouvelle tâche : retrouver la reine des turquoises. C'est elle qui m'a permis de revoir la femme que j'aime. Sans doute cette pierre m'aidera-t-elle encore.

— Les coureurs des sables l'ont sûrement volée, Iker ! Si, par malheur, tu croises leur chemin, ils te tueront. De très jolies femmes, il en existe des milliers !

L'apprenti scribe se figea, puis obligea Sékari à s'accroupir.

— Une vingtaine d'hommes avec des arcs et des chiens... Ils viennent vers nous.

— Sûrement des chasseurs.

Encore inconsciente du danger, la gazelle mastiquait de l'herbe tendre.

Iker se releva et fit de grands gestes.

— Va-t'en, va-t'en vite !

À peine l'animal détalait-il que retentirent des aboiements.

Une flèche siffla à l'oreille d'Iker, et un ordre claqua, très sec.

— Ne bouge plus ou je t'abats !

En position, l'archer ne plaisantait pas.

Il fut bientôt rejoint par ses collègues et une meute plutôt nerveuse. Sékari n'avait même pas tenté de s'enfuir.

— On est des honnêtes gens ! affirma-t-il.

— Plutôt des coureurs des sables qui chassent notre gibier, jugea un officier mal rasé et le buste couvert de cicatrices, souvenirs d'un fauve récalcitrant. Dans la province de l'Oryx[1], c'est un délit sévèrement puni. Et comme vous nous avez agressés, on a été obligés de tirer. Légitime défense. Mais je vous laisse une petite chance : courez aussi vite que vous le pourrez. On vous ratera peut-être.

— On ne courra pas, décida Iker. Nous venons d'échapper à des assassins qui ont dévasté le domaine de la turquoise et nous n'imaginions pas tomber sous les coups de barbares plus cruels encore.

Plusieurs chasseurs parurent gênés.

— Nous ne sommes pas des barbares, protesta l'un d'eux, mais des soldats de la milice du désert au service du chef de province Khnoum-Hotep. Notre rôle consiste à protéger les routes de caravanes et à lui rapporter du gibier. Toi, qui es-tu ?

— Iker, apprenti scribe. Et mon compagnon est le jardinier Sékari.

— Balivernes ! trancha l'officier. Vous êtes des espions et des voleurs. Si vous refusez de vous éloigner, je vous égorge ici et maintenant.

— Tes subordonnés t'accuseront de crime.

L'officier sortit son poignard du fourreau, mais un soldat lui bloqua le bras.

— Vous n'avez pas le droit d'agir ainsi. C'est au chef de la

1. Seizième province de Haute-Égypte dont le site archéologique le plus connu est celui de Béni-Hassan.

province de décider. Nous, on se contente de lui amener ces deux suspects.

Quand les quatre porteurs posèrent la chaise à haut dossier inclinable dans laquelle était installé Khnoum-Hotep, ils poussèrent un soupir de soulagement. Corpulent, musclé et gros mangeur, le chef de la riche province de l'Oryx pesait son poids. Comme il disposait de trois chaises à porteurs aux flancs décorés de fleurs de lotus et qu'il se déplaçait beaucoup, le véhiculer n'était pas une sinécure.

Dès qu'il mit le pied par terre, ses trois chiens de chasse, un mâle très vif et deux femelles rondouillardes, se précipitèrent vers lui.

— Voilà plus d'une matinée qu'on ne s'est pas vus, mes amours !

Le mâle se dressa et posa ses pattes avant sur les épaules de son maître. Jalouses, les femelles jappèrent. De longues caresses les rassurèrent.

— Ont-ils été correctement nourris ? demanda Khnoum-Hotep à son porteur de parasol.

— Oh oui, seigneur !

— Tu ne mens pas, j'espère ?

— Bien sûr que non ! D'ailleurs, ils n'ont rien laissé.

— Ce soir, ils mangeront du lièvre en sauce, comme moi. Ne pas choyer ses chiens, c'est insulter les dieux.

À l'idée du festin, les trois chiens qui connaissaient parfaitement l'expression « lièvre en sauce » se léchèrent les babines. Puis ils suivirent leur maître quand il pénétra dans le luxueux palais de sa capitale [1], lieu de naissance de Khéops, le bâtisseur de la plus grande des pyramides du plateau de Guizeh.

Après avoir inspecté l'un des riches domaines agricoles où

1. Ménat-Khoufou, « La nourrice de Khéops ».

les paysans travaillaient dur mais bénéficiaient d'excellents revenus, Khnoum-Hotep aimait s'asseoir dans un fauteuil à haut dossier. Composé de deux grandes plaques de bois réunies au sommet et fixées dans le siège, il supportait sans grincer la masse du plus fortuné des chefs de province. Grâce à ses qualités de gestionnaire, ses sujets connaissaient une remarquable aisance. Et il n'était pas question qu'un pharaon, s'appelât-il Sésostris, s'immisçât dans ses affaires. Au cas où le monarque installé à Memphis tenterait un coup de force, il se heurterait à une farouche opposition.

Un serviteur apporta une cuvette évasée, un autre un broc en cuivre pourvu d'un bec allongé. Ce dernier versa de l'eau sur les mains de Khnoum-Hotep qui se les lavait longuement plusieurs fois par jour, avec un savon végétal.

Puis lui fut offert son onguent préféré, à base de graisse purifiée, cuite dans du vin aromatisé. S'en dégageait une odeur suave qui écartait les insectes.

Sans qu'il eût besoin d'en donner l'ordre, son échanson lui présenta une splendide coupe recouverte de feuilles d'or dont le décor représentait des pétales de lotus. Elle contenait le breuvage préféré du maître des lieux, un savant mélange de trois vins vieux qui redonnaient de la vigueur.

— Désolé de vous importuner, seigneur, mais le commandant d'une des patrouilles du désert souhaiterait vous voir au plus vite.

— Qu'il vienne.

L'officier s'inclina bien bas.

— J'ai arrêté deux individus dangereux. Ils chassaient sur vos terres et nous ont agressés. Sans mon intervention, mes hommes les auraient abattus. Comment souhaitez-vous que je les élimine, seigneur ?

— Sont-ils des coureurs des sables ?

— Difficile à dire, je...

— Pour un professionnel de ton expérience, voilà un jugement bien flou ! Amène-les-moi.

— Ce n'est pas nécessaire, ils...

— C'est moi qui décide de ce qui est nécessaire.

Les mains liées derrière le dos, Iker et Sékari furent présentés au chef de la province de l'Oryx.

— Je donne du pain à l'affamé, de l'eau à l'assoiffé, un vêtement à celui qui est nu, une barque à celui qui n'en possède pas, affirma l'imposant personnage, mais je châtie durement les criminels.

— Seigneur, déclara Iker avec gravité, nous ne sommes pas des bandits mais des victimes.

— Tel n'est pas l'avis de l'officier qui vous a interpellés.

— J'ai fait fuir une gazelle parce qu'elle était la messagère d'une déesse qui nous a sauvé la vie.

— Ce gredin est un fou ou un menteur ! s'exclama le commandant.

— Détache les prisonniers et retire-toi, ordonna Khnoum-Hotep.

— Seigneur, votre sécurité...

— Je m'en occuperai moi-même.

Sékari n'en menait pas large, Iker restait serein.

— Maintenant, mes gaillards, la vérité ! Vous êtes sur mon territoire et je veux tout savoir.

— Nous étions employés dans les mines de turquoise de la déesse Hathor, révéla Iker.

— Comme spécialistes ou détenus ?

— Comme détenus transférés des mines de cuivre.

— Alors, vous êtes bien des criminels !

— J'ai été condamné à un an de travaux forcés pour m'être opposé à un percepteur malhonnête.

— Et toi ? demanda Khnoum-Hotep à Sékari.

— Moi aussi, seigneur, bredouilla le jardinier.

— Vous avez tort de me prendre pour un naïf !

— Mon ami et moi avons été chargés d'explorer la montagne pour découvrir la reine des turquoises, poursuivit Iker sans se troubler. Comme nous avons mené à bien cette tâche périlleuse, nous avons été libérés.

— Et tu possèdes la preuve de ce que tu avances, bien entendu ?

— La voici, seigneur.

Iker sortit de son pagne la tablette de bois signée d'Horourê qui faisait de lui et de Sékari des hommes libres, lavés de leurs fautes.

Khnoum-Hotep la lut avec attention, la mordilla, tenta de la gratter.

— Ça m'a l'air authentique.

Le chef de province avait entendu parler de cet Horourê, un fidèle de Sésostris, spécialiste renommé des contrées désertiques. À l'évidence, ce jeune homme fier et décidé ne mentait pas.

— La reine des turquoises, qu'est-elle devenue ?

— Le domaine de la déesse a été attaqué par une bande armée qui a reçu l'appui d'un prisonnier, Gueule-de-travers. Il a assassiné Horourê, les policiers et les mineurs ont été massacrés, leurs cadavres brûlés. Sans doute sommes-nous les seuls survivants.

— Iker voulait se battre, intervint Sékari, mais c'eût été un suicide ! C'est pourquoi nous nous sommes enfuis.

— Et vous avez traversé le désert sans eau ni nourriture ?

Iker ne dissimula rien des miracles successifs qui leur avaient permis de survivre.

La sincérité du jeune homme était si évidente que Khnoum-Hotep ne mit pas en doute son récit, d'autant plus que les divinités intervenaient fréquemment dans le désert.

Pour la première fois, les coureurs des sables avaient osé s'attaquer aux mines de turquoise pourtant placées sous la protection du pharaon.

Mais il ne revenait pas au chef de la province de l'Oryx d'alerter Sésostris. D'autres finiraient bien par le prévenir que son autorité était battue en brèche. Ainsi le monarque, affaibli, serait-il occupé à des tâches plus pressantes qu'une confrontation avec les grands dignitaires hostiles à l'extension de son pouvoir.

— Que savez-vous faire, l'un et l'autre ?

— Je suis jardinier, répondit Sékari.

— Et moi, apprenti scribe.

— Ma province est riche parce qu'on y travaille beaucoup, précisa Khnoum-Hotep. Un jardinier de plus ne me sera pas inutile. Mais je n'ai pas besoin d'un scribe supplémentaire.

24.

— En revanche, reprit Khnoum-Hotep, il me faut davantage de soldats pour que ma milice puisse repousser n'importe quel agresseur. Puisque tu es jeune et en bonne santé, ta place est toute trouvée.

— Je veux être scribe, seigneur, pas soldat.

— Écoute-moi bien, petit. Les dieux m'ont confié une mission : faire de cette province la plus prospère du pays. Ici, les veuves ne manquent de rien, les jeunes filles sont respectées, chacun mange à sa faim, personne ne mendie. Les faibles ne sont pas défavorisés par rapport aux grands, il n'existe aucun conflit entre les riches et les gens modestes. Pourquoi ? Parce que je suis le pilier de cette contrée, quelles que soient les difficultés. Lors des mauvaises crues, j'ai indemnisé moi-même les cultivateurs et annulé les arriérés d'impôts. Plus on taxe, plus on supprime l'initiative. Ni les fraudeurs ni les fonctionnaires corrompus n'ont droit de cité sur mon territoire. Mais rien n'est plus fragile que ce bonheur-là ! Aujourd'hui se profile un danger qui a pour nom Sésostris. Tôt ou tard, il tentera de s'emparer de ma province. Ou bien tu es avec moi, ou bien contre moi. Si tu veux bénéficier de mon accueil, deviens l'un de mes soldats. Ce que tu apprendras, tu ne le regretteras pas.

Khnoum-Hotep s'étonnait lui-même d'avoir exposé tant d'arguments pour convaincre ce jeune inconnu ! D'ordinaire, il se contentait de donner des ordres et ne supportait pas les contradicteurs.

— Je vous fais confiance, seigneur.

Une fois de plus, le Trésorier Médès s'était fait passer pour un généreux donateur. Le grand prêtre du temple de Ptah l'avait chaleureusement remercié, sans se douter que l'offrande provenait d'un détournement de denrées alimentaires. Mais Médès se heurtait toujours à la porte hermétiquement fermée du temple couvert. Et il lui fallait bien admettre qu'il ne parviendrait pas à acheter ceux qui en détenaient la clé.

Quel procédé utiliser pour connaître enfin le secret des sanctuaires ? Le haut dignitaire remit ce souci à plus tard, car la capitale bruissait de murmures non dépourvus d'intérêt. Sésostris aurait décidé d'entreprendre une véritable reconquête des provinces, en commençant par celle du Cobra sur laquelle régnait le vieil Ouakha.

A priori, le monarque n'avait aucune chance de réussir ; néanmoins, cette démarche ne devait pas être prise à la légère, car la forte personnalité de Sésostris ne reculerait pas devant l'obstacle.

Or la fortune de Médès dépendait, en grande partie, de ses excellentes relations avec les chefs de province qu'il informait, par personnes interposées, de ce qui se passait à la cour. À l'exception de son âme damnée, Gergou, personne ne savait qui était réellement Médès et ce qu'il ne cessait de fomenter dans l'ombre.

Depuis quelque temps, il éprouvait la plus grande peine à vérifier des rumeurs qui se contredisaient. À l'évidence, Sésostris avait repris en main une bonne partie des courtisans et entretenait lui-même cette confusion pour mieux progresser sur le chemin qu'il s'était tracé.

Si le monarque parvenait à déclencher une véritable tourmente, Médès ne serait-il pas emporté ?

Une seule solution pour éviter ce désastre : supprimer son auteur.

Mais l'assassinat d'un roi ne s'improvisait pas, surtout lorsqu'il était protégé par un policier aussi efficace que Sobek, lequel se méfiait de tout le monde, même et surtout des proches du souverain. Aussi Médès ne pouvait-il commettre la plus petite imprudence.

Compter sur le hasard était utopique. À lui de mettre au point une stratégie qui lui permettrait de ne frapper qu'à coup sûr.

L'instructeur faucha les jambes d'Iker, qui tomba lourdement à plat dos.

— Manque d'attention, mon garçon ! Relève-toi et tâche de me frapper au ventre.

La tentative se solda par un cuisant échec, et le jeune homme se retrouva au sol, avec des bleus supplémentaires.

— Je vais avoir du travail... Mais avec de la bonne volonté, tu finiras par savoir te battre.

Iker serra les dents et repartit à l'assaut, sachant qu'il mettrait des semaines, voire des mois, avant d'égaler les jeunes recrues qui se moquaient de lui.

D'abord, ne pas se plaindre du destin qui l'avait amené ici et tirer le maximum d'enseignements de cette situation ; ensuite, observer sans relâche les plus aguerris et les imiter.

Au lieu de l'affaiblir, le fait de n'avoir ni ami ni allié décupla son énergie. Ne pouvant compter que sur lui-même, Iker puisa dans la solitude la force de se concentrer sur ce nouvel apprentissage et uniquement sur lui.

Du tour de hanche au passement de jambe, il assimila de nombreuses prises tout en rectifiant ses erreurs. Il comprit que la rapidité était plus importante que la brutalité et qu'il était possible de retourner contre l'agresseur sa propre violence.

L'instructeur n'était pas plus bavard qu'Iker. Avare d'explications et de commentaires, il lui faisait cent fois répéter le geste juste, quelle que fût la souffrance ou la fatigue. Et comme son élève n'émettait jamais la moindre protestation, il le traitait encore plus durement que ses camarades.

— Demain, annonça-t-il, éliminatoires en vue de la course de fond. Vous vous battrez à mains nues. Seuls ceux qui auront remporté deux victoires seront retenus.

Le premier adversaire d'Iker était plus grand et plus costaud que lui.

— Viens, mon bonhomme, que je t'écrase !

Iker mit un genou à terre.

— Ah, tu te déclares vaincu sans combattre ! Ça ne m'étonne pas. Seuls les gars de notre province sont capables d'être de bons guerriers.

— Pourtant, ce n'est pas ton cas.

— Qu'est-ce que tu oses dire ?

Le costaud se précipita, les poings fermés en avant. Iker se décala, tendit la jambe pour le faire chuter, le renversa en arrière et lui bloqua le cou avec le bras droit.

Quand le vaincu frappa la terre de la main gauche, l'instructeur ordonna à Iker de relâcher sa prise.

Le second adversaire était moins stupide. Il attaqua à l'improviste et réussit à passer son bras droit sous la cuisse droite d'Iker pour tenter de la soulever. Mais le jeune homme tint bon, se dégagea, passa derrière le lutteur avec une vivacité inattendue et l'agrippa par les chevilles. Le vaincu s'écroula sur sa face, le vainqueur le plaqua au sol tout en l'étranglant.

— Deux victoires, c'est bon. Va boire et manger.

Une cinquantaine de jeunes miliciens s'élança. Bien que l'instructeur ait parlé d'une course d'endurance, certains partirent trop vite, désireux d'éblouir leurs camarades. Iker parut à la traîne, mais il bénéficia de l'expérience acquise lors de son éprouvante marche dans le désert. Sans forcer l'allure, il dépassa un à un ses concurrents, surpris lui-même par sa résistance.

Le lendemain, l'épreuve recommença, plus exigeante encore.

— Les meilleurs d'entre vous doivent couvrir une centaine de kilomètres en huit heures[1], annonça l'instructeur. La plupart des messages partent par bateau, mais les facteurs militaires seront parfois obligés d'emprunter les chemins de terre. Je veux donc des hommes bien préparés.

En courant sur un rythme de plus en plus élevé, Iker ne cessait de songer au visage sublime qu'il avait contemplé dans la reine des turquoises. Comment un signe aussi extraordinaire ne lui aurait-il pas donné confiance ? Il la retrouverait, elle, et ceux qui l'avaient condamné à mort.

Lorsqu'il aperçut, au dernier moment, les morceaux de silex coupants répandus sur la piste, il eut le réflexe de se jeter de côté, dévala une pente et termina sa chute contre le tronc d'un tamaris. À moitié assommé, il venait d'éviter le pire, car de profondes blessures aux pieds l'auraient immobilisé pour une longue période.

Après avoir repris ses esprits, Iker combla peu à peu la distance qui le séparait de l'homme de tête, un fils de milicien qui le détestait et ne cessait de le dénigrer auprès de ses camarades.

Au moment où il le dépassait, l'autre tenta de le déséquilibrer d'un coup d'épaule. Iker esquiva.

— Pour les silex, je ne dirai rien à l'instructeur. On réglera cette affaire entre nous, à la caserne.

---

1. Sur les pistes modernes, prévues pour la compétition, les athlètes peuvent parcourir cette distance en un peu plus de six heures. Le calcul établi pour les époques anciennes tient compte des difficultés du terrain et des constatations effectuées au Kenya, par exemple.

— Les meilleurs manieurs de bâton sont les Nubiens, révéla l'instructeur. C'est de l'un d'eux que j'ai appris les techniques que je vous enseigne. Vous allez les mettre en pratique lors d'un combat pendant lequel vous ne retiendrez pas vos coups. Il me faut deux volontaires.

— Moi, dit Iker, sachant qu'il provoquerait la réaction du fils de milicien.

De fait, ce dernier sauta sur l'occasion.

Les deux adversaires étaient de même taille et de même force mais, selon son habitude, Iker misa sur la vivacité. Il laissa croire à l'autre, furibond, qu'il redoutait ses assauts et le contraignit à s'épuiser dans une série de moulinets et d'attaques inefficaces.

Avec son bâton rigide et léger, Iker ne frappa qu'une seule fois, au milieu du front.

L'autre tomba d'une masse.

L'instructeur l'examina.

— Quand il se réveillera, il souffrira d'un solide mal au crâne.

— J'aurais pu frapper plus fort.

— Je ne te reconnais plus, Iker.

— Je ne supporte pas les lâches.

L'instructeur regarda son élève en coin.

— Rien à ajouter ?

— L'affaire est réglée.

— J'aime autant ça, Iker. Ce qui se passe entre soldats ne m'intéresse pas, pourvu qu'ils soient disciplinés, compétents et courageux. Il te manque encore la pratique du saut.

Au début, la corde tendue entre deux piquets n'était pas très haute. Mais elle s'éleva tellement qu'elle parut infranchissable. Et il fallut autant de technique que de volonté pour l'apprivoiser et ne pas se cabrer devant l'obstacle. À ce jeu-là aussi, Iker se révéla le meilleur.

Une jolie brune d'une quarantaine d'années s'approcha de l'instructeur.

— Dame Téchat ! Que nous apportez-vous de bon ?

— Du fromage et des légumes. Dis-moi, comment s'appelle ce jeune homme ?

— Iker.

— Est-il originaire de notre région ?

— Non, mais c'est une excellente recrue. J'en ferai sûrement un officier.

La femme d'affaires, Trésorière de la province, eut un sourire énigmatique. De son point de vue, cet Iker méritait mieux.

25.

Lorsque la première pierre du sanctuaire de Sésostris fut posée, à l'issue du rituel de fondation dirigé par le monarque en personne, l'un des rameaux de l'acacia reverdit.

Aucun autre, malheureusement, ne l'imita. Néanmoins, l'espoir renaissait et la voie était tracée : bâtir un nouveau temple et une nouvelle demeure d'éternité afin de lutter contre les ténèbres qui menaçaient d'envahir le domaine d'Osiris.

Sésostris avait vérifié la qualité des matériaux et s'était entretenu avec chacun des artisans. Il fallait faire au plus vite, certes, mais pas au détriment de la puissance de l'œuvre.

Et dès le début du chantier, la nouvelle équipe de ritualistes nommée par le porteur de la palette en or s'était, elle aussi, mise au travail.

Le prêtre chauve préservait les archives sacrées de la Maison de Vie où nul ne pouvait pénétrer sans son accord. Celui chargé de veiller sur l'intégrité du grand corps d'Osiris ne se montrait pas moins vigilant et vérifiait plusieurs fois par jour les scellés posés sur la porte de la tombe divine. Quant au ritualiste qui voyait les secrets, il célébrait, au nom de Pharaon, les rites quotidiens en compagnie du porteur de la palette. Grâce à la magie du Verbe, le lien avec l'invisible était maintenu. En vénérant les ancêtres et les êtres de lumière, le Serviteur du *ka* contribuait efficacement à le renforcer ; et celui qui versait quotidiennement la libation d'eau fraîche sur les tables d'offrande rendait actives les substances subtiles cachées dans la matière afin que les divinités s'en nourrissent et protègent Abydos.

Tous avaient pleinement conscience de l'importance de leur tâche. Eux, les permanents, organisaient le travail des temporaires, dûment filtrés par les forces de l'ordre. Chacun avait été interrogé, ses déclarations vérifiées. À la moindre faute, un prêtre temporaire serait exclu du domaine d'Osiris. La gravité de la situation n'autorisait aucun laxisme. La même rigueur s'appliquait aux sept prêtresses musiciennes, d'origines diverses puisque se côtoyaient une haute personnalité de la cour et une fille de paysan. L'une d'elles était si belle et si recueillie que même le vieux porteur de la palette ne restait pas insensible à son charme. Qui n'aurait souhaité être le père d'une telle jeune femme, si lumineuse que son regard offrait joie et espérance ? Sans nul doute, elle serait un jour initiée aux grands mystères et n'aurait plus à remplir la fonction de porteuse d'offrandes lors des fêtes célébrées dans le monde extérieur. Mais pour atteindre la condition de ritualiste permanent, surtout à Abydos, il fallait connaître tous les degrés de la hiérarchie et parcourir toutes les étapes menant au temple couvert. Telle était la Règle depuis l'origine, telle elle demeurerait.

Entièrement dévoué à sa fonction, ragaillardi par la mission que lui avait confiée le pharaon et bien décidé à lutter contre les ténèbres jusqu'à sa dernière heure, le vieux prêtre ne percevait pas un danger inattendu.

L'un des permanents, un grand échalas au visage ingrat et au nez proéminent, n'était pas satisfait de son sort. Il passait pour un être épris de spiritualité, illusion qui l'avait berné lui-même avant que sa véritable nature ne se révèle : le goût du pouvoir. Pas celui d'un roi exposé aux événements et à mille et une contraintes, mais le pouvoir occulte exercé dans l'ombre.

Les années passant, il avait perçu toute l'importance d'Abydos et des mystères d'Osiris. L'existence même de l'institution pharaonique en dépendait. C'était sur ce domaine-là qu'il fallait régner, car il abritait les secrets de la vie et de la mort.

Issu d'une école de géomètres et de mathématiciens, glacé comme un vent d'hiver, il avait prévu de succéder au doyen et de devenir le supérieur des prêtres. Cependant, l'irruption de Sésostris et la réorganisation du collège des ritualistes avaient anéanti ses plans. Suprême déception, le porteur de la palette en or ne lui avait confié qu'une fonction qu'il jugeait subalterne, bien éloignée de celle qu'il espérait. Certes, il appartenait au sommet de la hiérarchie, mais il voulait davantage.

Ce maudit Sésostris était le responsable de cette déception et de sa rancœur, chaque jour plus intense. Mais comment se débarrasser de lui et obtenir ce qui lui était dû ?

Pour la troupe de l'Annonciateur, qui s'élevait à plus de deux cents hommes, la traversée de la zone marécageuse avait été particulièrement éprouvante, en raison de la chaleur humide et des agressions incessantes des insectes. Deux hommes étaient morts à la suite de morsures de serpents, un autre avait été emporté par un crocodile. Toutefois rien n'entamait la détermination du guide suprême qui n'hésitait jamais sur la direction à prendre.

Il fallut s'engager dans une forêt de joncs à moitié inondée et marcher dans la boue. Mais l'on évitait ainsi de croiser des soldats de Sésostris et l'on festoyait chaque soir en dégustant du poisson grillé.

Malgré les velléités de Shab le Tordu et de Gueule-de-travers, l'Annonciateur leur interdit de piller les rares villages de pêcheurs près desquels ils passèrent.

— On n'en aurait pas pour longtemps, protesta Gueule-de-travers.

— Le butin serait dérisoire, et nous ne devons laisser

aucune trace. L'attaque du domaine d'Hathor n'était qu'une mise en jambes. Bientôt, nous frapperons plus fort.

— Peut-on savoir où nous allons ?

— Au-delà des Murs du Roi. C'est la raison pour laquelle il faut prendre autant de précautions et nous aventurer dans des zones réputées infranchissables.

— Vous ne comptez quand même pas prendre d'assaut les fortins égyptiens !

Chacun avait entendu parler du système défensif mis en place par le premier des Sésostris pour consolider la frontière nord-est du pays et repousser toute tentative d'invasion. Reliés entre eux par signaux optiques, les nombreux postes de garde et de contrôle abritaient des archers autorisés à tirer sur quiconque prendrait le risque de forcer le passage.

— C'est encore trop tôt, reconnut l'Annonciateur, mais notre heure viendra. Les Murs du Roi donnent à l'Égypte un illusoire sentiment de sécurité.

— Tout de même, objecta Shab le Tordu, ils sont tenus par de vrais soldats et...

— Continue à me faire confiance, et tout ira bien. Premier objectif : franchir la frontière sans être repérés. Ensuite, nous prendrons contact avec nos nouveaux alliés.

— De qui parlez-vous, seigneur ?

— Des Asiatiques et des Bédouins qui vivent à l'étroit dans le pays de Canaan et sont persécutés par l'administration égyptienne. Sans cesse humiliés, ils ne songent qu'à se révolter mais redoutent une répression sanglante. Ils n'attendent qu'un chef : moi, l'Annonciateur.

Shab le Tordu était fasciné. Et même si Gueule-de-travers prenait son chef pour un fou, il le croyait capable d'organiser une belle série de pillages qui rendraient riches ses partisans. Encore fallait-il, en effet, franchir les Murs du Roi sans se faire prendre et, là, le rescapé des mines de cuivre n'y croyait pas.

Gueule-de-travers se trompait.

Sans impatience, l'Annonciateur envoya plusieurs éclaireurs pour repérer le point de passage le moins surveillé. Cette tâche menée à bien, il observa plusieurs jours durant le comportement des soldats et des douaniers égyptiens. Au beau milieu d'une nuit sans lune, il réveilla ses fidèles et leur ordonna de le suivre.

Dans un parfait silence, ils longèrent l'arrière du fortin qu'aucune sentinelle ne surveillait.

— Le patron, reconnut Gueule-de-travers, c'est quelqu'un !

— Quand on a la chance d'en trouver un comme ça, approuva Shab le Tordu, il ne faut plus le lâcher.

— Côté butin, n'est-il pas trop gourmand ?

— Il s'en moque. Es-tu d'accord pour prélever le maximum à deux, en tant qu'adjoints directs de l'Annonciateur, et répartir le reste ?

— Ça me convient. S'il y a un râleur, je lui brise les reins. Donner l'exemple, rien de tel ! Mais dis donc... le patron, lui, qu'est-ce qu'il cherche ?

— Son obsession, c'est le règne de la vérité absolue et définitive dont il est le seul dépositaire et qu'il faut imposer à l'humanité entière. Ou bien on se soumet, ou bien on meurt. Et son principal adversaire, c'est le pharaon, parce qu'il refuse ce dogmatisme.

— T'es drôlement savant, le Tordu !

— À force d'écouter l'Annonciateur, je répète ce qu'il dit.

— Moi, je m'en moque ! L'important, c'est qu'il soit un bon chef de guerre et qu'il impose sa foi nouvelle par l'épée et par le sang. Plus on tuera d'Égyptiens, plus on sera riches.

Quand l'Annonciateur rencontra les premiers Asiatiques propriétaires de troupeaux, il se présenta aussitôt comme l'adversaire résolu de Sésostris et obtint l'oreille attentive des chefs de clan. Il accepta le jeu obligatoire des longs palabres qui ne débouchaient sur rien, mais obtint ce qu'il désirait : s'entretenir avec leur supérieur occulte, un vieux Bédouin aveugle à barbe blanche dont la haine envers les Égyptiens ne cessait de croître. Il coordonnait les agressions contre les caravanes mal protégées et faisait exécuter les Cananéens suspectés d'intelligence avec l'ennemi.

À peine l'Annonciateur était-il entré dans la chambre austère où le vieillard demeurait cloué dans un fauteuil que le barbu eut un sourire extatique.

— Enfin, te voilà ! Je t'espérais depuis si longtemps... Moi, je ne suis capable que de piqûres d'insectes. Mais toi, tu vas déclencher la foudre et le carnage ! Il faut mettre fin à la loi de Maât et au règne de son fils, le pharaon.

— Que me recommandes-tu ?

— Une guerre frontale est perdue d'avance. Avec quelques fidèles prêts à donner leur vie en échange de notre cause, sème la terreur sur le territoire égyptien. Que des opérations ponctuelles fassent un maximum de victimes et répandent la panique parmi la population. Sésostris en sera rendu responsable, et son trône se disloquera.

— Je suis l'Annonciateur et j'exige l'obéissance absolue des combattants que tu mettras à ma disposition.

— Elle t'est acquise ! Mais il te faudra en former beaucoup d'autres. Laisse-moi toucher tes mains.

L'Annonciateur s'approcha.

— C'est étrange... On jurerait des serres de faucon ! Tu es tel que je le rêvais, féroce, impitoyable, indestructible !

— Si tu en avais eu les moyens, où aurais-tu commencé la conquête ?

— Sans hésitation, à Sichem[1] ! Il n'y a là qu'une petite garnison égyptienne. La population sera facile à embraser, la victoire spectaculaire.

— Ce sera donc Sichem.

— Appelle mes serviteurs et demande-leur de me trans-

1. L'actuelle Naplouse.

porter sur le seuil de ma maison. Que tous les partisans de la lutte armée se rassemblent.

Avec une véhémence stupéfiante pour un homme de son âge, l'aveugle prêcha la guerre totale contre l'Égypte et présenta l'Annonciateur à la fois comme son successeur et le seul chef capable de mener ses partisans à la victoire.

Puis, dans un ultime spasme de haine, il mourut.

26.

La petite ville de Sichem était endormie sous le soleil, et la garnison égyptienne vaquait mollement à ses occupations quotidiennes parmi lesquelles l'exercice ne tenait qu'une faible place. Après une dizaine d'années passée dans ce coin perdu, le commandant ne tentait plus de s'opposer aux trafics incessants de la population locale. Les responsables des grandes familles, qui comptaient un nombre incalculable d'enfants, s'arrangeaient entre eux. On se volait, on s'assassinait un peu, on réglait ses comptes en se frappant dans le dos, mais sans causer de troubles à l'ordre public. Sur ce point, le commandant se montrait intraitable : acceptant de ne rien savoir, il ne voulait rien voir.

Sur le terrain de la fiscalité, il avait également renoncé. Les Cananéens mentaient tellement qu'il ne parvenait plus à distinguer le vrai du faux. Et il ne disposait pas d'un nombre suffisant de vérificateurs. Il se contentait donc d'un prélèvement minimum sur les récoltes qu'on voulait bien lui montrer. Chaque fois, la même comédie : ses administrés se plaignaient de la chaleur, du froid, des insectes, du vent, de la sécheresse, de l'orage et de cent autres calamités qui les réduisaient à la misère. L'officier n'écoutait même plus ce discours si ennuyeux qu'il aurait endormi l'insomniaque le plus récalcitrant.

Chaque jour, il priait le dieu Min, dont la chapelle avait été construite au nord de la caserne, pour qu'il lui permette de retourner au plus tôt en Égypte. Il rêvait de revoir son village natal du Delta, de faire la sieste dans la palmeraie que longeait un canal où l'on se baignait pendant la saison chaude et de pouvoir s'occuper de sa vieille mère qu'il n'avait pas revue depuis trop longtemps.

Avec persévérance, il écrivait à Memphis afin de réclamer sa mutation, mais la hiérarchie militaire semblait l'avoir oublié. Prenant son mal en patience, l'officier s'était aménagé une existence paisible où la bière forte, souvent de qualité médiocre, tenait le premier rôle.

— La caravane du Nord est arrivée, l'avertit son adjoint.

— Pas d'incident à signaler ?

— Je n'ai pas encore procédé à l'inspection.

— Oublie-la.

— Mais le règlement...

— Les Cananéens feront le travail à notre place. Eux, ils s'entendent bien avec les caravaniers syriens.

— Ils vont truquer les bordereaux de livraison, tricher sur la quantité des produits et...

— Comme d'habitude, rappela le commandant. Il paraît que tu t'es amouraché d'une indigène ?

— On se fréquente, c'est vrai.

— Jolie ?

— Attirante et très douée.

— Ne l'épouse pas. Les filles d'ici obéissent plus à leur clan qu'à leur mari, qu'elles finissent toujours par dévorer.

— L'un de nos vigiles m'a signalé un début d'agitation à l'entrée sud de la ville.

Le commandant sortit brusquement de sa torpeur.

— Tu plaisantes ?

— Je n'ai pas vérifié non plus.

— Ça, tu t'en occupes immédiatement ! Un contrat est un contrat. Si les Cananéens l'ont oublié, je vais le leur rappeler.

Deux heures plus tard, l'adjoint n'était pas revenu.

Saisi d'un mauvais pressentiment, le commandant ordonna à la garnison de prendre les armes et de le suivre. De temps à autre, une démonstration de force n'était pas inutile. Et si les autochtones avaient causé le moindre ennui à son subordonné, ils allaient savoir qui détenait l'autorité à Sichem.

À l'entrée sud, plus de trois cents hommes rassemblés en une masse compacte. L'officier égyptien fut surpris : la plupart d'entre eux lui étaient inconnus.

Ce n'était certes pas avec son maigre effectif qu'il pourrait affronter une foule pareille, d'autant que ses soldats, peu préparés à un tel affrontement, claquaient déjà des dents.

— Chef, lui suggéra l'un d'eux, on ferait peut-être mieux de se replier.

— Nous incarnons l'ordre et la loi à Sichem, et ce n'est pas un attroupement d'étrangers qui les mettra en péril.

Une jeune femme s'avança.

— Désires-tu des nouvelles de ton adjoint, commandant ?

— Qui es-tu ?

— La femme qu'il a déshonorée et souillée. Il croyait que je serais à jamais obligée de me taire, mais ni lui ni toi n'aviez prévu l'arrivée de l'Annonciateur ! Grâce à lui, les Cananéens écraseront l'Égypte.

— Libère immédiatement mon adjoint !

La jeune femme eut un sourire féroce.

— À ta guise, commandant.

Gueule-de-travers jeta trois sacs aux pieds de l'officier égyptien.

— Voilà ce qui reste de ce tortionnaire.

Les mains tremblantes, le commandant ouvrit les sacs. Le premier contenait la tête de son adjoint, le deuxième ses mains, le troisième son sexe.

Surgit un homme de grande taille, à la barbe soigneusement taillée et aux étranges yeux rouges.

— Dépose les armes et ordonne à tes hommes de m'obéir, préconisa-t-il d'une voix douce.

— Pour qui te prends-tu ?

— Je suis l'Annonciateur, et tu dois te soumettre, comme tous les habitants de Sichem.

— C'est toi qui dois te soumettre au représentant légal de l'autorité ! Si tu es l'instigateur de ce crime, tu seras exécuté, de même que ses auteurs.

— Tu n'es pas raisonnable, commandant. Si je déclenche les hostilités, ton ramassis de peureux ne résistera pas longtemps.

— Suis-moi sans hésiter. Sinon...

— Je t'offre une toute dernière chance, l'Égyptien. Ou bien tu m'obéis, ou bien tu meurs.

— Emparez-vous de ce révolté, ordonna le commandant à ses hommes.

Les fidèles de l'Annonciateur se ruèrent à l'assaut.

Ce fut Gueule-de-travers qui transperça la poitrine du gradé avant qu'il ne fût achevé par Shab le Tordu, pris d'une crise d'hystérie et lui piétinant le visage. Aucun des soldats ne courut assez vite pour échapper à ses poursuivants.

La population de Sichem acclama son nouveau maître qui la convertit à la religion dont il était le seul garant et interprète. Comme son programme consistait à renverser le pharaon et à étendre le territoire des Cananéens, ces derniers adhérèrent avec enthousiasme à l'idéologie nouvelle.

Dans un grand concert de vociférations, la caserne et le temple de Min furent rasés. Désormais, plus aucun temple ne serait élevé à la gloire d'une divinité, et plus aucune divinité ne serait représentée dans quelque matériau que ce fût. Seules seraient gravées les paroles de l'Annonciateur afin que chacun s'en pénétrât en les répétant inlassablement.

Le vainqueur et ses lieutenants s'installèrent dans la demeure du maire, lapidé pour avoir collaboré avec les Égyptiens.

— J'exige la moitié des terres, déclara Gueule-de-travers.

— Entendu, mais c'est bien peu, estima l'Annonciateur, laissant son interlocuteur pantois. Après tant de souffrances dans les mines de cuivre, ne mérites-tu pas davantage ?

— Vu comme ça... Que proposez-vous ?

— Nous devons former de jeunes combattants prêts à mourir pour notre cause en infligeant de profondes blessures à l'Égypte. As-tu envie de t'en occuper ?

— Foi de Gueule-de-travers, ça me plaît ! Mais il ne s'agira pas de plaisanter. Même à l'entraînement, je ne retiendrai pas mes coups.

— C'est bien ainsi que je l'entends. Seule une élite parfaitement aguerrie sera envoyée en mission. Avec Shab, nous préparerons celles qui lui seront confiées. Et chaque matin, j'expliquerai à l'ensemble de mes fidèles les raisons de notre lutte.

Shab le Tordu était de plus en plus fier d'être associé de si près à une telle conquête. Les mots simples de l'Annonciateur le comblaient et faisaient de lui le plus convaincu des propagandistes.

C'était ici, à Sichem, que la grande aventure prenait corps.

27.

La cour de Memphis était en émoi. Selon d'insistantes rumeurs, Sésostris, de retour dans la capitale, ne tarderait pas à réunir les hauts dignitaires qui composaient la Maison du Roi, véritable corps symbolique du monarque. Leur fonction ne se réduisait pas à celle de ministres ordinaires ; comparés aux rayons du soleil, leur rôle consistait précisément à transmettre et à faire vivre les décrets de Pharaon, en tant qu'expression terrestre de la lumière créatrice.

Or, dans ce domaine comme dans beaucoup d'autres, Sésostris venait d'effectuer une profonde réforme en réduisant le nombre de responsables appartenant à la Maison du Roi et tenus au secret sur les délibérations de cette cour suprême où s'élaborerait l'avenir du pays.

Et chacun de se demander, avec inquiétude et envie, s'il serait un des heureux élus. Quelques vieux courtisans avaient rafraîchi les ardeurs des ambitieux en leur rappelant l'énorme poids qui pèserait sur les épaules des titulaires.

En attendant les nominations, Médès trépignait. Conserverait-il son poste ? Serait-il muté ou, pis encore, exilé dans une ville de province ? Il était certain de n'avoir commis aucune erreur et, par conséquent, de n'encourir aucun reproche. Mais le roi saurait-il apprécier ses qualités à leur juste valeur ?

Lorsque deux des policiers de Sobek le Protecteur demandèrent à le voir, Médès se sentit défaillir. Quel indice avait pu mettre sur la voie ce maudit chien de garde ? Gergou... Gergou s'était montré trop bavard ! Cette vermine ne survivrait pas à sa forfaiture, car Médès l'accuserait de mille délits.

— On vous emmène au palais, annonça l'un des sbires.

— Pour quelle raison ?

— Notre chef vous le dira.

Inutile de résister. Médès ne devait rien laisser paraître de ses craintes, car il pourrait peut-être plaider l'innocence et réussir à convaincre le monarque.

Face à Sobek, le courage lui manqua. Aucune des phrases qu'il avait préparées ne franchit ses lèvres.

— Sa Majesté m'a ordonné de vous annoncer que vous n'étiez plus responsable du Trésor.

Médès entendait déjà claquer la porte de sa cellule.

— À présent, vous êtes chargé du secrétariat de la Maison du Roi. À ce titre, vous enregistrerez les décrets royaux et veillerez à leur exécution sur l'ensemble du territoire.

Pendant un long moment, Médès se crut perdu dans un rêve. Lui, associé au cœur du pouvoir ! Certes, il ne rentrait pas dans le cercle fondamental dont Pharaon était le centre, mais il le tangentait. Situé juste au-dessous des principaux personnages du royaume, il serait le premier à connaître leurs véritables intentions.

À lui de profiter au mieux de cette nouvelle situation.

Ils n'étaient que quatre dans la salle d'audience du palais royal de Memphis : Sobek le Protecteur, Séhotep [1], Senânkh et le général Nesmontou.

1. Son nom complet était Séhotep-ib-Râ, « Celui qui donne la plénitude au cœur de la Lumière divine ».

Silencieux, ils n'osaient ni se regarder ni penser qu'ils avaient bel et bien été choisis par le roi pour former son conseil restreint. Aucun ne songeait aux honneurs, tous aux difficultés qui les attendaient, sachant que Sésostris n'admettrait ni échec ni faux-fuyant.

Quand le pharaon apparut, symbole du Un qui mettait le multiple en harmonie, ils se levèrent et s'inclinèrent. Grâce à sa coiffe [1], la pensée du monarque traversait le ciel à la manière du faucon divin, recueillait l'énergie solaire et célébrait la plus mystérieuse des communions, celle de Râ et d'Osiris ; par son pagne, qui portait un nom analogue à celui de l'acacia [2], le roi témoignait de sa connaissance des grands mystères ; par ses bracelets en or massif, de son appartenance symbolique à la sphère divine.

Le pharaon s'assit lentement sur son trône.

— Notre principale fonction consiste à faire régner Maât sur cette terre, rappela-t-il. Sans rectitude et sans justice, l'homme devient un fauve pour l'homme et notre société inhabitable. Notre cœur doit se montrer vigilant, notre langue trancher, nos lèvres formuler le vrai. Il nous revient de poursuivre l'œuvre de Dieu et des dieux, de recommencer chaque jour la création, de fonder à nouveau ce pays comme un temple. Grand est le Grand dont les grands sont grands. Aucun de vous ne saurait se comporter de manière médiocre, aucun de vous ne doit affaiblir l'art royal.

Le regard du monarque se posa sur Séhotep, un trentenaire élégant et racé, au visage fin animé par des yeux pétillants d'intelligence. Héritier d'une riche famille, scribe expérimenté, l'esprit rapide au point d'être parfois nerveux, il n'était guère apprécié des courtisans.

— Je te nomme Compagnon unique, Porteur du sceau royal et Supérieur de tous les travaux de Pharaon. Tu veilleras

1. La coiffe *nemès*.
2. *Shendjyt,* « le pagne » ; *shendjet,* « l'acacia. »

au respect du secret des temples et à la prospérité du bétail. Sois droit et vrai comme Thot. T'engages-tu à remplir tes fonctions sans faillir ?

— Je m'y engage, jura Séhotep d'une voix émue.

Sésostris s'adressa ensuite à un quadragénaire aux joues pleines et au ventre épanoui. Cette allure de bon vivant, amateur de cuisine raffinée, dissimulait un spécialiste des finances publiques au caractère rigoureux, doublé d'un meneur d'hommes aussi intransigeant que redouté. Ne possédant qu'un sens très limité de la diplomatie, il se heurtait fréquemment aux flatteurs et aux fainéants.

— Toi, Senânkh, je te nomme ministre de l'Économie, Grand Trésorier du royaume, à la tête de la Double Maison blanche. Tu veilleras à la juste répartition des richesses afin que nul ne souffre de la faim.

— Je m'y engage, Majesté.

Considéré comme trop austère et trop autoritaire, le vieux général Nesmontou s'était déjà illustré sous le règne d'Amenemhat Ier. Indifférent aux honneurs, vivant avec la simplicité d'un homme de troupe à la caserne principale de Memphis, il ne connaissait qu'un idéal : défendre le territoire égyptien coûte que coûte.

— Toi, Nesmontou, je te nomme à la tête de nos forces armées.

Souvent mis en cause pour son franc-parler, le vieil officier ne faillit pas à sa réputation.

— Il va de soi, Majesté, que j'obéirai scrupuleusement à vos ordres, mais dois-je vous rappeler que les milices des chefs de province, une fois rassemblées, formeront une armée supérieure à la nôtre ? Et je ne parle ni de l'insuffisance de notre équipement ni de la vétusté de nos locaux.

— Sur les deux derniers points, établis sans tarder un rapport précis afin que nous puissions effacer ces carences. Pour le reste, je suis conscient de la gravité de la situation et je ne demeurerai pas sans agir.

— Vous pouvez compter sur mon absolu dévouement, Majesté, promit le général Nesmontou.

Sobek le Protecteur se serait volontiers retiré de cette assemblée où il estimait ne pas avoir sa place, mais le souverain le dévisagea avec gravité.

— Toi, Sobek, je te nomme chef de toutes les polices du royaume. À toi de faire régner la sécurité sans faiblesse ni excès, de garantir la libre circulation des personnes et des biens, de veiller au respect des règles de navigation et d'arrêter les fauteurs de troubles.

— Je m'y engage, assura Sobek, mais puis-je demander à Votre Majesté la faveur de ne pas me confiner dans un bureau ? J'aimerais continuer à assurer votre protection rapprochée avec mon équipe restreinte.

— Trouve toi-même le moyen de concilier l'ensemble de tes devoirs.

— Comptez sur moi, Majesté !

— L'institution pharaonique est une fonction vitale, reprit Sésostris. Bien qu'elle n'ait ni fils ni frère pour la perpétuer, celui qui l'exerce doit restaurer les constructions de son prédécesseur et accomplir son propre nom de règne. Seul un faible n'a pas d'ennemi, et la lutte de Maât contre *isefet*, la violence, le mensonge et l'iniquité, ne s'interrompra jamais. Mais aujourd'hui, elle prend une tournure nouvelle car certains de nos adversaires, et surtout ceux décidés à détruire la monarchie et l'Égypte elle-même, ne sont pas visibles.

— Craindriez-vous pour votre vie, Majesté ? s'inquiéta Séhotep.

— Là n'est pas le plus important. Si je disparais, les dieux désigneront mon successeur. C'est Abydos qui est en danger. Assailli par des forces obscures, l'acacia d'Osiris dépérit. Grâce à de nouveaux édifices qui émettront une énergie régénératrice, j'espère au moins stopper le processus. Mais j'en ignore l'auteur et, tant qu'il ne sera pas identifié, nous pouvons redouter le pire. Qui ose manier la puissance de Seth et mettre ainsi en péril la résurrection d'Osiris ?

— Pour moi, intervint le général Nesmontou, pas le moindre doute : c'est forcément l'un des chefs de province qui refusent de reconnaître votre pleine et entière autorité. Plutôt que de se soumettre et de perdre ses privilèges, l'un de ces scélérats a décidé de pratiquer la politique du pire.

— Un Égyptien pourrait-il être assez fou pour vouloir détruire son propre pays ? interrogea Senânkh.

— Un potentat comme Khnoum-Hotep ne reculera devant rien pour conserver son pouvoir héréditaire ! Et il n'est pas le seul.

— Je me porte garant d'Ouakha, chef de la province du Cobra, affirma Sésostris, à la grande surprise du vieux général.

— Sauf votre respect, Majesté, ne vous a-t-il pas joué la comédie ?

— Sa sincérité ne saurait être mise en doute. Ouakha désire devenir un serviteur fidèle.

— Il reste cinq autres révoltés beaucoup plus redoutables que lui !

— Sobek est chargé d'enquêter sur eux. Moi, je tâcherai de les convaincre.

— Sans vouloir être pessimiste, Majesté, qu'avez-vous prévu en cas d'échec ?

— De gré ou de force, l'Égypte doit être réunifiée.

— Dès aujourd'hui, je prépare mes hommes à l'affrontement.

— Rien n'est plus désastreux qu'une guerre civile, protesta Séhotep.

— Je ne la déclencherai qu'à la dernière extrémité, assura le roi. Une autre mission doit être remplie : découvrir l'or capable de guérir l'acacia.

— Cherchez-le chez les chefs de province ! lança le général Nesmontou. Ils contrôlent les pistes du désert qui mènent aux mines et accumulent des fortunes. Avec de telles richesses, ils peuvent payer grassement soldats et mercenaires.

— Tu as probablement raison, déplora le monarque, mais je confie néanmoins à Senânkh le soin d'explorer le trésor de chaque temple. Peut-être découvrira-t-il ce dont nous avons besoin.

Le pharaon se leva.

À présent, chacun connaissait l'ampleur de sa tâche.

Sobek ouvrit la porte de la salle d'audience et tomba sur l'un de ses hommes, visiblement affolé.

— De mauvaises nouvelles, chef. Le policier du désert qui vient de me remettre ce rapport est un homme sérieux.

À la lecture d'un texte court et terrifiant, Sobek jugea qu'il devait prier le pharaon de prolonger la réunion de son conseil restreint.

28.

— D'après ce rapport, Majesté, déclara un Sobek désemparé, les mines de turquoise de la déesse Hathor ont été attaquées et les mineurs exterminés. Les policiers du désert qui patrouillaient dans cette région n'ont retrouvé que des cadavres brûlés.

Tous les membres de la Maison du Roi étaient bouleversés. Sésostris parut encore plus sévère qu'à l'habitude.

— Qui a pu commettre un crime aussi abominable ? questionna Séhotep.

— Les coureurs des sables, estima le général Nesmontou. Comme chaque chef de province concerné ne se préoccupe que de sa propre sécurité, il les laisse prospérer !

— D'ordinaire, ils ne s'en prennent qu'aux caravanes, objecta Sobek. Et ils sont suffisamment lâches pour savoir que dévaster un domaine royal leur attirerait les pires ennuis !

— Oublies-tu qu'ils sont insaisissables ? Cette tragédie est d'une extrême gravité. Elle prouve que des clans se sont fédérés en vue d'une révolte générale.

— En ce cas, avança Sésostris, ils ne vont pas s'en tenir là.

Que l'on m'apporte le plus vite possible les rapports concernant les Murs du Roi et les garnisons de Canaan.

Senânkh confia cette tâche à Médès, qui fit preuve d'une remarquable efficacité.

À l'examen des documents, le monarque s'aperçut qu'une seule localité demeurait muette : Sichem.

— Petite troupe médiocre commandée par un officier désabusé qui ne cesse de réclamer sa mutation, indiqua le général Nesmontou. En cas d'offensive de Bédouins suffisamment nombreux et déterminés, elle n'aura pas tenu le choc. Selon toute probabilité, il faut redouter un soulèvement de la région et l'agression de nos postes frontières.

— Qu'ils soient mis en alerte, ordonna Sésostris. Toi, général, mobilise immédiatement l'ensemble de nos régiments. Dès qu'ils seront en ordre de marche, nous partirons pour Sichem.

Gueule-de-travers s'en donnait à cœur joie. Son nouveau métier d'instructeur de futurs terroristes lui plaisait tellement qu'il ne comptait pas les heures d'entraînement intensif au cours desquelles aucun combat n'était simulé. Chaque jour, plusieurs jeunes hommes mouraient. Des incapables aux yeux de Gueule-de-travers, toujours plus exigeant et brutal. L'Annonciateur voulait des commandos qui ne reculeraient devant aucun danger.

Sa prédication quotidienne, à laquelle tous les habitants de Sichem étaient obligés d'assister, à l'exception des femmes confinées dans leurs demeures, enflammait les esprits. L'Annonciateur ne leur cachait pas la nécessité d'une lutte farouche, mais la victoire totale était à ce prix. Quant aux braves qui succomberaient pendant les combats, ils iraient directement au paradis où des femmes magnifiques satisferaient leurs caprices tandis que le vin coulerait à flots.

Shab le Tordu repérait les tièdes et les livrait à Gueule-de-travers qui s'en servait comme cibles pour ses archers et ses lanceurs de couteaux. Enivré par cette existence inattendue, le bras droit de l'Annonciateur ne pouvait cependant dissimuler ses inquiétudes.

— Seigneur, je crains que notre triomphe actuel ne soit de courte durée. Ne croyez-vous pas que le pharaon finira par réagir ?

— Bien sûr.

— Ne devrions-nous pas être... moins voyants ?

— Pas pour le moment, car c'est la nature et l'ampleur de cette réaction qui m'intéressent. Elles me feront connaître le véritable caractère de ce Sésostris, et j'orienterai alors ma stratégie. Les Égyptiens sont si respectueux de la vie d'autrui qu'ils se comportent comme des peureux. Mes fidèles, eux, savent qu'il faut exterminer les impies et que le vrai Dieu s'imposera par les armes.

L'Annonciateur visita les familles les plus pauvres de Sichem afin de leur expliquer que l'unique cause de leurs malheurs était le pharaon. C'est pourquoi elles devaient lui confier leurs enfants, même en bas âge, afin de les transformer en militants de la vraie foi.

Lors d'une ultime épreuve de lutte à mains nues, Iker avait, grâce à sa rapidité, terrassé deux adversaires beaucoup plus impressionnants que lui. Avec dix de ses camarades, il était devenu milicien de la province de l'Oryx, au service de Khnoum-Hotep.

— Tu es affecté à la surveillance du chantier naval, lui annonça l'instructeur. La dame Téchat sera ton supérieur. Ne crois surtout pas qu'elle se montrera bienveillante parce qu'elle est une femme. Si le chef de notre province l'a nommée Trésorière et contrôleuse des entrepôts, c'est en raison de son extrême fermeté. Il lui a même confié la gestion de ses biens personnels, contre l'avis de ses conseillers ! Pour être franc, mon garçon, tu ne pouvais pas tomber plus mal. Méfie-toi de cette lionne, elle ne songe qu'à dévorer les hommes.

L'instructeur conduisit son élève jusqu'au chantier naval où l'accueillit un contremaître rébarbatif.

— Ce n'est quand même pas ce gamin qui va assurer notre sécurité ? ironisa-t-il.

— Ne te fie pas aux apparences et ne te frotte surtout pas à lui.

Le contremaître considéra Iker avec davantage d'attention.

— Si cette mise en garde ne venait pas de l'instructeur de notre milice, elle m'aurait fait rire. Suis-moi, mon garçon, je vais t'indiquer ta position. Une seule consigne : tu ne laisses personne entrer sur le chantier sans me prévenir.

Iker découvrit un nouveau monde où des artisans façonnaient les diverses parties d'un bateau. Sous ses yeux naquirent un mât en pin, un gouvernail, une étrave, une coque, un bastingage et des bancs de rameurs. Avec un art extraordinaire, des spécialistes assemblaient une vraie marqueterie formée de petites planches tandis que leurs collègues fabriquaient de solides cordages et des voiles de lin.

Fasciné, le jeune homme suivait les gestes avec une extrême attention et les accomplissait en esprit.

Il fut brutalement ramené à la réalité quand un solide gaillard le bouscula pour forcer le passage.

— Qui êtes-vous ? lui demanda Iker en le retenant par le bras.

— Je vais voir mon frère, l'un des charpentiers.

— Je dois avertir le contremaître.

— Pour qui te prends-tu ? Moi, je n'ai pas besoin d'autorisation !

— Moi, j'ai des ordres.

— Tu veux te battre contre moi ?

— S'il le faut.

— Avec toute l'équipe, on va te corriger !

Le gaillard leva le bras pour appeler les artisans à la

rescousse, mais il le baissa presque aussitôt et recula d'un pas comme s'il venait d'apercevoir un monstre.

Iker se détourna et découvrit la dame Téchat, très élégante dans sa robe vert clair.

— Va-t'en, ordonna-t-elle à l'importun, qui décampa sans demander son reste.

Téchat tourna autour du jeune milicien, immobile comme une statue.

— J'apprécie ceux qui font passer leur fonction avant leur intérêt, voire leur sécurité. Tu t'es comporté de manière brillante pendant ta formation militaire, paraît-il. Serais-tu originaire d'une famille d'officiers ?

— Je suis orphelin.

— Et tu voulais devenir soldat ?

— Je désire devenir scribe.

— Sais-tu lire, écrire et compter ?

— En effet.

— Si tu souhaites que je t'aide, il faut m'en dire davantage.

— On m'a volé ma vie et je veux savoir pourquoi.

La dame Téchat parut intriguée.

— Qui cherche à te nuire ?

Iker tenta sa chance.

— Deux marins, Œil-de-Tortue et Couteau-tranchant. Leur bateau se nomme *Le Rapide*.

Un long silence s'ensuivit.

— Décris-moi cet Œil-de-Tortue.

Le jeune homme s'exécuta.

— J'ai l'impression que ce personnage ne m'est pas inconnu, mais mes souvenirs sont bien vagues. Il faut que je lance des recherches qui prendront sans doute beaucoup de temps.

Iker se prit à rêver. Enfin un espoir ! Mais la méfiance le saisit.

— Pourquoi m'aideriez-vous ?

— Parce que tu me plais. Oh, ne te méprends pas, mon garçon ! Je n'aime que les hommes de mon âge, à condition qu'ils ne me gênent pas dans mon travail en prétendant qu'ils sont plus compétents que moi. Toi, Iker, tu ne ressembles à personne. Un feu inconnu t'anime, un feu si puissant que les envieux ne songent qu'à te le dérober. Voilà probablement la cause de tes ennuis.

Restant sur ses gardes, le jeune homme ne se répandit pas en confidences.

— Je m'occupe d'obtenir ta mutation, annonça la dame Téchat. Dès demain, tu deviendras l'assistant du gardien des archives de la province. De nombreux documents sont en attente de classement, tu y trouveras peut-être ton bonheur.

29.

La maisonnée de Médès était en émoi. D'après des rumeurs pessimistes, l'ex-Trésorier du palais aurait été démis de ses fonctions et muté dans une petite ville du Sud où il terminerait sa carrière dans l'indifférence générale. La belle demeure de Memphis serait vendue, les domestiques dispersés.

Depuis le début de la matinée, l'épouse de Médès, en proie à une crise d'angoisse, ne cessait de mettre à contribution sa coiffeuse et sa maquilleuse.

— As-tu enfin retrouvé le pot aux cinq graisses ?

— Pas encore, répondit la coiffeuse.

— Cette négligence est insupportable !

— Ne l'auriez-vous pas rangé dans votre coffret en ivoire ?

Surexcitée, la maîtresse de maison dut se rendre à l'évidence. Sans formuler la moindre excuse, elle se fit enduire les cheveux avec cette pommade miracle composée de graisses de lion, de crocodile, de serpent, de bouquetin et d'hippopotame.

— Fais-la bien pénétrer dans mon cuir chevelu, ordonna-t-elle. Tout à l'heure, tu le masseras avec de l'huile de ricin. Ainsi, je n'aurai jamais de cheveux blancs.

Après la chute de Médès, sa femme ne pourrait plus acheter les produits de beauté coûteux mais indispensables. Divorcer ? Impossible, c'était lui qui possédait la fortune. En l'accusant d'adultère, cependant, il lui en reviendrait la moitié. Il lui faudrait toutefois des preuves solides, sous peine d'être condamnée à ne recevoir aucune pension alimentaire.

— Maquille-moi mieux que ça ! éructa-t-elle. On voit encore des rougeurs sur mes joues et sur mon cou.

La maquilleuse appliqua une couche de poudre à base de gousses et de graines de fenugrec, de miel et d'albâtre, un mélange spécial qui effaçait les marques de l'âge.

Quand Médès entra dans la chambre de son épouse, il eut un mouvement de recul.

— Comment te sens-tu, ma chérie ?

Elle se leva d'un bond, écartant ses servantes.

— Toi... Nous... Nous sommes destitués ?

— Destitué ? Bien au contraire, je bénéficie d'une importante promotion ! Dans sa sagesse, le pharaon a reconnu mes mérites.

Médès eut du mal à calmer la furie qui le couvrait de baisers.

— Je le sentais, je le savais, tu es le meilleur, le plus grand, le plus...

— De lourdes responsabilités m'attendent, chérie.

— Serons-nous plus riches encore ?

— C'est certain.

— Quelle tâche t'a confiée le roi ?

— Secrétaire permanent du grand conseil.

— Alors, tu connaîtras de nombreux secrets ?

— Certes, mais je suis tenu au silence.

— Même avec moi ?

— Même avec toi.

Les affaires d'État ne passionnaient guère l'épouse du grand dignitaire dont la fortune lui permettait d'assouvir ses caprices. N'était-ce pas l'essentiel ?

Pendant que l'excellente nouvelle se répandait dans tous

les étages de la maison et dans le quartier, Médès se retira dans son bureau où, quelques minutes plus tard, il reçut Gergou.

Ce dernier mastiquait deux pastilles composées de souchet odorant et de résine de térébinthe. Elles désinfectaient la bouche et donnaient bonne haleine.

— Félicitations pour votre nomination. On va encore avoir les mains un peu plus libres, non ?

Médès déroula un papyrus.

— C'est une plainte contre toi.

— Une plainte ! Mais de qui ?

— De l'une de tes ex-épouses que tu as frappée en état d'ivresse.

— Possible...

— Certain ! Il y avait un témoin. Tu as forcé sa porte, tu l'as menacée et tu l'as giflée.

— Ce n'est pas si grave.

— En Égypte, si.

— Ce témoin... qui est-ce ?

— Sa femme de chambre, une jeune fille de province.

— On pourrait peut-être...

— Je m'en suis occupé, révéla Médès. Elle est repartie pour son trou perdu avec une forte indemnité, et ton épouse a reçu plusieurs meubles neufs accompagnés d'excuses de ta part que j'ai rédigées moi-même. La plainte a été annulée.

Gergou se laissa tomber sur un siège bas.

— Je vous dois au moins une jarre de bière de luxe, patron !

— Oublie tes anciennes conquêtes et contiens ta haine des femmes, Gergou. Un inspecteur principal des greniers se doit d'être respectable.

— Moi, inspecteur principal...

— Senânkh, mon supérieur hiérarchique, a signé ta promotion.

— Dès demain, je pars en chasse ! Je vous rapporterai une fortune en saignant à blanc mes chers administrés.

— Justement pas.

Gergou resta bouche bée.

— Mais je possède le pouvoir officiel, je...

— Toi et moi changeons de dimension. Pendant plusieurs années, nous avons bien travaillé, mais modestement. Notre nouveau statut nous permet d'espérer mieux. Néanmoins, nous serons beaucoup plus exposés et devrons donc redoubler de prudence.

— Je ne vous suis pas bien, avoua Gergou en tâtant ses amulettes à la fois pour se rassurer et s'éclaircir l'esprit.

Médès arpenta nerveusement la pièce.

— Je suis à présent le premier informé des décisions prises au plus haut niveau de l'État. Il me revient de transcrire les décrets pris par Pharaon et de les divulguer. Tout faux pas, toute trahison grossière me désigneraient immédiatement comme coupable. Manœuvrer pour mon compte personnel s'annonce donc particulièrement difficile, car le roi et ses conseillers examineront de près mes faits et gestes.

— Alors... cette promotion est une catastrophe !

— Pas si je sais l'utiliser comme il convient. Grâce à toi, qui restes libre de tes mouvements, je continuerai à entretenir nos réseaux d'amitiés et d'influences. Au sein de la haute administration, j'en créerai d'autres.

— Et notre nouveau bateau indispensable pour atteindre Pount et en rapporter l'or ?

— N'y songeons plus dans l'immédiat. Sésostris a donné un ordre curieux : dresser l'inventaire de tous les trésors des temples afin d'en connaître les richesses réelles.

— Pourquoi, curieux ?

— Parce que le roi possède déjà ces informations ! Je suis persuadé qu'il recherche autre chose, mais quoi ? Comme tu seras associé à cette mission, tâche d'en savoir plus. Par la même occasion, tu repéreras les sanctuaires les plus intéressants. Et ce n'est pas tout... Pharaon décrète la mobilisation générale.

— Il se décide donc à attaquer les chefs de province !

— Tu n'y es pas, Gergou. Il vient de se produire des incidents dans le pays de Canaan dont je ne connais ni l'ampleur ni la gravité.

— Pour déclencher une telle réaction, ce ne doit pas être rien !

— Tel est aussi mon avis. J'ignore encore si le général Nesmontou prendra seul la tête des troupes ou si le pharaon en personne s'en chargera.

— Autrement dit, Sésostris pourrait périr au combat et un coup d'État se produire à Memphis !

— Préparons-nous à n'importe quel bouleversement de cet ordre, reconnut Médès. Les quatre dignitaires qui composent le conseil restreint du pharaon sont considérés comme des incorruptibles à la fidélité inébranlable. Mais ils ne sont que des hommes. En les fréquentant, je décèlerai leurs points faibles et je saurai les utiliser. Quant au monarque lui-même, il bénéficie d'une protection particulière qui lui vient de sa connaissance des secrets du temple couvert. Sans elle, toute prise de pouvoir serait illusoire et condamnée à l'échec. Et j'ignore encore comment percer cette muraille infranchissable.

— On y parviendra, soyez-en sûr !

— En attendant, Gergou, plus un seul impair ! Tu dois devenir un homme respectable et un modèle pour tes subordonnés.

L'interpellé eut un sourire moqueur.

— Si un seul d'entre eux tente de m'imiter, je lui casse la tête !

Les deux alliés s'esclaffèrent. Puis Gergou redevint brusquement sérieux.

— Et si l'on se contentait des résultats acquis ? Notre bilan n'est pas négligeable. Le risque a un aspect enivrant, mais il reste le risque. Le pays de Pount s'est singulièrement éloigné.

— Pas autant que tu le crois, objecta Médès. Toi, un excellent marin qui ne s'amuse que dans la tempête, comment pourrais-tu renoncer ? Nous ne sommes qu'au début du voyage,

Gergou. Et puis tu me ressembles : tu aimes le pouvoir pour le pouvoir, la force pour la force.

L'interpellé acquiesça.

— Les sages d'Égypte condamnent l'avidité et l'ambition, reprit Médès. Ils ont tort. Ce sont des stimulants inégalables grâce auxquels on ne se fixe aucune limite. Et les événements que je pressens me confortent dans cette conviction.

— Une question me taraude. Avant de vous la poser, donnez-moi à boire quelque chose de fort.

Gergou vida cul sec deux coupes d'alcool de dattes.

— Pourquoi faisons-nous le mal, Médès ?

— Parce qu'il nous fascine. Et qu'est-ce que le mal ?

— S'opposer à Maât, à la rectitude et à la lumière.

— Tu répètes les âneries des vieux sages. Crois-tu qu'elles te serviront à t'enrichir et à t'offrir la place que tu convoites ?

— J'ai encore soif.

Médès songea qu'il lui faudrait soutenir de temps à autre le moral vacillant de son âme damnée. Gergou se trompait : non, ils ne faisaient pas encore le mal, car il leur manquait toujours un appui ou un relais à l'intérieur d'un temple.

30.

En une journée, Iker avait abattu davantage de travail que deux fonctionnaires en une semaine, et cette attitude lui valut de nombreuses jalousies. Sans la protection de la dame Téchat, le jeune homme aurait eu de multiples ennuis. Son supérieur hiérarchique décida de lui compliquer la tâche au maximum, mais Iker ne s'en émut pas. Méticuleux et obstiné, il classait les documents avec l'espoir d'y retrouver les noms d'Œil-de-Tortue, de Couteau-tranchant et du *Rapide*.

Or son labeur demeurait stérile.

Convoqué par sa patronne, l'assistant archiviste ne paraissait pourtant pas découragé.

— Aucun résultat, Iker ?

— Aucun. De votre côté, rien non plus ?

— Non plus, déplora dame Téchat.

— Pourtant, je n'ai pas inventé ces hommes et ce bateau !

— Je ne mets nullement ta parole en doute, Iker, mais rappelle-toi ce que je t'ai dit : les recherches risquent d'être longues.

— Vos souvenirs ne se sont pas précisés ?

— Malheureusement non, mais je suis presque certaine

que cet Œil-de-Tortue est passé par notre province. Il faut te changer les idées, mon garçon ! Nous allons célébrer la fête de la déesse Pakhet, et tu me serviras de porte-parasol.

Pakhet, « Celle qui griffe », était un guépard femelle et résidait dans une grotte vénérée par des prêtresses, pour la plupart épouses des nobles de la province.

Sur le bateau de Téchat menant au site sacré de la déesse[1], Iker goûtait la pureté de l'air et la douceur d'un vent soutenu. Voguer sur le Nil demeurait un enchantement. Pendant quelques instants, le jeune homme pensa qu'il pourrait interrompre son voyage et s'installer dans cette province pour y couler des jours tranquilles. Mais les questions sans réponse l'assaillirent de nouveau, le laissant dans l'état d'un assoiffé pour lequel boire devenait vital. Non, les événements qui l'avaient accablé ne manquaient pas de signification. À lui de savoir les interpréter et de percer l'énigme de son destin.

Le bateau accosta à bonne distance d'un magnifique ébénier dont les branches masquaient l'entrée de la grotte sacrée.

— Ne touche surtout pas cet arbre, recommanda la dame Téchat. C'est là que se cache souvent le guépard femelle où s'incarne la déesse. Elle bondit sur tout profane qui ne connaît pas les formules d'apaisement.

— Comment peut-on les apprendre ?

— Tu es bien curieux !

— Dites-moi au moins quel est le rôle de Pakhet.

« Décidément, pensa la dame Téchat, ce garçon n'est pas taillé dans le même bois que la plupart des êtres. »

— Cette déesse maîtrise les feux destructeurs et peut se transformer en serpent qui se jette sur les ennemis du soleil afin de les empêcher de nuire. Lorsqu'ils la voient, il est trop tard. Mais sa fonction ne se réduit pas à lutter victorieusement en

1. Le Spéos Artémidos, proche de Béni-Hassan.

faveur de la lumière. Par sa magie, elle favorise le retour de la crue qui offre la prospérité au pays entier.

— De quelle manière ?

— Ne crois-tu pas que tu vas trop loin, Iker ?

— J'irai aussi loin que vous me le permettrez.

— Disons qu'elle est l'alliée d'Osiris, et ne m'en demande pas davantage. Contente-toi d'observer et reste silencieux.

Soit la dame Téchat savait et se taisait, soit elle ne savait pas et jouait la comédie : pour Iker, dans un cas comme dans l'autre, le résultat était identique. Importunée, elle ne fournirait plus la moindre explication.

Le jeune homme protégea sa patronne avec un parasol composé d'une longue hampe et d'une toile de lin rectangulaire.

Une prêtresse âgée sortit de la grotte.

— Que les portes du ciel soient déverrouillées afin que la puissance divine apparaisse en gloire.

Sortirent à leur tour quatre autres prêtresses, qui s'inclinèrent devant la première. Leurs cheveux étaient tirés en arrière pour former une étrange coiffure faisant songer à la couronne blanche de Pharaon. Elles portaient un pagne court tenu par des bretelles qui leur couvraient les seins.

— Ainsi viennent les quatre vents du ciel, révéla la supérieure. Qu'ils soient maîtrisés afin que la richesse du pays soit assurée. Voici le vent du nord, frais et vivifiant.

La première jeune fille entama une danse lente et solennelle. La beauté de ses gestes fascina Iker.

— Voici le vent d'est, l'ouvreur des portes célestes, celui qui crée un chemin parfait pour la lumière divine et donne accès aux paradis de l'autre monde.

La deuxième danseuse n'était pas moins gracieuse que la première. Pas une hésitation, un rythme envoûtant.

— Voici le vent d'ouest qui provient du sein de l'Unique, avant la création du Deux. Il surgit de l'au-delà de la mort.

La troisième danseuse surpassait ses collègues. Comme si elle était pénétrée du message spirituel qu'elle symbolisait, elle développa une chorégraphie plus dramatique et plus exigeante. Certaines figures évoquaient la lutte contre le trépas et la volonté de le terrasser.

— Voici enfin le vent du sud qui amène l'eau régénératrice et fait croître la vie.

D'abord, Iker crut qu'il se trompait, abusé par une étonnante ressemblance.

Ensuite, toute son attention se concentra sur le visage de la jeune prêtresse dont les mouvements étaient d'une grâce inégalable. De son être émanait une lumière qui traduisait l'intensité de la vie ressuscitée offerte par le vent du sud.

Elle.

C'était bien elle, il la reconnaissait malgré son costume et sa coiffe inhabituels.

— Tiens correctement ton parasol, se plaignit la dame Téchat, je suis au soleil !

Iker rectifia la position, sans cesser de contempler la femme aimée dont la danse lui parut affreusement courte.

Les quatre vents étaient immobiles. La maîtresse des cérémonies orna le front des prêtresses d'une fleur de lotus.

— Ainsi sont révélées les paroles divines cachées dans la nature. Que ces fleurs dont l'odeur suave anime la lumière soient garantes du miracle de la résurrection.

De chacun des lotus jaillit une clarté éblouissante.

Puis les cinq prêtresses montèrent dans un bateau qui s'éloigna du territoire sacré de Pakhet où s'organisait un banquet en l'honneur des épouses des dignitaires. Iker et les autres serviteurs déjeuneraient à part.

— Tu as l'air bouleversé, remarqua la dame Téchat.

— Non, enfin, si... Ce rituel est si troublant !

— Serais-tu sensible à la beauté des danseuses ?

— Qui ne le serait pas ? Celle qui incarnait le vent du sud atteignait la perfection. Savez-vous qui elle est et comment elle se nomme ?

— Aucune idée. Ces prêtresses sont venues d'Abydos pour

célébrer les rites de la déesse Pakhet, puis elles retournent dans leur temple.

— Vous ne l'aviez jamais vue auparavant ?

— Non, ce doit être une nouvelle. Surtout, oublie-la.

— Parce qu'elle appartient au Cercle d'or d'Abydos ?

La dame Téchat fronça les sourcils.

— Qui t'en a parlé ?

— Un jardinier.

— Il ne s'agit que d'une expression poétique, Iker. Ne lui attache aucune importance. Et je te le répète : oublie cette jeune femme. Elle évolue dans un monde que tu ne connaîtras jamais. Si tu apprécies les danseuses, il en existe de plus séduisantes qui, elles, sont accessibles.

En un temps record, Iker avait classé les archives de la province de l'Oryx, mais sans trouver la moindre trace des deux marins et de leur bateau. Téchat lui confierait donc un autre poste afin qu'il ait l'esprit occupé.

De son côté, même déception : aucun informateur n'avait pu lui fournir de renseignement fiable. Il lui faudrait extirper du cœur de ce jeune homme exceptionnel l'idée de la vengeance et le persuader se s'ancrer dans cette région où il deviendrait un scribe de haut rang.

Elle rassemblait ses arguments tout en contemplant, du haut de sa terrasse, la nouvelle lune qui marquait le triomphe d'Osiris, quand une voix la fit sursauter.

— Puis-je vous parler, dame Téchat ? Rassurez-vous, je ne vous veux aucun mal ! Surtout, ne vous retournez pas. Si vous tentez de me voir, je vous assomme.

— Que... que veux-tu ?

— En ce qui concerne les deux marins et leur bateau, j'ai peut-être une piste. Elle passe par la province des grands prêtres de Thot. Laissez partir Iker pour cette contrée.

— Qui es-tu pour oser me donner des ordres ?

— Un allié.

— Tu mens ! La vérité, ou je te fais arrêter.

— Si je vous la dis, vous me jetterez en prison.

— Je te propose un marché : la vérité contre ta liberté.

— J'ai votre parole ?

— Tu l'as.

— J'agis sur ordre du pharaon Sésostris. En protégeant Iker, vous m'avez beaucoup aidé. À présent, il faut lui permettre de poursuivre sa Quête.

— Qu'Iker oublie son passé et vive heureux.

— Si vous parvenez à le convaincre, pourquoi pas ? Mais soyez honnête avec lui et parlez-lui de cette piste.

— Nous devons évoquer ton avenir, dit la dame Téchat à Iker. Que penserais-tu de t'établir ici et de continuer tes études de scribe ?

— Votre offre est généreuse, mais je dois la refuser. Puisque vous n'avez obtenu aucune information, j'irai en chercher ailleurs.

— Et si cette errance ne te mène nulle part ?

— On m'a volé ma vie, je veux la retrouver et comprendre mon destin, quoi qu'il m'en coûte.

— Cette vie, tu pourrais la perdre définitivement.

— Demeurer inerte me conduirait à la mort encore plus vite.

— Puisqu'il est impossible de te convaincre, je vais t'aider une dernière fois.

— Vous me chassez ?

— Tu pars pour la province du Lièvre.

— Cela signifie-t-il... que vous avez un indice ?

— Tellement mince que je n'ai pas d'autre précision à te donner. Rends-toi là-bas et débrouille-toi.

— Le seigneur Khnoum-Hotep me laissera-t-il partir ?

— Je réglerai ce détail avec lui. Tu seras porteur d'un

document officiel destiné au seigneur Djéhouty. Je te présente comme un apprenti scribe désireux de te perfectionner. Comme nous n'avons pas de place pour toi ici, je sollicite sa bienveillance. Espérons qu'il t'acceptera. Si tu as cette chance, fais-toi le plus discret possible en effectuant tes recherches. Djéhouty n'est pas un homme commode, il ne faut le froisser d'aucune manière.

— Comment vous remercier, dame Téchat ?

— J'aurais aimé te retenir, Iker, mais la province de l'Oryx est trop petite pour toi. Voici mon ultime cadeau, il te protégera.

Elle remit au jeune homme un objet en forme de croissant de lune.

— Ce talisman a été taillé dans la canine d'un hippopotame. Mon père, un grand magicien aujourd'hui disparu, y a gravé un griffon et une inscription hiéroglyphique. Parviens-tu à la lire ?

— « Je suis le génie qui coupe la tête des ennemis mâles et femelles. »

— Chaque soir, avant de t'endormir, pose-le sur ton ventre. Il éloignera de toi les forces de destruction.

31.

Le prêche de l'Annonciateur avait recueilli encore plus d'acclamations qu'à l'ordinaire. Au nom du dieu unique dont il transmettait les directives, toutes les cités de Canaan allaient s'unir pour partir à l'assaut de l'Égypte, tuer le pharaon, exterminer les oppresseurs et prendre le pouvoir. Puis les vainqueurs imposeraient leur croyance à tous les peuples, si nécessaire par la violence.

— Vous avez réveillé les endormis, constata Shab le Tordu. Ils formeront bientôt une formidable armée qui déferlera sur le monde !

— Je n'en suis pas si sûr, assena l'Annonciateur, brisant l'enthousiasme de son bras droit.

— Mais ces gens croient en vous, ils vous suivront jusqu'à la mort !

— Je n'en doute pas, mais ils n'ont pas d'armes et ne sont pas de vrais soldats.

— Redouteriez-vous... une défaite ?

— Tout dépendra de l'ampleur de la réaction égyptienne.

— Jusqu'à présent, elle est inexistante !

— Ne sois pas naïf, mon ami. Si le pharaon prend son temps, c'est sans doute afin de frapper avec davantage de force.

— Mais alors... la population de Sichem sera massacrée !

— N'est-ce pas le sort prévisible d'un appât ? Ces premiers fidèles n'ont pas d'autre fonction. Ils périront dans la dignité, certains d'atteindre le paradis que je leur ai promis. L'important, ce sont les spécialistes que forme Gueule-de-travers. Eux doivent échapper à la répression et se terrer dans l'ombre pour agir au moment que je choisirai.

Les deux hommes se rendirent au camp d'entraînement d'où l'on sortait le cadavre d'un adolescent au crâne trop fragile. Cognant sans retenue, Gueule-de-travers ne cessait de durcir la préparation de ses commandos.

— Satisfait ? demanda l'Annonciateur.

— Pas encore. La plupart de ces gamins sont vraiment trop tendres ! Je ne désespère pas d'en former quelques-uns, mais ça prendra du temps.

— Je crains que nous n'en ayons plus beaucoup.

— En cas d'attaque, on verra leurs capacités sur le terrain !

— Non, Gueule-de-travers. Toi et tes meilleurs éléments, vous quitterez la région et vous vous réfugierez dans un endroit sûr, à deux jours de marche au nord-est d'Imet, dans le Delta. La zone est inhabitée, vous m'y attendrez.

— Qu'est-ce que c'est que cette embrouille ?...

— T'ai-je déjà déçu, Gueule-de-travers ?

— Pour ça, non !

— Alors, continue à me faire confiance.

Les poumons en feu à force de courir, un guetteur s'immobilisa à distance respectueuse de l'Annonciateur.

— Seigneur, ils arrivent ! Des soldats égyptiens, des centaines de soldats !

— Calme-toi, mon brave. Ne l'avais-je pas prédit ? Alerte nos partisans, qu'ils se mobilisent pour défendre Sichem. Dieu sera à leurs côtés.

L'Annonciateur rassembla les chefs de section sur la grand-place et leur rappela la stratégie à suivre. Chacun devrait se battre jusqu'à la mort. Victorieux ou vaincus, ses fidèles connaîtraient la félicité éternelle.

Les commandants des fortins composant les Murs du Roi remerciaient les dieux d'être encore vivants. Réunis par le pharaon en personne, ils avaient subi ses reproches et sa colère froide, plus terrifiante que des éclats de voix. Qualifiés d'incapables et d'inutiles pour n'avoir ni prévu ni empêché la révolte de Sichem, ils se voyaient au moins condamnés aux travaux forcés dans un bagne des oasis.

Sésostris avait pris une autre décision : les maintenir à leur poste en ne tolérant plus la moindre erreur. Et cet aiguillon, profondément enfoncé dans le cuir de militaires de carrière assoupis sur leur illusion de sécurité, n'avait pas manqué d'efficacité. Sortant de leur torpeur, les officiers s'étaient engagés à reprendre les contrôles d'antan, à stimuler leurs hommes et à redevenir le premier barrage contre l'invasion.

La fermeté et l'autorité de Sésostris avaient agi comme des baumes. Servir un roi d'une telle stature déclenchait l'enthousiasme.

La situation de la ligne de fortifications assainie, le monarque prit la tête de son armée en direction de Sichem.

— Toujours aucune nouvelle de cette ville ? demanda-t-il au général Nesmontou.

— Aucune, Majesté. En revanche, nous correspondons normalement avec les autres agglomérations de la région, ce qui tendrait à prouver que la rébellion est limitée.

— L'apparence d'une tumeur ne traduit pas toujours sa gravité, objecta le souverain. Envoie une dizaine d'éclaireurs, qu'ils observent la cité de tous côtés.

Les rapports concordaient : des guetteurs cananéens avaient été disposés aux quatre points cardinaux.

— La ville s'est bel et bien soulevée, conclut le général Nesmontou. Notre petite garnison a probablement été exterminée. Mais pourquoi les fauteurs de troubles n'ont-ils pas tenté d'étendre leur mouvement ?

— Pour une raison simple : ils voulaient d'abord savoir comment Pharaon réagirait. Avant de reprendre Sichem, tu vas bloquer la totalité des routes, des pistes et des chemins qui y mènent. J'exige que personne ne s'échappe. Quand notre dispositif sera en place, nous attaquerons.

Convaincus par l'Annonciateur que l'aide de Dieu leur permettrait de repousser l'envahisseur, les habitants de Sichem se ruèrent en hurlant à l'assaut de l'infanterie de Sésostris. D'abord surprise par l'agressivité de l'adversaire, armé d'outils agricoles, elle se reprit sans tarder. Sous l'impulsion du général Nesmontou, les Cananéens furent rapidement écrasés.

La victoire s'était dessinée si vite que Sésostris n'avait pas eu besoin d'intervenir en personne. Mais la perte d'une trentaine de soldats prouvait la violence de l'affrontement. Même des femmes et des adolescents avaient préféré périr plutôt que de se rendre.

La ville reconquise, les maisons furent fouillées une à une. Aucune trace d'un stock d'armes.

— As-tu arrêté leur chef ? demanda le roi à Nesmontou.

— Pas encore, Majesté.

— Il faudra interroger soigneusement les survivants.

— La moitié de la population a succombé. Il ne reste que des vieillards, des malades, des enfants et des femmes. Ces dernières prétendent que leurs maris ont voulu se libérer de l'oppression égyptienne avec l'aide du dieu unique.

— Quel nom lui donne-t-on ?

— Le dieu de l'Annonciateur. Il a révélé la vérité aux habitants de Sichem, et tous l'ont suivi.

— C'est donc lui, l'inspirateur de ce désastre ! Rassemble un maximum de témoignages à son sujet.

— Devrons-nous raser la ville ?

— Je vais mettre en place le dispositif magique nécessaire pour éviter le retour de telles errances. Une nouvelle garnison, plus importante, assurera la sécurité des colons qui s'installeront ici dès le mois prochain. De plus, général, tu feras une tournée d'inspection dans toutes les villes de Canaan. Je veux que leurs habitants voient notre armée et sachent qu'elle interviendra sans ménagement contre les ennemis de l'Égypte.

À plusieurs endroits, notamment près du temple saccagé dont la reconstruction serait effectuée sans délai, Sésostris fit enterrer des tessons de poterie rouges sur lesquels étaient inscrits des textes d'exécration concernant les forces obscures et les Cananéens. S'ils brisaient une nouvelle fois la paix, ils seraient maudits.

Et le roi s'interrogea : cet Annonciateur n'était-il qu'un fou avide de violence ou bien représentait-il un réel danger ?

À présent, l'Annonciateur savait.

Sésostris n'était pas l'un de ces monarques mous et indécis qui se laissaient manipuler par les événements sans savoir quelle décision prendre. Ce pharaon ne reculait pas devant l'usage de la force et il ne faudrait compter sur aucune lâcheté de sa part.

La lutte pour le triomphe final n'en serait que plus exaltante. Mais combattre de manière frontale s'avérait impossible. Même rassemblées, ce qui était fort improbable dans un avenir proche, les tribus cananéennes et bédouines ne fourniraient pas un contingent de soldats assez nombreux pour affronter ceux de Sésostris.

La seule méthode efficace serait donc bien le terrorisme.

En répandant la peur dans la société égyptienne, en agrégeant contre elle protestataires, révoltés et destructeurs de tous bords, il finirait par l'empoisonner et la déliter.

Gueule-de-travers et ses commandos s'étaient enfuis par le sud avant que l'ennemi ne mette en place ses barrages. L'Annonciateur, Shab le Tordu et trois hommes expérimentés avaient choisi une piste de l'est, très sinueuse, qui serpentait entre des collines brûlées par le soleil.

— Où allons-nous ? interrogea Shab, inquiet à l'idée d'une nouvelle randonnée dans le désert.

— Convertir des tribus bédouines. Ensuite, nous rejoindrons Gueule-de-travers.

À la tombée du jour, le petit groupe fit halte au fond d'une ravine. L'Annonciateur monta au sommet d'une butte afin de discerner le prochain itinéraire à emprunter.

— Ne bouge plus, ordonna une voix rocailleuse. Si tu tentes de t'échapper, on t'abat.

Une vingtaine de policiers du désert, avec leurs chiens.

Armés d'arcs et de gourdins, ils avaient surgi de nulle part.

Même en utilisant ses pouvoirs, l'Annonciateur ne parviendrait pas à abattre tous ces professionnels aguerris, surtout les molosses qui ne redoutaient pas les démons du désert.

— Tu es seul ?

— Oui, je suis seul, clama-t-il avec une voix suffisamment forte pour que ses compagnons l'entendent. Et comme vous le voyez, je ne possède aucune arme. Je suis un simple Bédouin à la recherche de ses chèvres qui se sont enfuies.

— Tu ne viendrais pas de Sichem, par hasard ?

— Non, j'habite ici, loin de la ville, avec mon troupeau. J'y vais seulement pour vendre des fromages et du lait.

— Bon, tu nous suis. On va vérifier tout ça.

Un policier lia les poignets de l'Annonciateur avec une cordelette bien serrée. Et il lui en passa une autre autour du cou pour le tirer comme un animal rétif.

— Personne d'autre en vue ? demanda le chef du détachement.

— On n'a trouvé que celui-là, répondit l'un de ses hommes.

32.

La dame Téchat avait offert à Iker le prix du voyage en bateau jusqu'à Khémenou, « la Cité du Huit[1] », capitale de la province du Lièvre. Alors qu'il contemplait le fleuve dont la majesté le fascinait, il sentit peser sur lui un regard insistant.

En se retournant, il découvrit un homme de grande taille, plutôt maigre, aux yeux autoritaires.

— T'arrêtes-tu à Khémenou, lui demanda-t-il d'une voix sèche, ou bien continues-tu vers le sud ?

— Pourquoi devrais-je vous répondre ?

— Parce que tu te trouves sur mon territoire.

— Seriez-vous le chef de cette province ?

— Je suis son bras droit, le général Sépi, et je veille au respect de nos lois. Tout étranger en situation irrégulière est immédiatement expulsé. Ou bien tu dévoiles tes intentions, ou bien tu déguerpis.

— Mon nom est Iker, je viens de la province de l'Oryx avec

1. Là résidait l'Ogdoade, communauté de huit divinités créatrices réparties en quatre couples.

une recommandation de la dame Téchat pour solliciter l'autorisation de poursuivre chez vous mes études de scribe.

— La dame Téchat... N'est-elle pas décédée ?

— Elle est bien vivante, je vous l'assure !

— Décris-la-moi.

Iker s'exécuta. Le visage du général Sépi demeura fermé.

— Cette recommandation... Montre-la-moi.

— Elle est adressée au seigneur Djéhouty, à personne d'autre !

— Tu es bien rétif, jeune homme ! Aurais-tu quelque chose à te reprocher ?

— J'ai appris à me méfier des inconnus. Qu'est-ce qui me prouve que vous êtes bien un général ?

— Rétif et méfiant... Ce sont plutôt des qualités.

Le bateau accostait.

Une vingtaine de soldats filtrait les voyageurs, soumis à un long interrogatoire. Un gradé s'avança vers Sépi et le salua.

— Heureux de vous revoir, mon général. Je n'ose vous demander si...

— Ma mère est morte. J'ai eu la chance d'être auprès d'elle lors de ses derniers moments et de diriger ses funérailles. Elle était une femme droite, et je sais que le jugement d'Osiris lui sera favorable.

Iker n'osait pas s'éloigner.

— Ce garçon est-il avec vous, mon général ?

— Je le conduis à la capitale. Mets tes affaires sur le dos d'un âne, Iker.

L'apprenti scribe obéit. L'animal ne risquait pas d'être surchargé.

Le général Sépi marchait d'un bon pas.

— Si tu es originaire de la province de l'Oryx, pourquoi la quitter ?

— Le seigneur Khnoum-Hotep n'a pas besoin de nouveaux scribes. Et je suis né à Médamoud.

— À Médamoud, vraiment ?

— Vraiment.

— Pourquoi t'être éloigné de ta famille ?

— Je suis orphelin. Le vieux scribe qui m'a enseigné les rudiments du métier est décédé.

— Et tu as tenté ta chance dans la province de l'Oryx.. Pour quelle raison ?

— Le hasard.

— Le hasard, répéta le général, sceptique. Ne serais-tu pas à la recherche de quelqu'un, par hasard ?

— Je ne viens ici que pour devenir un bon scribe.

— Tu me parais tellement déterminé qu'un feu d'une nature très particulière doit t'animer. Que tu ne me dises pas tout de suite la vérité, je le comprends ; mais si tu souhaites faire carrière dans cette province, il faudra t'expliquer.

— Quand pourrai-je voir le seigneur Djéhouty ?

— Je lui parlerai de toi, et c'est lui qui décidera. Es-tu capable de patience, Iker ?

— Uniquement lorsque c'est nécessaire.

Chef de la prestigieuse province du Lièvre, Djéhouty[1] avait oublié son âge. Supérieur des mystères de Thot, prêtre de la déesse Maât, il appartenait à une très ancienne famille dont les origines remontaient au temps des pyramides. Après avoir connu les règnes des pharaons Amenemhat II et Sésostris II, il lui fallait maintenant supporter celui de Sésostris, troisième du nom, dont ses conseillers et ses informateurs lui disaient le plus grand mal. Pourquoi le monarque ne restait-il pas enfermé dans son palais de Memphis où ses courtisans ne cessaient de le flatter ? S'il formait réellement le projet de supprimer les prérogatives des chefs de province, la guerre civile serait inévitable.

Mais que reprochait donc le roi à des administrateurs aussi consciencieux que Khnoum-Hotep ou lui-même ? Leurs

1. Son nom complet était Djéhouty-Hotep, « Thot est en plénitude ».

domaines étaient bien gérés, leurs troupeaux nombreux et en bonne santé, leurs ateliers prospères. Certes, ils disposaient de milices bien équipées ; mais la maigre armée du pharaon n'était-elle pas incapable de garantir la sécurité des provinces ?

Il ne fallait rien changer, voilà tout ! Et Djéhouty avait suffisamment d'autorité pour convaincre ses collègues.

L'un de ses petits plaisirs consistait à changer chaque jour de chaise à porteurs pour ses nombreux déplacements. Il en possédait trois, vastes et confortables, munies d'un parasol, dans lesquelles il pouvait presque s'allonger. Plusieurs équipes de huit hommes travaillaient en alternance, chantant volontiers l'ancien refrain : « Les porteurs sont contents lorsque la chaise est pleine. Quand le maître est présent, la mort s'éloigne, la vie est renouvelée par Sokaris, le régent des profondeurs, et les défunts ressuscitent. »

La tête rasée, Djéhouty mettait un point d'honneur à ne pas porter de perruque, ce qui ne l'empêchait pas de rester coquet. Il se vêtait volontiers d'une élégante cape tissée avec grand soin et d'un long pagne qui lui couvrait les jambes. Demeurer soigné retardait le vieillissement.

Après avoir écouté les rapports positifs de ses métayers, le notable avait décidé de s'accorder une promenade dans la campagne. Mais au moment où il sortait de son palais, il aperçut son ami de toujours, le général Sépi.

Un simple échange de regards lui suffit pour comprendre que ce dernier vivait une douloureuse épreuve.

— Nul ne peut partager ton chagrin. Je sais que tu n'attends pas de moi des paroles lénifiantes. Si tu désires te reposer avant de me faire ton rapport...

— Malgré le décès de ma mère, je me suis acquitté de ma mission. Les nouvelles ne sont guère réjouissantes.

— Sésostris s'est-il décidé à tenter l'épreuve de force ?

— Je l'ignore, car mes contacts à la cour sont brusquement devenus muets.

— Autrement dit, le pharaon a repris les affaires en main ! Mauvais signe, très mauvais signe... Quoi d'autre ?

— La cité de Sichem s'est soulevée, sa population a massacré la garnison égyptienne.

— Le roi a-t-il réagi ?

— De la manière la plus brutale : il a ordonné au général Nesmontou de lancer une attaque massive. Sichem se trouve de nouveau sous contrôle égyptien.

Ainsi, le monarque n'hésitait pas à utiliser la force ! C'était un message clair pour les chefs de province qui refuseraient de lui obéir.

Djéhouty tourna le dos à la chaise à porteurs.

— Viens, allons boire du vin sous ma pergola. Sichem, disais-tu ; Sichem, avec laquelle nous entretenons des relations commerciales, n'est-ce pas ?

Sépi approuva d'un hochement de tête.

— Belliqueux comme il l'est, ce roi m'accusera d'être le complice des révoltés ! Mets immédiatement notre milice en état d'alerte.

— Des Égyptiens tués par d'autres Égyptiens... Quel désastre en perspective !

— Je sais, Sépi, mais Sésostris ne nous laisse pas le choix. Écris à Khnoum-Hotep et aux autres chefs de province que le conflit est imminent.

— Ils vont croire que vous tentez de les manipuler pour obtenir une alliance dont ils ne veulent à aucun prix.

— Tu as raison. Alors, dispense-toi d'écrire, et chacun pour soi !

Le vin était excellent, mais Djéhouty le jugea médiocre.

— Un étranger souhaiterait vous voir, avança le général.

— Pas un Cananéen de Sichem, j'espère ?

— Non, un jeune homme qui vient de la province de l'Oryx avec une lettre de recommandation de la dame Téchat.

— Ce n'est pas dans ses habitudes ! D'ordinaire, elle ne recommande qu'elle-même. Renvoie-le, je n'accepte pas de visites aujourd'hui.

— Je me permets d'insister.

Djéhouty fut intrigué.

— Qu'a-t-il de si exceptionnel, ton protégé ?

— J'aimerais que vous le constatiez par vous-même.

Le général n'était pas un fabulateur et il ne sollicitait jamais de passe-droit.

— Amène-moi ce garçon.

Dès qu'il vit Iker, Djéhouty comprit l'intérêt que lui portait Sépi. Malgré sa modestie apparente, le jeune visiteur brûlait d'un feu si ardent que la crue elle-même ne suffirait pas à l'éteindre.

La lettre de recommandation de la dame Téchat était élogieuse.

— Dans les circonstances actuelles, déclara Djéhouty, j'ai davantage besoin de miliciens que de scribes.

— Mais moi, seigneur, je suis venu ici pour devenir scribe. Où mieux apprendre le métier que dans la province de Thot ?

— Pourquoi cette ambition ?

— Parce que je suis persuadé que le secret de la vie se cache dans les formules de connaissance. Or, seule la pratique approfondie des hiéroglyphes me permettra d'y avoir accès.

— Ne serais-tu pas prétentieux ?

— Je suis prêt à travailler jour et nuit.

— Prouve-le en commençant sans tarder. Mon intendant va s'occuper de toi, tu logeras dans le quartier des apprentis scribes. Tâche de ne pas te faire remarquer, j'ai horreur des trublions. Si tu ne donnes pas satisfaction à ton professeur, tu seras chassé de mon territoire.

Iker se retira.

— Obstiné, courageux, indépendant... Tu ne t'es pas trompé, Sépi. Ce garçon n'est pas banal.

— Comme moi, vous avez perçu qu'il ne possède pas seulement un caractère bien trempé.

— Le crois-tu capable d'entrer dans un temple ?

— Qu'il fasse ses preuves.

33.

S'attendant à la colère de Khnoum-Hotep, la dame Téchat laissa passer l'orage.

— Pourquoi avez-vous autorisé ce garçon à partir ?

— Qu'avait-il de si particulier, seigneur ?

— Nous en avions fait un excellent milicien, et il me faut de bons soldats pour préserver mon indépendance.

— Sans doute, mais Iker voulait être scribe.

— Ce ne sont pas des scribes qui se battront contre les soldats de Sésostris !

— À lui seul, il n'aurait pas remporté la victoire.

Bougon, Khnoum-Hotep croisa les bras.

— Je répète ma question : pourquoi l'avez-vous autorisé à partir ?

— Parce qu'il me paraissait particulièrement doué pour son futur métier et que la province de l'Oryx ne pouvait lui assurer la formation adéquate. Celle du dieu Thot, en revanche, lui offrira ce qu'il désire. N'est-ce pas vous-même, seigneur, qui lui avez affirmé que vous n'aviez pas besoin de nouveaux scribes ?

— Peut-être, peut-être… Mais c'est moi qui prends les décisions, et personne d'autre !

La dame Téchat sourit.

— Si je ne m'occupais pas du petit personnel, seigneur, vous seriez surchargé de travail. Et vous savez comme moi qu'Iker devait aller vers son destin.

— Et vous saviez, vous, que ce destin passait par la province du Lièvre ?

— Une simple intuition.

— Ce garçon est étrange. Il semble déterminé au point que rien ne saurait le distraire de son but. J'aurais aimé le connaître mieux.

— Peut-être le reverrons-nous.

Après avoir partagé un solide petit déjeuner pendant qu'Iker se tenait à l'écart, les apprentis scribes avaient rejoint la salle de classe où ils s'étaient assis sur des nattes.

Quand le professeur entra, Iker fut à la fois déçu et ulcéré : le général Sépi ! Ainsi, le chef de la province du Lièvre l'avait abusé en l'envoyant dans une caserne où l'on formait des miliciens.

Le jeune homme se leva.

— Pardonnez-moi, je n'ai rien à faire ici.

— Ne désires-tu pas devenir scribe ? demanda Sépi.

— Telle est bien mon intention.

— Alors, rassieds-toi.

— Mais vous êtes général et…

— … et responsable de la principale école de scribes de la province du Lièvre. Ou bien on m'obéit au doigt et à l'œil, ou bien on va chercher fortune ailleurs. Ceux qui travaillent sous ma direction doivent être rigoureux et disciplinés. J'exige la ponctualité et une tenue impeccable. À la moindre négligence, c'est l'exclusion. Commençons par rendre hommage à notre divin maître, Thot, et à l'ancêtre de tous les scribes, le sage Imhotep.

Sépi accrocha un fil à plomb à la poutre principale du local.

— Regardez-le avec attention, apprentis, car il est le symbole de Thot, immuable au cœur de la balance. Il repousse le mal, pèse les paroles, offre la paix au connaissant et fait resurgir ce qui avait été oublié.

D'un panier en papyrus doublé de toile, le général Sépi sortit le matériel qu'utilisaient les scribes : une palette en sycomore, un étui cylindrique rempli de calames et de pinceaux, un sac contenant des papyrus, un autre des pigments, un petit outil en forme de maillet servant à polir, un lissoir indispensable lors des corrections sur papyrus, des godets à encre, des pains de couleur rouges et noirs, des tablettes en bois et un grattoir.

— Comment se nomme la palette ?

— « Voir et Entendre [1] », répondit un apprenti.

— Exact, approuva Sépi. N'oubliez pas que la palette est l'une des incarnations de Thot. Lui seul vous permettra de connaître les paroles de Dieu [2] et de pénétrer leur signification. Grâce à sa palette sont inscrites la durée de vie de Râ, la lumière divine, et la royauté d'Horus, protecteur de Pharaon. Manier la palette est un acte grave et sacré. Aussi doit-il être précédé d'un rite.

Le général posa sur le sol une statuette de babouin assis, aux yeux profonds et méditatifs. Incarnation de Thot, il inspirait le scribe recueilli. Puis le professeur remplit d'eau un godet.

— Pour toi, maître de la langue sacrée, je verse l'énergie qui animera l'esprit et la main. Voici l'eau de l'encrier pour ton *ka*, Imhotep.

Après un long moment de silence, le professeur rectifia la position de plusieurs apprentis qu'il jugeait trop molle ou trop

1. *Maa-sedjem*.
2. Hiéroglyphes est un terme grec qui signifie « gravures sacrées ». L'appellation égyptienne est *medou neter*, « paroles de Dieu ».

raide. Puis il leur présenta des calames et des pinceaux finement taillés, longs de vingt-cinq centimètres.

— L'un de vous connaît-il le meilleur matériau pour les fabriquer ?

— Du jonc qui a poussé dans un marais salant, répondit un élève.

— Le buplèvre[1] ne serait-il pas préférable ? suggéra Iker.

— Pour quelle raison ? interrogea Sépi.

— Parce que cette plante est résistante et éloigne les insectes.

— Vous n'écrirez pas tout de suite sur papyrus, reprit Sépi, mais sur des tablettes en bois recouvertes d'une fine couche de plâtre durci. Vous pourrez effacer vos erreurs et nettoyer aisément cette surface. Lorsque cette couche sera détruite, vous en passerez une nouvelle. Vos principaux ennemis sont la paresse, le laisser-aller et l'indiscipline. Ils vous rendront stupides et vous empêcheront de progresser. Sachez écouter les conseils de ceux qui en savent plus que vous et travaillez chaque jour avec ardeur. Si vous n'y êtes pas prêts, quittez immédiatement cette école.

Affolés par la sévérité de l'instructeur, deux apprentis sortirent.

— Thot a séparé les langues, continua Sépi. En distinguant les paroles prononcées d'une contrée à l'autre, il a mis à l'envers les pensées des humains qui se sont détournés de la vérité et du bon chemin. Pendant l'âge d'or vivaient les dieux qui parlaient la même langue ; aujourd'hui s'affrontent les humains qui sont coupés du divin et ne se comprennent pas. Mais Thot nous a aussi transmis les paroles de puissance que vous apprendrez à déchiffrer et à inscrire sur le bois, le cuir, le papyrus et la pierre. Aussi devez-vous respecter une règle fondamentale : ne mettez pas un mot à la place d'un autre, ne confondez pas une chose avec une autre. Ici vous sera enseignée l'écriture de

1. D'après les recherches de J.-C. Goyon sur la plante *heden*.

la Maison de Vie formée de signes qui sont autant d'éléments de connaissance, de symboles chargés de magie et de mystère. De l'écriture juste dépend le rayonnement de l'esprit. Si vous croyez que les hiéroglyphes ne sont que des dessins et des sons, vous ne les comprendrez jamais. En vérité, ils contiennent la nature secrète des êtres et des choses, les essences les plus subtiles. Le langage sacré est une force cosmique, c'est lui qui crée le monde. Seul Pharaon, le premier des scribes, est capable de le maîtriser. C'est pourquoi son nom, *per-âa*, signifie « le grand temple ». Les hiéroglyphes n'ont pas besoin des hommes, ils agissent par eux-mêmes. Aussi devrez-vous être respectueux des textes que vous découvrirez ou que vous transmettrez, car ils sont beaucoup plus importants que votre petite personne.

Iker était fasciné.

Tout cela, il l'avait pressenti ; mais le général Sépi le formulait avec une telle précision que plusieurs portes s'ouvraient sur de multiples chemins.

— Ce n'est pas pour votre propre gloire que vous deviendrez scribes, précisa l'enseignant, mais afin de prolonger l'œuvre de Thot. Il a calculé le ciel, compté les étoiles, établi le temps, les années, les saisons et les mois. Le souffle de vie réside dans son poing, sa coudée est le fondement de toute mesure. Lui qui n'est victime ni du désordre ni de l'irrégularité établit le plan des temples. La science de Thot ne consiste pas à spéculer en vain, car trop de technique et de savoir nuit. Par ses paroles, vous apprendrez à construire un édifice comme à répartir justement les nourritures ou bien à estimer la surface d'un champ. Ce qui est en haut est comme ce qui est en bas, ce qui est en bas est comme ce qui est en haut, et Thot le deux fois grand vous enseignera à ne pas dissocier le ciel de la terre.

— Nous n'aurons donc qu'à recopier des formules toutes faites ! protesta un apprenti. N'est-ce pas l'aveu de notre faiblesse ?

— Si tu désires être fort, répondit Sépi, sois un artisan en paroles. La vraie puissance, c'est la formulation, car les mots bien employés sont plus efficaces que n'importe quelle arme. Certains scribes ne sont que des copistes, en effet, mais ils ne sont pas méprisables pour autant. D'autres, très rares, pénètrent dans la sphère de la création.

— Quelles qualités exige-t-on d'eux? demanda Iker.

— L'écoute, l'entendement et la maîtrise des feux. Toi et tes camarades, vous en êtes encore très loin! Prenez vos tablettes et vos calames. Je vais vous dicter le *Livre de Kémit*, et nous corrigerons vos erreurs. Que signifie ce terme?

— *Kémit* est un mot formé sur la racine *kem*, déclara Iker, et signifie soit « la terre noire », autrement dit la terre d'Égypte fertilisée par le limon, soit « ce qui est achevé, complet ».

— Les deux sens sont à prendre en compte, ajouta Sépi. Ce livre renferme, en effet, un enseignement complet à l'intention des apprentis scribes et il a pour but de rendre leur esprit fertile. Préparez votre matériel d'écriture.

Iker remplit d'eau deux coquillages où il dilua ses pains d'encre.

Le professeur dicta les chapitres du *Livre de Kémit*.

Le début souhaitait vie, cohérence et épanouissement éternels au Maître. Puis il traitait de la nécessaire « justesse de voix » face aux divinités et aux âmes d'Héliopolis, la cité sainte de Râ. À Montou, le dieu taureau de la province thébaine, il était demandé sa force et son aide; à Ptah, la joie et un grand âge.

« Que les écrits te rendent heureux » était le vœu que l'on formait pour le scribe, à condition qu'il écoute le maître, respecte ses aînés, ne soit pas bavard, choisisse la précision en toutes choses et lise les textes utiles, à savoir ceux qui contenaient de la lumière.

Une phrase fit sursauter Iker : « Puisse le bon scribe être sauvé par le parfum de Pount », et il ne fut pas loin de perdre le rythme de la dictée.

Au terme de deux heures d'efforts et d'attention, les apprentis étaient fatigués. Certains avaient des crampes, d'autres souffraient du dos.

Le général Sépi passa lentement dans les rangs.

— Lamentable, conclut-il. Aucun d'entre vous n'a réussi à écrire correctement la totalité de mes paroles. Votre tête vacille, vos doigts sont hésitants. Demain matin, nous recommencerons. Ceux qui auront commis trop de fautes seront transférés dans une autre école.

Iker rangea lentement ses affaires. Lorsque la classe fut vide, l'élève s'approcha du professeur.

— Puis-je poser une question ?

— Une seule, je suis pressé.

— Ce livre parle du « parfum de Pount ». C'est un pays imaginaire, n'est-ce pas ?

— À ton avis ?

— Pourquoi un futur scribe recopierait-il des rêveries ? Et pourquoi le parfum d'un pays imaginaire le sauverait-il ?

— J'avais dit une seule question, Iker. Rejoins tes camarades.

Leur accueil n'eut rien de chaleureux. Tous étaient natifs de la province du Lièvre, et la présence de cet étranger dans la classe du général Sépi, si difficile d'accès, en irritait plus d'un.

Un petit brun aux yeux agressifs ouvrit les hostilités.

— Tu viens d'où, toi ?

— Je suis ici, c'est l'essentiel, répondit Iker.

— Qui t'a recommandé ?

— Quelle importance ? À chacun de prouver ses capacités. Face à l'épreuve, nous sommes seuls.

— Puisque tu le prends comme ça, tu seras encore plus seul que les autres !

Le groupe des apprentis s'éloigna de l'intrus en lui lançant des regards haineux. Ils l'auraient volontiers rossé afin de lui donner une bonne leçon, mais le général Sépi les aurait sévèrement punis.

Iker déjeuna à l'écart, tout en relisant sa copie du *Livre de Kémit*. Le mot « Pount » ne cessait de le hanter. C'était bien à cause de ce pays mystérieux qu'il avait failli mourir.

34.

— Préparez votre matériel, ordonna sèchement le général Sépi.

Iker perçut aussitôt l'étendue de la catastrophe.

On avait remplacé sa tablette par une autre, tellement usée qu'elle était presque inutilisable. Ses calames et ses pinceaux avaient été brisés. De ses pains d'encre, durs comme des cailloux, il ne tirerait rien de bon.

Le jeune homme se leva.

— Mon matériel a été détérioré.

Amusés et satisfaits, les regards convergèrent vers lui.

— Connais-tu le coupable ? demanda Sépi.

— Je le connais.

Des murmures parcoururent les rangs des apprentis scribes.

— Porter une accusation est un acte grave, rappela le général. Es-tu sûr de toi ?

— Je le suis.

— Alors, donne-nous son nom.

— Le coupable, c'est moi-même. Je me suis montré trop naïf en croyant que personne n'oserait commettre un geste aussi méprisable. Je mesure l'étendue de ma stupidité, mais il est trop tard.

La tête basse et le pas lourd, Iker se dirigea vers la porte sous l'œil goguenard des vainqueurs.

— Est-il jamais trop tard pour se corriger? demanda le général. Voici un sac qui contient le matériel complet d'un scribe professionnel. Je te le confie, Iker. Si ta vigilance se relâche encore une fois, inutile de remettre les pieds ici.

L'apprenti reçut cet inestimable cadeau avec vénération. Il chercha en vain une formule de remerciement pour exprimer sa gratitude.

— Va t'asseoir à ta place, exigea l'enseignant, et prépare-toi rapidement.

Iker oublia ses ennemis et se concentra sur les objets neufs et de belle qualité que le général venait de lui offrir. Sans trembler, il obtint une superbe encre noire.

— Écrivez ces Maximes du sage Ptah-Hotep, dit le professeur :

Que ton cœur ne soit pas vaniteux à cause de ce que tu connais.
Prends conseil auprès de l'ignorant comme auprès du savant,
Car on n'atteint pas les limites de l'art,
Et il n'existe pas d'artisan qui ait acquis la perfection.
Une parole parfaite est plus cachée que la pierre verte,
On la trouve pourtant auprès des servantes qui travaillent sur la meule[1].

Le texte n'était pas facile, les occasions de faute nombreuses, mais la main d'Iker courait avec dextérité. Il s'attachait à chaque mot tout en gardant présent à l'esprit le sens d'une phrase complète.

1. Ptah-Hotep, Maxime I (voir Ch. Jacq, *L'Enseignement du sage égyptien Ptah-Hotep*, p. 45-46).

Quand Sépi se tut, Iker ne ressentit aucune sensation de fatigue. Il aurait volontiers continué longtemps encore.

Le général examina les tablettes. Chacun retint son souffle.

— La moitié d'entre vous ne mérite pas d'étudier dans ma classe. Ils poursuivront leur apprentissage avec des maîtres différents. Les autres ont encore beaucoup de progrès à faire, et je ne les garderai certainement pas tous. Un seul élève n'a commis que deux fautes : Iker. Il sera donc responsable de la bonne tenue de ce local qu'il nettoiera chaque jour. Je lui en confie la clé.

Les autres apprentis ne furent pas mécontents de cette décision : n'était-ce pas une humiliation infligée à l'étranger ? Eux ne s'étaient jamais abaissés à des tâches domestiques. Mais Iker considéra cette fonction comme un honneur et non comme une brimade. Et il fut tout aussi heureux d'être chargé de l'inventaire des tablettes, auquel il se consacra avec son ardeur habituelle.

Quel bonheur d'être au contact de ces supports d'écriture ! Il les classa par matériau en leur attribuant un numéro : tablettes d'argile crue qui nécessitaient une pointe dure ; tablettes de sycomore et de jujubier, de forme rectangulaire, constituées de plusieurs pièces qu'assemblaient des chevilles ; tablettes de calcaire dont la surface était aplanie avec soin.

Ne voir aucun de ses condisciples la journée durant était une chance réelle. Il espérait que le général Sépi, bien éloigné de l'idée qu'Iker se faisait d'un militaire, continuerait à lui imposer un maximum de travail afin que cette situation perdure.

La nuit était tombée lorsque Iker sortit de l'entrepôt pour se rendre au réfectoire où il dîna d'un gratin de courgettes et de fromage frais. Les Maximes de Ptah-Hotep s'étaient si profondément gravées dans son esprit qu'elles ne cessaient de l'enchanter, comme une musique envoûtante.

Un rai de lumière passait sous la porte de sa chambre.

Pourtant, il n'avait pas laissé de lampe allumée ! Inquiet, il poussa lentement la porte et découvrit le saccage.

Natte déchirée, pagne en lambeaux, coffre à linge en mille morceaux, matériel de toilette réduit en miettes, sandales disloquées, murs maculés de peinture... Écœuré, au bord des larmes, comment le jeune homme parviendrait-il à se procurer le minimum vital ?

Puisqu'il fallait bien rester là, il s'endormit, brisé.

Quand il se réveilla, morose, Iker se demanda s'il était utile de persévérer dans un tel climat de haine où les coups bas risquaient de se multiplier. Qu'allaient encore inventer ses condisciples afin de le décourager ? Seul contre tous, c'était une position trop inconfortable pour être tenue bien longtemps.

L'apprenti scribe balaierait la classe avant le cours, puis il présenterait sa démission au général Sépi.

Devant la porte, un paquet.

« Encore un acte de malveillance », pensa Iker, qui hésita à ôter la ficelle.

Deux chemises et deux pagnes neufs, une paire de sandales, des produits d'hygiène, une natte solide... Il gagnait au change ! L'un de ses ennemis avait-il eu des remords ? Ou bien bénéficiait-il de l'aide d'un protecteur qui demeurait dans l'ombre ?

Ce fut un Iker élégant qui accueillit son professeur dans une salle propre comme un papyrus vierge.

Ses camarades furent stupéfaits : comment s'était-il débrouillé pour obtenir ces vêtements ? À son visage tranquille, on aurait même juré qu'il n'avait subi aucun dommage !

— Voici d'autres Maximes de Ptah-Hotep, dit le général Sépi. De cette école devront bientôt sortir plusieurs papyrus comportant la version complète de cette œuvre majeure :

Quand l'écoute est bonne, la parole est bonne.
Celui qui écoute est le maître de ce qui est profitable,
Écouter est profitable à celui qui écoute.
Écouter est meilleur que tout,
(ainsi) naît l'amour parfait[1].

Soudain, Iker eut la sensation de ne plus recopier, mais d'écrire. Il ne se contentait pas de transmettre des phrases déjà prononcées, il participait à leur signification. Par la forme de ses graphies, par la spécificité de son dessin, il donnait une couleur encore inconnue à la pensée du sage. C'était un acte infime, certes ; cependant, pour la première fois, l'apprenti ressentait la puissance de l'écriture.

Le cours terminé, Iker balaya le local. En sortant, il se heurta au groupe de ses camarades, harangués par le petit brun aux yeux agressifs.

— Renoncez à préparer un autre mauvais coup, leur recommanda Iker d'une voix posée. Cette fois, je ne resterai pas passif.

— Tu crois que tu nous fais peur ? Nous sommes dix et tu es tout seul !

— Je déteste la violence. Mais si vous persistez dans vos intentions destructrices, je serai contraint de vous corriger.

— Essaie voir !

Furieux, le petit brun tenta de frapper Iker de son poing fermé.

Sans comprendre ce qui lui arrivait, il fut propulsé dans les airs et retomba lourdement sur le dos. Accouru à la rescousse, son fidèle lieutenant subit le même sort. Et quand un troisième, le plus costaud de la bande, les rejoignit dans l'humiliation, les autres reculèrent.

Au regard que leur jeta Iker, tous comprirent qu'il pouvait être beaucoup plus violent.

1. Maxime 39.

— Il a sûrement suivi une formation militaire ! s'exclama un maigrichon. Ce gars-là est capable de nous briser les os. Fichons-lui la paix avant qu'il ne se mette vraiment en colère.

Même le petit brun n'insista pas.

Alors que le piteux groupe s'éloignait, Iker remercia sa chance. S'ils avaient eu l'idée de l'attaquer tous ensemble, il aurait été terrassé. Et il remercia aussi le chef de province Khnoum-Hotep de l'avoir obligé à devenir un guerrier passable.

Sur le chemin du réfectoire, l'apprenti assista au vol d'un ibis si majestueux qu'il s'immobilisa pour le contempler.

L'oiseau de Thot se mit à décrire de grands cercles au-dessus d'Iker comme s'il voulait lui faire comprendre qu'il s'adressait bien à lui. Puis il se dirigea vers le Nil, revint vers le jeune homme et reprit la direction du fleuve.

Iker le suivit. À plusieurs reprises, l'ibis effectua les mêmes allées et venues. Bénéficiant de son expérience de la course de fond, l'apprenti scribe franchit en un temps record la distance qui le séparait du Nil. L'oiseau l'attendait au-dessus d'un fourré de papyrus. Il se percha quelques instants au sommet des ombelles qu'il picora de son bec pointu, puis s'élança vers le ciel.

Sans nul doute, le messager du dieu des scribes l'avait amené dans cet endroit désert pour qu'il y fasse une découverte.

S'aventurer dans ce fouillis végétal n'était pas sans danger. Un crocodile ou un serpent pouvait s'y dissimuler. Aussi l'explorateur tapa-t-il du pied sur le sol avant d'écarter les roseaux et de s'enfoncer dans les papyrus.

Des gémissements le figèrent sur place.

Il y avait un bébé dans ce fourré !

Oubliant les risques, Iker progressa aussi vite que possible et tomba sur... un ânon ! Un grison blessé à une patte, replié sur lui-même dans l'attente de la mort.

Lentement, afin de ne pas l'affoler, Iker le dégagea de la

gangue dont il était prisonnier. Le malheureux n'avait plus que la peau sur les os, ses côtes étaient apparentes.

— Je vais te prendre dans mes bras, lui annonça Iker, et je te soignerai.

Ses grands yeux marron emplis de terreur, l'ânon ne gardait visiblement pas un bon souvenir de ses premiers contacts avec l'espèce humaine.

Afin de le calmer, Iker s'assit près de lui et fit une première tentative de caresse. Le blessé trembla de peur, persuadé qu'on allait encore le frapper. Le contact d'une main douce et affectueuse le surprit et l'apaisa. Peu à peu, le jeune scribe gagna sa confiance.

— Il faut sortir d'ici et te nourrir.

Le grison ne pesait pas bien lourd. Iker redoutait une réaction violente ; au contraire, son protégé s'abandonna, se sentant enfin en sécurité.

Brusquement, alors que son sauveur empruntait le chemin menant vers les cultures, l'ânon s'agita et gémit. La raison de sa crainte n'était pas difficile à deviner : un paysan armé d'une fourche venait vers eux à grandes enjambées.

— Jette ce monstre dans les marais, éructa-t-il, et qu'il soit dévoré par les crocodiles !

— Où vois-tu un monstre ? Ce n'est qu'un ânon blessé et affamé.

— Tu ne l'as pas bien regardé !

— Je crois que si et j'ai constaté qu'il avait été maltraité. Si tu es le coupable, tu seras condamné.

— Coupable de m'être débarrassé d'une créature maléfique ? On me félicitera, au contraire !

— Pourquoi l'accuses-tu ainsi ?

— Je vais te montrer.

— Non, n'approche pas !

— Regarde, sur sa nuque ! Regarde la marque !

Iker nota la présence de quelques poils roux.

— Cette bête est une créature de Seth, elle porte malheur !

— C'est l'ibis de Thot qui m'a conduit à l'endroit où tu as abandonné cet ânon après l'avoir frappé. Crois-tu que le dieu des scribes soit incapable de discerner le mal ?

— Mais la tache... Les rouquins sont des créatures de Seth !

— Celle-là possédera peut-être sa force, tout en étant purifiée par l'ibis de Thot.

— Tu es qui, toi ?

— Un apprenti scribe de la classe du général Sépi.

Le ton du paysan changea.

— Bon, on pourrait peut-être s'arranger. Cet ânon est ma propriété, mais je te le donne à condition que tu ne portes pas plainte contre moi.

— Tu me demandes beaucoup.

— Écoute, j'ai cru bien faire, et un tribunal m'innocenterait sûrement ! Comment pouvais-je prévoir l'intervention de Thot ?

— Marché conclu, l'ami.

Heureux de s'en tirer à si bon compte, le paysan déguerpit. Presque aussitôt, l'ânon se détendit à nouveau.

Au moment où la douce brise venant du nord se leva, le grison huma l'air avec intérêt. Enfin apparut dans ses yeux une curiosité envers le monde qui l'entourait. Le regard empli d'un amour infini pour son sauveur, il s'éveillait à la vie.

— Ton nom s'impose, estima Iker. Tu t'appelleras Vent du Nord.

35.

Cachés dans le Delta, à deux jours de marche au nord-est de la ville d'Imet, Gueule-de-travers et ses élèves vivaient de chasse et de pêche. Ils faisaient bombance chaque jour, et leur chef en profitait pour durcir encore l'entraînement. Dans un tel milieu, il était facile d'organiser des embuscades et d'imaginer des parades. Deux recrues y avaient perdu la vie, mais il s'agissait d'un minimum plutôt satisfaisant. Il prouvait que le travail portait ses fruits et que les commandos seraient bientôt prêts à agir.

Devenir le chef de la plus belle bande de pillards jamais vue sur la terre d'Égypte : tel était le but de Gueule-de-travers. Il infligerait tant de souffrances à ses ennemis qu'ils finiraient par prononcer son nom avec frayeur.

— Le guetteur nous signale des intrus, chef.

— Pas possible... On va bien s'amuser ! Tout le monde en position.

Bien entendu, cette éventualité avait été prévue. Et la troupe de Gueule-de-travers s'était préparée à éliminer les gêneurs.

— Combien de curieux ?

— Quatre hommes.

— Trop facile ! On va s'en occuper à deux.

C'était un jour faste pour Shab le Tordu, car Gueule-de-travers le reconnut juste avant de lancer son poignard.

Avec son acolyte, il jaillit des roseaux comme un fauve.

— Salut, camarade ! Bon voyage ?

— Tu m'as fait peur, imbécile !

— Mais... où est le grand patron ?

— Une patrouille de policiers du désert l'a arrêté et probablement conduit à Sichem.

— Pourquoi ne l'avez-vous pas exterminée ?

— Ils étaient trop nombreux. Et puis l'Annonciateur nous a donné l'ordre de fuir.

— Pour un type comme lui, déplora Gueule-de-travers, triste fin de carrière.

— Qu'est-ce que tu racontes ? Nous allons nous rendre à Sichem et le délivrer.

— Tu délires, le Tordu ! Crois-tu que les Égyptiens commettront l'erreur de laisser la ville sans surveillance ? Il y aura un véritable régiment à demeure, et nous ne serons pas de taille.

— Tes élèves ne sont-ils pas bien formés ?

— Pour des opérations ponctuelles, pas pour un choc frontal.

— Nous n'attaquerons pas la caserne, mais la prison.

— D'abord, elle sera bien gardée, et rien ne prouve que nous parviendrons à délivrer l'Annonciateur ; ensuite, nous arriverons sûrement trop tard.

— Pour quelle raison ?

— Parce qu'il aura été exécuté. Crois-tu que le pharaon traitera avec tendresse le meneur des révoltés ?

Shab grimaça.

— Ton Annonciateur, il est déjà mort. Nous rendre à Sichem équivaudrait à un suicide, le Tordu.

— Alors, que proposes-tu ?

— Acceptons la fatalité et occupons-nous de notre propre avenir. Avec cette équipe-là, nous ferons mieux que les coureurs des sables.

— Sans doute, sans doute, mais l'Annonciateur...

— Oublie-le ! À présent, il rôtit dans les fourneaux de l'enfer.

— Et si on lui laissait une chance ?

— Quelle chance ? s'étonna Gueule-de-travers.

— Celle de s'évader. Tu sais bien qu'il n'est pas un homme ordinaire. Ses pouvoirs lui permettront peut-être d'échapper à ses ennemis.

— Il a quand même été arrêté !

— Et s'il l'avait voulu ainsi ?

— Dans quelle intention ?

— Celle de nous prouver que personne ne peut l'emprisonner !

— Tu le prends pour un dieu, ton Annonciateur !

— Il possède la puissance des démons du désert et saura l'utiliser.

— Des discours, tout ça... Nous, on est libres, bien vivants et prêts à détrousser des Égyptiens.

— Restons ici jusqu'à la nouvelle lune, proposa Shab le Tordu. Si l'Annonciateur n'est pas arrivé ce jour-là, nous partirons.

— Entendu, concéda Gueule-de-travers. On en profitera pour bien manger en attendant de bien boire. Dans les fermes et les villas, il doit y avoir de jolies réserves de vin et de bière. Les filles, on s'en occupera en dernier.

Dans une cellule au sol de terre battue, une dizaine d'hommes, tous prostrés, à l'exception de l'Annonciateur. Dissimulée dans un pan de sa tunique, la reine des turquoises écartait le mauvais sort. De fait, dès qu'il avait été jeté dans cette geôle malodorante, l'avenir s'était éclairci, car l'un des prisonniers lui ressemblait comme un frère. Presque aussi grand que lui, le visage émacié, la même allure. Seule la barbe devait encore pousser pendant quelques jours. Ce délai, l'Annonciateur était certain de l'obtenir, puisque les militaires égyptiens interrogeaient de manière approfondie les citadins avant de s'occuper des bergers appréhendés aux abords de la ville et rassemblés ici.

— Vous ne me connaissez pas, déclara-t-il, mais moi, je vous connais.

Des regards interrogatifs se levèrent vers lui.

— Vous êtes des travailleurs courageux, exploités par un occupant si cruel que vous avez renoncé à lutter. Moi, je suis venu pour vous aider.

— Te crois-tu capable d'abattre les murs de cette prison ? ironisa le propriétaire d'un troupeau de moutons.

— Je le suis, mais pas comme tu l'imagines.

— Comment procéderas-tu ?

— Avez-vous entendu parler de l'Annonciateur ?

Un seul berger réagit.

— Ce ne serait pas un magicien allié des démons du désert ?

— En effet.

— Pourquoi viendrait-il nous délivrer ?

— Il ne viendra pas.

— Alors, tu racontes n'importe quoi !

— Il ne viendra pas, parce qu'il est ici.

L'Annonciateur posa la main sur l'épaule du grand benêt.

— Voici votre sauveur.

— Lui ? Mais il sait à peine parler !

— Jusqu'à présent, vous ne l'avez pas reconnu, et ce fut votre plus grave erreur. Dans moins d'une semaine, il sera prêt à terrasser l'adversaire et à nous libérer.

Les bergers haussèrent les épaules, et chacun se tassa dans son coin. L'Annonciateur entreprit de former son substitut en lui faisant répéter quelques phrases simples qu'avaient entendues mille fois les habitants de Sichem. Trop heureux d'être ainsi pris en main et d'échapper au climat pesant de la prison, le benêt fit preuve de la meilleure volonté.

Une semaine venait de s'écouler.

La porte de la cellule s'ouvrit avec fracas.

— Sortez tous, on va vous interroger, annonça un policier égyptien.

— Nous n'obéissons qu'à l'Annonciateur, déclara un berger qui avait accepté de jouer le jeu.

Le policier s'étrangla.

— Répète !

— L'Annonciateur est notre guide. C'est lui, et lui seul, qui nous dicte notre conduite.

— Où est-il, ce fameux guide ?

— Ici, parmi nous.

Les prisonniers s'écartèrent pour laisser apparaître le substitut que l'Annonciateur avait coiffé de son turban et revêtu de sa tunique.

Le policier posa la pointe de son gourdin sur la poitrine de l'étrange personnage.

— C'est bien toi, l'Annonciateur ?

— C'est bien moi.

— Et c'est bien toi qui as déclenché l'émeute de Sichem ?

— Dieu m'a élu pour terrasser les oppresseurs du peuple, et je le mènerai à la victoire.

— Ben voyons ! On va te présenter au général Nesmontou, mon gaillard.

— Aucun ennemi ne parviendra à me vaincre, car je suis l'allié des démons du désert.

— Ligotez-moi ça, ordonna le policier à ses collègues.

Le véritable Annonciateur s'approcha.

— Nous, on est des bergers, murmura-t-il, et on ne comprend rien à cette histoire. Nos bêtes nous attendent. Si on ne s'en occupe pas très vite, nous perdrons tout.

Fils de paysan, le policier fut sensible à cet argument.

— Bon, on va vous interroger. Ensuite, on verra.

Suivant le plan prévu, les bergers protestèrent de leur totale innocence. L'un après l'autre, ils furent libérés. La police était trop heureuse d'avoir déniché le gros morceau pour se charger du menu fretin.

Le général Nesmontou considéra avec suspicion l'homme enturbanné.

— Tu es donc le révolté qui a ordonné le massacre de la garnison égyptienne de Sichem ?

— Je suis l'Annonciateur. Dieu m'a élu pour terrasser les oppresseurs du peuple et...

— ... Et tu le mèneras à la victoire, je sais. Ça fait vingt fois que tu le répètes. Qui est derrière toi ? Les Asiatiques, les Libyens ou seulement les Cananéens ?

— Dieu m'a élu pour...

Le général gifla son prisonnier.

— Je regrette parfois que le pharaon interdise la pratique de la torture. À question claire, réponse claire : agis-tu seul ou bien as-tu un commanditaire ?

— Dieu m'a élu...

— Suffit ! Qu'on l'emmène et qu'on continue à le questionner. Quand il aura trop soif, il finira peut-être par parler.

Grâce à l'enseignement de l'Annonciateur, le benêt était persuadé de pouvoir tenir tête aux Égyptiens. Aucun d'eux ne parvint à lui arracher d'autres mots que les formules toutes faites dont l'énoncé le rendait imperturbable.

— Nous avons bien mis la main sur ce fou criminel, estima l'aide de camp du général.

— Une dernière vérification me paraît nécessaire : promenez-le dans les rues de la ville.

Lors de ses premiers pas, la patrouille chargée de la mission crut que le prisonnier n'était qu'un imposteur, car personne ne se manifestait sur son passage.

Soudain, une femme hurla.

— C'est lui, je le reconnais !

Un vieillard surenchérit.

— L'Annonciateur est de retour !

En quelques secondes, ce fut l'attroupement. Les policiers se dégagèrent avec rudesse et reconduisirent leur prisonnier à la caserne.

— Plus aucun doute, mon général, déclara un officier. Ce dément est bien l'Annonciateur. Si nous voulons éviter de nouvelles difficultés, il faut au plus vite montrer son cadavre à la population.

— Fais-lui absorber du poison, ordonna Nesmontou.

Pendant que le général rédigeait un long rapport à l'intention du pharaon, le benêt entrait dans la mort avec une parfaite insouciance. L'Annonciateur ne lui avait-il pas promis qu'il serait admis dans un palais magnifique, peuplé de superbes créatures peu farouches qui satisferaient tous ses désirs pendant que des échansons lui offriraient les meilleurs vins ?

36.

Iker n'avait noué aucune relation avec ses condisciples et il se consacrait exclusivement à son travail. Le soir, il se contentait d'une soupe de lentilles et de fèves bouillies, agrémentées d'oignons, et d'un croûton de pain frotté d'ail, avant d'allumer plusieurs lampes alimentées à l'huile de ricin. Peu coûteuse, utilisée comme onguent par les plus pauvres, elle servait surtout de combustible pour l'éclairage.

L'apprenti scribe ne cessait de recopier les textes classiques afin de les graver dans sa mémoire, de façonner sa main et d'obtenir une écriture aussi rapide que lisible. En dessinant la pensée, il la rendait si vivante qu'il en épousait les multiples contours. Les hiéroglyphes étaient bien plus qu'une succession d'images ; en eux résonnaient les actes créateurs des divinités pour donner à chaque parole sa pleine efficacité.

Pouvait-on prolonger la vie et la rendre chatoyante en écrivant ? Au fur et à mesure que son esprit assimilait les signes, qu'il se transformait en eux et par eux, Iker en était de plus en plus persuadé. Rester un simple scribe confiné dans des tâches administratives ne l'intéressait pas ; il voulait percer le mystère de ce langage à la fois abstrait et concret qui avait créé la civilisation égyptienne.

En travaillant avec autant d'acharnement, le jeune homme évitait de penser à elle. Mais au détour d'une phrase, son visage réapparaissait et l'entraînait dans un espoir insensé. Jamais il ne la reverrait, à moins que ses compétences de scribe ne lui ouvrent les portes d'Abydos. Peut-être y aurait-il d'autres fêtes ou d'autres rites qu'elle honorerait de sa présence !

Non, il ne renoncerait pas. C'était pour elle qu'il partait à la conquête de la grammaire, du lexique, du juste agencement des hiéroglyphes qui, par leur disposition sur le bois, le papyrus ou la pierre, émettaient une harmonie que seuls connaissaient les maîtres de l'écriture.

Iker allait souvent voir son ânon, confortablement installé sur une litière changée chaque matin. Doté d'un solide appétit, Vent du Nord grossissait à vue d'œil et sa blessure ne serait bientôt qu'un mauvais souvenir.

Lors de leur première promenade dans la campagne, ce fut le grison qui prit la tête et retrouva son chemin sans commettre la moindre erreur. Dans ses yeux, une joie intense.

— C'est bon d'avoir un véritable ami, lui confia Iker. À toi, je peux tout dire.

L'apprenti scribe raconta son histoire à Vent du Nord sans rien omettre. Les grandes oreilles se dressèrent, attentives.

— Que cette bande de scribaillons prétentieux ne m'aime pas, ça m'est égal. Ils me donnent plutôt de la force ! À voir ces cerveaux tellement imbus d'eux-mêmes qu'ils ne respectent ni autrui ni les signes sacrés, je n'ai d'autre désir que de tracer mon propre chemin sans tenir compte de leur opinion. Ce qui caractérise les imbéciles, c'est leur stérilité qui les rend envieux et jaloux. Ceux qui ne leur ressemblent pas, ils tentent de les détruire. Toi et moi, nous sommes vraiment frères. Unis, nous ferons front.

L'âne lécha la main de son sauveur, qui le gratifia de longues caresses avant de regagner sa chambre. Comme chaque soir, il posait sur son ventre l'ivoire magique que lui avait offert la dame Téchat afin d'écarter les mauvais génies. Le matin, dès son réveil, il le glissait sur ses deux petites amulettes, représentant un faucon et un babouin, pour les recharger d'énergie.

— Demain, annonça le général Sépi aux dix élèves appelés à devenir des scribes d'élite, journée de repos.

Comme d'ordinaire, Iker fut le dernier à sortir de la classe.

— Général, je sollicite une faveur.

— Je t'autorise à ne pas balayer la classe pendant ce congé.

— Permettez-moi de consulter les archives de la province.

— Ne préfères-tu pas t'amuser ou te reposer ?

— Tôt ou tard, je serai confronté à ce type de document. Je désire commencer au plus vite.

— Quel genre d'archives ?

— Oh, un peu tout ! Je ne souhaite pas m'enfermer dans une spécialité.

— Je te rédige un sauf-conduit.

Le jeune homme dissimula son excitation.

Muni du précieux sésame, il se présenta au responsable.

— Quels documents désires-tu consulter ?

— Tout ce qui se rapporte aux bateaux, aux équipages et aux expéditions commerciales.

— Depuis quelle date ?

— Disons... depuis trois ans.

Le préposé le conduisit dans une vaste salle en briques. Sur des étagères étaient soigneusement rangés papyrus et tablettes.

— Je ne tolère aucun désordre. À la moindre négligence, je demanderai à ton professeur d'annuler ton autorisation.

— Je respecterai le règlement à la lettre, promit Iker.

Lui, si impatient, se montra méthodique. Le nombre d'heures de recherche nécessaires ne l'effraya pas, bien au contraire. Dans une telle masse de documents, il découvrirait certainement un indice.

La province du Lièvre possédait de nombreux bateaux, mais aucun ne s'appelait *Le Rapide*. Cette déception passée, Iker espéra que les deux marins dont il connaissait le nom avaient appartenu à d'autres équipages recensés par l'administration. Mais aucune trace de Couteau-tranchant ni d'Œil-de-Tortue.

Quant aux diverses expéditions commerciales, aucune n'avait eu le pays de Pount comme destination.

Seules la bonne santé de Vent du Nord qui grandissait à vue d'œil et la richesse des cours dispensés par le général Sépi lui évitaient de céder au pessimisme.

Alors qu'il sortait de la salle de classe qu'il venait de nettoyer dans ses moindres recoins, Iker se heurta à trois jeunes filles aussi élégantes que moqueuses. Robes légères, bracelets aux poignets et aux chevilles, colliers de perles, diadèmes ornés de bleuets... De véritables princesses fières d'étaler leurs richesses !

— C'est bien toi, le scribe Iker ? demanda la plus grande, à la voix enjôleuse.

— Je ne suis qu'un apprenti.

— Il paraît que tu travailles trop, susurra la plus jeune, au regard espiègle.

— De mon point de vue, on ne travaille jamais assez. Il y a tant de textes majeurs à étudier !

— Ce n'est pas un peu ennuyeux, à la longue ?

— Au contraire ! Plus on pratique les hiéroglyphes, plus on découvre de merveilles.

— Et nous, comment nous trouves-tu ?

Iker rougit jusqu'aux oreilles.

— Mais je... Comment juger de... ? Pardonnez-moi, je dois m'occuper de mon âne.

— Ne sommes-nous pas plus séduisantes que cette bête ? demanda celle qui n'avait pas encore pris la parole.

— Toutes mes excuses, je suis vraiment pressé.

En prenant la fuite, Iker réussit à échapper à ces trois grâces qui se ressemblaient de manière surprenante. Leur écart d'âge devait être minime, et il était malaisé de les différencier au premier coup d'œil. Mais leur beauté était trop artificielle, leur allure trop apprêtée; et l'apprenti ne formait qu'un vœu : qu'elles cessent de l'importuner.

Ce souhait ne fut pas exaucé.

Le soir même, la cadette frappa à la porte de sa chambre.

— Je ne te dérange pas, Iker?

— Non... Enfin, si... Vous ne pouvez pas entrer ici, parce que...

— Parce qu'il y a déjà une autre jeune fille?

— Non, bien sûr que non!

— Alors, laisse-moi t'offrir ce que j'ai préparé.

Elle était maquillée avec excès : trop de kohol vert autour des yeux, trop d'ocre rouge sur les lèvres, trop de parfum.

Elle déposa deux plats sur le sol.

— Le premier contient des pâtisseries aux fruits du jujubier, expliqua-t-elle. Ma servante les a broyés pour en obtenir une farine très fine, et j'ai moi-même ajouté le miel avant de faire cuire le gâteau au four. Le second, un fromage aux herbes préparé avec le lait de notre plus belle vache. Tu ne dois jamais manger des nourritures aussi délicates, je suppose? Si tu es gentil avec moi, tu ne manqueras plus de rien.

— Je ne peux pas accepter.

— Pour quelle raison?

— Vous êtes sûrement quelqu'un de très important, je ne suis qu'un apprenti scribe.

— Pourquoi ne deviendrais-tu pas, toi aussi, quelqu'un d'important? Mon aide sera très efficace, crois-moi!

— Je préfère me débrouiller seul.

— Allons, ne joue pas les fortes têtes! Ose dire que je ne te plais pas...

Iker la regarda droit dans les yeux.

— Vous ne me plaisez pas.

— Tu aimes prendre des risques, Iker. Ignores-tu vraiment qui je suis ?

— Qui que vous soyez, je refuse vos largesses.

— Ton cœur serait-il déjà pris ?

— Ça ne regarde que moi.

— Oublie-la ! Comment oserait-elle se comparer à la fille de Djéhouty, le maître de la province du Lièvre ! Mes sœurs et moi, nous choisissons les hommes avec lesquels nous prenons du plaisir. Tu es l'un de ces heureux élus.

Elle commença à faire lentement glisser sur son épaule l'une des bretelles de sa robe.

— Sortez immédiatement ! exigea Iker.

— Ne m'humilie pas, tu le paierais cher !

— Cessez ce jeu malsain et laissez-moi en paix.

— C'est ton dernier mot ?

— Vous m'avez parfaitement compris.

Elle réajusta sa bretelle en jetant un regard haineux à l'apprenti scribe, qui ramassa les deux plats.

— N'oubliez pas ce qui vous appartient.

— Tu vis tes dernières heures dans cette province, petit insolent !

Après avoir nourri son âne, Iker s'était rendu au réfectoire. Ce ne fut qu'à la dernière cuillerée de soupe qu'il lui trouva un goût bizarre. Il but beaucoup d'eau afin de se débarrasser de cette impression désagréable et n'obtint que le résultat inverse. L'eau elle-même lui parut imbuvable.

L'apprenti scribe voulut s'entretenir avec le cuisinier, mais il avait disparu.

Et soudain, sa tête se mit à tourner. Pris de vertige, Iker s'écroula et ne parvint pas à se relever.

Sa vue se brouilla, néanmoins il distingua les silhouettes des trois filles de Djéhouty.

La cadette se pencha sur sa victime.

— Rassure-toi, tu ne mourras pas empoisonné. Nous t'avons administré un simple somnifère pour que tu sois à notre merci. Maintenant, on va te faire boire de l'alcool de dattes, beaucoup d'alcool. Tes vêtements et ta peau en seront imprégnés. C'est un scribaillon complètement ivre que découvrira ici le personnel du réfectoire. Amusant, non ?

Iker tenta de protester, mais ses paroles incohérentes s'entrechoquèrent.

— Dors bien, petit insolent qui a osé nous repousser ! Quand tu te réveilleras, nous serons vengées. Et toi, tu auras tout perdu.

— Tu es semblable à un gouvernail tordu, dit le général Sépi à Iker, à une chapelle sans son dieu, à une maison vide ! On apprend la danse à un singe, on dresse un chien, on parvient même à attraper un oiseau par les ailes, mais toi... comment t'éduquer ? Ton cœur est agité, tes oreilles sont sourdes ! Toi, un élève de ma classe, tu t'es saoulé et tu as souillé l'habit de scribe.

— J'ai été victime d'un complot, déclara l'accusé, dont l'esprit était encore embrumé.

La colère du général sembla s'apaiser.

— Et qui seraient les comploteurs ?

— Des gens qui ont profité de ma crédulité.

— Nomme-les !

— Je suis le seul responsable, j'aurais dû me méfier davantage. On a drogué ma nourriture et on m'a fait boire de force.

— Qui est ce « on » ?

— Si je vous le disais, vous ne me croiriez pas. Et si vous me croyiez, vous ne pourriez rien faire pour châtier les coupables. Leur unique but était de me déconsidérer à vos yeux. Que mérite un apprenti scribe reconnu ivrogne, sinon d'être chassé de votre école et même de la province qui l'avait accueilli ?

— Les faits sont les faits, Iker. Et tes explications sont trop embrouillées pour être crédibles. Si tu veux prouver ton innocence, il faut désigner tes adversaires et organiser une confrontation.

— Elle ne mènerait à rien, général.

— Alors, seul un signe de l'autre monde pourrait modifier ma décision.

Sépi appela deux soldats qui accompagneraient Iker à la frontière sud de la province du Lièvre. Le professeur regrettait de se séparer ainsi de son meilleur élève, mais la faute était trop grave.

— Là, mon général, regardez ! s'exclama un militaire en reculant.

Un caméléon au ventre blanc venait de pénétrer dans la pièce. Il leva ses yeux étranges vers Sépi, qui prononça aussitôt une formule d'apaisement. Après une brève hésitation, l'animal se retira.

— Le caméléon est l'une des manifestations d'Anubis, précisa-t-il à Iker. Tu sembles bénéficier de remarquables protections.

— Vous... vous ne m'expulsez pas ?

— Qui serait assez fou pour négliger l'intervention d'Anubis ?

— Croyez-vous, général, que j'appartiendrai un jour au Cercle d'or d'Abydos ?

Sépi se figea. Iker eut le sentiment de contempler une statue aux yeux inquisiteurs.

— Qui t'a parlé de ce Cercle ?

— C'est davantage qu'une simple expression poétique, n'est-ce pas ?

— Réponds à ma question.

— Un jardinier. Nos routes se sont croisées, puis séparées.

— Les poètes savent nous faire rêver, mon garçon. Mais toi, tu travailles pour devenir scribe et t'occuper du réel.

37.

Face à Djéhouty, tassé dans son fauteuil à haut dossier, ses trois filles piaffaient d'impatience.

— Peut-on enfin te parler ? demanda l'aînée.

— Un instant, je termine l'étude d'un dossier.

Le chef de province prit tout son temps pour replier un long papyrus.

— Que vous arrive-t-il, mes douces ?

— Père, nous sommes indignées et nous faisons appel à notre juge suprême !

— Tu veux parler de la déesse Maât ?

— Non, de toi ! Des actes abominables viennent d'être commis sur ton territoire et le coupable est resté impuni.

Djéhouty parut impressionné.

— C'est très grave, en effet. En savez-vous davantage ?

La cadette intervint avec véhémence.

— Le scribe apprenti Iker a volé de l'alcool de dattes et il s'est enivré. C'est une attitude indigne et inqualifiable ! Et ce matin, nous avons vu ce gredin pénétrer de nouveau dans l'école du général Sépi, comme si rien ne s'était passé ! Tu dois intervenir tout de suite, père, et chasser cet Iker de notre province.

Djéhouty regarda ses filles avec une gravité teintée d'ironie.

— Rassurez-vous, mes douces, j'ai tiré cette affaire au clair.

— Que... que veux-tu dire ?

— Ce malheureux jeune homme a été victime d'une malveillance, mais la protection du dieu Anubis, apparu sous la forme d'un caméléon, nous a permis de comprendre qu'il disait bien la vérité.

— A-t-il accusé quelqu'un ? interrogea l'aînée, anxieuse.

— Non, et c'est une preuve supplémentaire de sa générosité. Toi et tes sœurs, n'auriez-vous pas des soupçons ?

— Nous ? Mais comment... Non, bien sûr que non !

— Je m'en doutais. Sachez que je considère Iker comme un futur scribe de grande valeur et que je n'admettrai plus aucune attaque contre lui. Quel qu'en soit l'auteur, il sera sévèrement châtié. Nous nous comprenons bien, mes douces ?

Les trois filles de Djéhouty hochèrent la tête affirmativement et sortirent de la salle d'audience dans laquelle entra un petit homme très maigre, porteur d'une sacoche en cuir qui paraissait trop lourde pour sa faible constitution.

— Ah, docteur Goua ! Je vous espérais depuis un bon moment.

— Vous êtes le chef de cette province, rétorqua le praticien de son habituel ton pincé, mais je n'ai pas que vous à soigner. Entre les crises de rhumatismes, les otites et les ulcères, je ne sais plus où donner de la tête. À croire que tous les malades se sont donné le mot, ce matin ! Il faudrait que mes jeunes confrères soient un peu plus compétents et mettent davantage de cœur à l'ouvrage. Bon... De quoi souffrez-vous, aujourd'hui ?

— Une digestion difficile et...

— J'en ai assez entendu. Vous mangez trop, vous buvez trop, vous travaillez trop et vous ne dormez pas assez. Et puis vous avez votre âge, que vous refusez d'accepter. Face à cette obstination, la médecine est impuissante. Inutile d'espérer un changement de vos habitudes. Vous êtes le pire de mes patients, mais je suis quand même obligé de vous guérir.

Chaque consultation débutait par le même discours. Djéhouty se gardait bien d'interrompre le docteur Goua dont le traitement s'était toujours montré à la hauteur du diagnostic.

De sa sacoche, il sortit un pot qui avait la forme d'un personnage, un genou en terre, portant un vase sur son épaule et le soutenant de sa main gauche. Tracée de la main du thérapeute, l'inscription disait : « Je suis las de tout supporter. »

— Voici un mélange laxatif composé de levure de bière, d'huile de ricin et de quelques autres ingrédients que vous n'avez pas besoin de connaître. Votre estomac vous laissera en paix, vous oublierez votre tube digestif et vous croirez que vous êtes en bonne santé. Erreur fatale, mais qu'y puis-je ? Nous nous reverrons après-demain.

Fourmi infatigable, Goua partit s'occuper d'un autre patient.

Et ce fut au tour du général Sépi de paraître devant le chef de province.

— Votre santé, seigneur ?

— Il y a pire, mais je crois que le temps de la régénération est venu.

— Mes ritualistes sont prêts, déclara Sépi. L'eau d'Abydos est à votre disposition.

— Il te faudra un scribe assistant : pourquoi pas Iker ?

Le général était dubitatif.

— N'est-ce pas un peu trop tôt ?

— Est-il jamais trop tôt pour former un être dont les dieux ont tracé le chemin ?

— J'aurais aimé avoir plus de temps pour le préparer, le...

— S'il est bien celui que nous imaginons, trancha Djéhouty, vivre ce rite l'éveillera davantage à lui-même. Si nous nous sommes trompés, ça ne fera qu'un vantard de plus qui se cassera les dents sur ses propres illusions.

Sépi aurait souhaité mieux protéger son meilleur élève, mais il ne pouvait que s'incliner.

Iker n'avait toujours pas le moindre contact avec ses camarades qui le jalousaient à cause de ses excellents résultats. Nul ne doutait que l'étranger était l'élève le plus brillant de la classe, loin devant son second. Non seulement il percevait le sens de textes ardus avec une facilité insolente, mais encore il réussissait n'importe quel exercice comme s'il ne comportait aucune difficulté. Et le général Sépi venait de lui confier la rédaction d'un décret concernant les modalités de l'arpentage après le retrait des eaux de la crue.

Autrement dit, Iker était nommé scribe de la province du Lièvre et il ne tarderait plus à quitter l'école pour occuper son premier poste.

Après sa mésaventure, le jeune homme ne manquait pas d'interroger le cuisinier avant chaque repas. Ce dernier, sachant qu'il serait considéré comme le responsable d'un nouvel incident, goûtait tous les plats.

— Ce soir, l'avertit Sépi, tu dîneras plus tard. Ton matériel est-il prêt ?

— Il ne me quitte jamais.

— Alors, suis-moi.

Iker sentit qu'il ne fallait poser aucune question. Le général était recueilli comme un soldat prêt à livrer un combat à l'issue incertaine.

Sur la rive orientale du Nil, au sommet d'une colline, avaient été creusées les tombes des seigneurs de la province du Lièvre. D'un côté elles dominaient le fleuve, de l'autre le désert dans lequel s'enfonçait une piste serpentant entre deux falaises.

Illuminée par de nombreuses torches, gardée par deux soldats, la demeure d'éternité préparée pour Djéhouty était impressionnante, avec son profond portique que supportaient deux colonnes aux chapiteaux à feuilles de palmier, sa grande chambre rectangulaire et sa petite chapelle terminale.

Iker s'immobilisa sur le seuil.

— Je t'ai ordonné de me suivre, rappela Sépi.

La gorge serrée et le pied hésitant, le jeune homme pénétra dans la tombe.

Djéhouty se tenait debout devant la chapelle du fond. Vêtu d'un simple pagne à l'ancienne, il paraissait plus grand et plus large que d'ordinaire.

Soudain, ce fut la pénombre.

Deux ritualistes, portant des vases, se disposèrent de part et d'autre du chef de province. La dernière lampe allumée était celle que tenait le général Sépi.

— Énonce ces formules, demanda-t-il à Iker. Par ta voix, elles deviendront réalité.

Le jeune scribe lut le papyrus à la superbe teinte dorée.

— Que l'eau de la vie purifie le Maître, qu'elle rassemble ses énergies et qu'elle rafraîchisse son cœur.

Les deux ritualistes élevèrent les vases au-dessus de la tête de Djéhouty.

Iker s'attendait à en voir sortir de l'eau, mais il fut ébloui par des rayons de lumière qui enveloppèrent le corps du vieil homme.

Contraint de fermer les yeux, Iker se crut d'abord victime d'une illusion. Toutefois, il se força à les rouvrir, au risque d'être aveuglé.

Une douce clarté revêtait à présent Djéhouty, qui semblait avoir rajeuni de plusieurs années.

— Toi qui voulais connaître le Cercle d'or d'Abydos, dit le général Sépi, regarde-le agir.

38.

Iker n'avait pas fermé l'œil de la nuit.

Tous les détails de l'étrange cérémonie s'étaient gravés dans sa mémoire, et il cherchait en vain à comprendre la signification des extraordinaires paroles prononcées par le général Sépi.

Certes, il devait retrouver la trace de ceux qui avaient tenté de le supprimer et découvrir la raison de leurs actes ; mais il lui fallait aussi percer le mystère du Cercle d'or d'Abydos et revoir la sublime prêtresse dont il était chaque jour plus amoureux.

Trop de tâches, trop de lourdes tâches et de missions impossibles pour un jeune homme solitaire et sans fortune... Mais pas pour Iker ! Bien sûr, le doute, voire le désespoir, tenterait mille et une fois de le submerger. À lui de contenir leurs assauts et de tracer son chemin, là où il n'en existait pas.

Les épreuves et les difficultés renforçaient sa détermination. S'il se montrait incapable de les surmonter, ce serait la preuve de son indignité. Alors, sa vie serait inutile.

— Le scribe Iker est demandé au palais du chef de province, annonça la voix d'un héraut.

L'interpellé se vêtit en hâte, prit son matériel et le mit dans l'une des sacoches que pouvait à présent porter Vent du Nord sans se fatiguer.

Djéhouty était déjà installé dans la plus confortable de ses chaises à porteurs.

— Allons-y, ordonna-t-il.

Iker s'attendait à être inclus dans une cohorte de scribes qui suivraient leur maître pour enregistrer ses déclarations.

Mais il était seul et, pendant quelques instants, il fut pris de panique. Comment lui, un débutant, parviendrait-il à remplacer plusieurs spécialistes ? Puisqu'on ne lui laissait pas le choix, il ne reculerait pas.

Djéhouty longea le canal qui traversait sa province, contempla la zone verdoyante et marécageuse réservée au gibier, puis parcourut une partie du terroir agricole, où il rencontra des paysans, des jardiniers, des vignerons et des bergers. Il visita ensuite les ateliers des potiers, des charpentiers et des tisserands, puis conversa avec des boulangers et des brasseurs auxquels il recommanda de veiller à la qualité de leur production, en baisse ces dernières semaines.

L'énergie de Djéhouty était surprenante. Connaissant chacun de ses administrés, il utilisait toujours le mot juste et ne formulait que des critiques constructives. À aucun moment, le chef de province ne donna le moindre signe de fatigue.

Son scribe se montra à la hauteur, bien que son poignet fût douloureux à force de noter les entretiens.

Enfin, Djéhouty retourna à son palais où il se désaltéra avec de la bière légère, également offerte à Iker dont il consultait déjà le travail.

— Tu ne te débrouilles pas trop mal, estima-t-il. Tu rédigeras un résumé qui me servira à vérifier si les orientations proposées sont suivies d'effet. La discussion est importante, mais seuls les actes comptent.

— Un rituel est-il un acte ?

— C'est même l'acte suprême, puisqu'il met au présent ce que les dieux accomplirent lors de la première fois.

— Ce qui vous est arrivé hier soir, seigneur...

— C'était une sorte de régénération, indispensable pour un homme de mon âge chargé de lourdes responsabilités. As-tu pris conscience de la richesse de cette province et de la nécessité de travailler avec acharnement pour la préserver ? Personne, ici, ne rechigne à la tâche. Et si quelqu'un triche, je ne mets pas longtemps à l'identifier. Ce bel équilibre, un homme veut le détruire : le pharaon Sésostris. Il est notre ennemi, Iker.

Le jeune scribe fut troublé. Le chef de province ne parlait pas au hasard... Lui révélait-il ainsi le nom de celui qui avait voulu sa mort ?

Djéhouty pouvait se montrer satisfait de la prospérité de son agriculture, mais le manque d'informations en provenance de la cour de Memphis le plongeait dans l'angoisse. Cet isolement ne démontrait-il pas que le roi le soupçonnait de complicité avec les révoltés de Sichem ? En ce cas, il lui faudrait prendre son bâton de pèlerin et fédérer les autres chefs de province afin de repousser l'inéluctable attaque du pharaon.

Tel n'était pas l'avis du général Sépi. Lui ne croyait pas à cette alliance de circonstance qui, de son point de vue, déboucherait sur un échec cuisant, préjudiciable à l'ensemble des confédérés. Mieux valait négocier directement avec Sésostris et tenter de lui faire admettre le point de vue de Djéhouty.

Ce dernier hésitait.

Et ces atermoiements, si peu conformes à son caractère, le rendaient irritable.

Un ibis noir se posa non loin d'Iker et le regarda fixement. Puis il fit quelques pas avant de se figer et d'imprimer la marque de ses pattes dans le sol. De son bec, il grava le sommet d'un triangle ainsi formé avant de prendre son envol.

— Qu'en penses-tu ? demanda Djéhouty.

— J'ai appris que l'on pouvait consommer en toute confiance l'eau que boivent les ibis, lesquels nous transmettent la lumière de l'origine en traçant des signes. Voici l'un d'eux, seigneur : le triangle, première expression de la pensée créatrice. Autrement dit, créez à votre tour quelque chose de grand, et vos soucis seront effacés.

— Ton professeur t'a bien formé. Telle pourrait être la solution, en effet.

Dans l'esprit de Djéhouty, un incroyable projet venait de naître. S'il parvenait à le réaliser, même Sésostris serait ébloui.

— Le général Sépi m'a parlé du Cercle d'or d'Abydos, avança Iker. J'aimerais...

— Le général Sépi est parti en mission pour une durée indéterminée. Et toi, tu vas avoir beaucoup de travail. Dès ce soir, tu résideras au palais où un bureau t'est réservé. Tu rassembleras l'ensemble des rapports concernant les forces et les faiblesses de ma province, et tu en dégageras les éléments essentiels. Je veux savoir de quoi nous sommes capables en cas de conflit.

Assis sur un siège en roseaux, Gueule-de-travers achevait de dévorer une cuisse de gazelle tandis que Shab le Tordu se morfondait en contemplant les ombelles de papyrus dansant dans le vent.

— On a assez patienté, le Tordu. Il est temps de se mettre en route.

Shab était à bout d'arguments. Cette fois, lui-même savait que l'Annonciateur ne viendrait plus. Privé d'un tel chef, il redeviendrait un médiocre voleur sans avenir.

— On forme une bonne équipe, estima Gueule-de-travers, personne ne nous résistera. À nous les riches villas du Delta ! Oublie le passé, l'ami, et en route vers la fortune.

Un cri de souffrance emplit l'air humide du marais.

— Le guetteur... le guetteur a été attaqué !

Les guerriers formés par Gueule-de-travers s'emparèrent de leurs armes et se déployèrent pour fondre sur l'agresseur en l'encerclant.

L'apparition de l'Annonciateur les figea sur place.

— Lequel de mes fidèles oserait s'en prendre à moi ?

— Vous... vous leur avez échappé ! s'exclama Shab, ravi.

— Ça alors, constata Gueule-de-travers. Ça alors... Vous avez renversé les murs de la prison ?

— Mieux encore : nos adversaires croient avoir exécuté l'Annonciateur. Pour les Égyptiens, je n'existe plus. Nous disposons donc d'un avantage considérable : pouvoir agir dans l'ombre sans que personne puisse soupçonner d'où proviennent les coups.

Shab le Tordu buvait les paroles de son guide.

— Ne faut-il pas continuer à répandre la révolte en Canaan, seigneur ?

— Le pharaon Sésostris a réagi avec la plus extrême vigueur et quadrillé l'ensemble de la région avec son armée. La nouvelle garnison de Sichem est composée de vrais soldats qui réprimeront férocement toute tentative de sédition. Mais là n'est pas le plus grave. En traversant bourgades et villages, je me suis rendu compte de la lâcheté des habitants. Ce sont des moutons incapables de se révolter contre l'occupant et de donner leur vie pour imposer le règne du vrai Dieu. S'appuyer sur eux serait illusoire.

— Moi, ça ne me surprend pas, déclara Gueule-de-travers. Ces plaisantins-là, je n'y ai jamais cru ! Nous, on n'est pas des froussards.

— Vous avez forcément un nouveau plan, avança Shab, inquiet.

— L'aventure de Sichem a été très utile, confirma l'Annonciateur.

— Alors, intervint Gueule-de-travers, on commence par une ferme ou par une villa ?

— Choisis la meilleure solution.

— Une ferme isolée, avec peu de personnel. Il faut bien se faire la main. En ce qui concerne le butin...

— Tu garderas tout. Shab, cinq hommes et moi-même allons nous installer à Memphis.

— Memphis... Mais la ville est remplie de policiers !

— Nous n'y commettrons aucun forfait. Au contraire, nous nous intégrerons à la population en tant qu'honnêtes commerçants pour y recueillir un maximum d'informations. Je dois connaître beaucoup mieux ce pharaon et son entourage afin de pouvoir triompher. Aussi nous fixerons-nous comme objectif d'obtenir un allié à l'intérieur même du palais.

— Impossible ! jugea Gueule-de-travers.

— Il n'existe pas d'autre solution, mon ami. Toi, grâce à tes raids, tu t'enrichiras et tu me fourniras l'aide nécessaire lorsque je l'exigerai. Et jamais tu ne songeras à me trahir, n'est-ce pas ?

Le regard de l'Annonciateur était plus terrifiant que celui d'un démon du désert.

Gueule-de-travers sut que l'homme au turban déchiffrait ses intentions et qu'il n'avait aucune chance de l'abuser.

L'Annonciateur lui posa la main sur l'épaule, et il eut l'impression que des serres d'oiseau de proie s'enfonçaient dans sa chair.

— Tu n'avais qu'un tout petit destin de chapardeur, et je t'offre une stature d'assassin qui terrorisera un pays entier. Cesse de te comporter comme un misérable brigand et comprends que l'exercice du pouvoir suprême repose sur deux socles : la violence et la corruption. Tu seras le premier, Shab le second. La fortune te récompensera, mon fidèle ami, et tu t'offriras ce que tu désires. Mais il te faudra être patient, ne frapper qu'avec un masque et progresser à pas comptés.

Pour la première fois, Gueule-de-travers fut vraiment convaincu par le discours de l'Annonciateur. Cet homme-là était un véritable chef de guerre qui savait concevoir et imposer une stratégie. Lui obéir était une force, non une faiblesse.

— Ça me va, décida Gueule-de-travers.

39.

Sous l'œil critique du Grand Trésorier Senânkh, des spécialistes distribuaient des consignes aux personnels chargés de nettoyer les canaux et de consolider les digues en vue de la prochaine crue. Étant donné l'ampleur de la tâche, des paysans avaient été affectés à la corvée qui consistait à remonter au sommet des remblais les coulées de terre, à curer le fond des voies d'eau et des bassins, et à colmater les fissures. La forte chaleur de juin rendait le travail pénible, mais chacun connaissait son importance. Tout devait être mis en œuvre afin de recueillir un maximum d'eau qui servirait, jusqu'à la prochaine crue, à l'irrigation des champs et des jardins. D'autres équipes faisaient des réserves de bois sec pour l'hiver, d'autres encore remplissaient des jarres de fruits séchés, ressource alimentaire indispensable pendant les premiers jours de l'inondation au cours desquels le Nil ne serait pas navigable. Contraints de vivre en autarcie, certains villages devaient se préoccuper de nourrir leurs habitants.

En apparence, tout se passait bien. Mais Senânkh attendait une information capitale en provenance du Sud.

Ce fut un facteur de l'armée qui la lui procura. Aussitôt, le visage du bon vivant se décomposa. Alors qu'il s'apprêtait à déguster un solide déjeuner, il n'eut plus le moindre appétit.

D'un pas plus alerte que d'ordinaire, il se rendit au ministère des Travaux de Pharaon où son collègue Séhotep interrompit ses consultations pour le recevoir sans délai.

Senânkh lui annonça la mauvaise nouvelle.

— Devons-nous prévenir Sa Majesté ou vaut-il mieux lui cacher la vérité ?

— Tu as raison de te poser cette question, estima Séhotep. Si nous informons le roi, il ne restera pas inactif et prendra probablement des risques inconsidérés. Mais nous sommes membres de son conseil, et nous taire serait une faute grave.

— Tel est également mon avis.

Les deux ministres demandèrent donc audience.

Senânkh prit la parole.

— Plusieurs observations le confirment, Majesté : les cyclamens développent au plus loin leurs racines afin de capter l'eau. Ce phénomène ne laisse subsister aucun doute : la crue sera trop faible. Autrement dit, après trois années moyennes qui ne nous ont pas permis de reconstituer nos réserves de céréales, nous risquons la famine.

— Ce désastre ne survient pas par hasard, jugea Sésostris. L'acacia d'Osiris à Abydos dépérit, le maître de la crue nous signifie ainsi son mécontentement. Je dois me rendre à Éléphantine pour le vénérer et rétablir l'harmonie.

Telle était précisément la décision que redoutaient les deux ministres.

— Majesté, rappela Senânkh, la région n'est pas sûre. Le chef de cette province est un opposant déterminé qui dispose d'une milice dont la férocité est renommée. De plus, pour atteindre Éléphantine, il vous faudra traverser plusieurs contrées hostiles. Sans nul doute, votre bateau sera attaqué.

— Crois-tu que je mésestime ces dangers ? Il en est un autre, beaucoup plus grave : la famine. Quels que soient les risques, je dois tenter de l'éviter.

— En ce cas, Majesté, proposa Séhotep, il faut mobiliser l'ensemble de nos troupes.

— Ne dégarnissons surtout pas le pays de Canaan. Seule une forte présence militaire maintiendra la paix que nous avons rétablie. Je me contenterai d'une flottille formée de bâtiments légers. Qu'elle soit prête à partir le plus vite possible.

Le général Nesmontou avait sélectionné lui-même les vingt bateaux et leurs équipages, mais cette expédition lui déplaisait au plus haut point, et il ne se priva pas de le dire au souverain, qui l'écouta avec attention.

— Admettons, Majesté, que votre nouvel allié Ouakha ne soit pas un hypocrite et qu'il reste neutre. Ce n'est pas une raison pour oublier les cinq autres ! D'abord, le groupe des trois : Khnoum-Hotep, Djéhouty et Oukh. Ils ont beau avoir *hotep*, « la paix », dans leur nom, ils ne songent qu'à faire grossir leurs milices. Par bonheur, ils sont tellement attachés à leurs privilèges familiaux qu'ils se révèlent incapables de s'unir. À supposer que vous passiez cet obstacle, vous vous heurteriez à Oup-ouaout, le chef de la province d'Assiout. Un vrai guerrier qui n'hésitera pas à se lancer dans une offensive meurtrière ! Si, par miracle, nous parvenions en vue d'Éléphantine, il resterait le pire, Sarenpout, avec ses bandes armées fortes de Nubiens plus féroces que des fauves. J'espère avoir été clair, Majesté.

— On ne saurait l'être davantage, général. Mes bateaux sont-ils prêts ?

— Mais, Majesté...

— Dans toute existence survient l'instant où un être humain, quel que soit son rang, doit prouver sa véritable valeur. Pour moi, ce moment est arrivé, et chacun le sent. Ou bien je sauve l'Égypte de la famine, ou bien je ne suis pas digne de la gouverner.

— Vous savez pourtant que nous n'avons aucune chance et que cette expédition se terminera par un désastre.

— Si le vent du nord nous est favorable et nos marins habiles, nous bénéficierons d'un avantage non négligeable : la rapidité.

— J'ai choisi les meilleurs. Et la peur de mourir les rendra encore plus efficaces.

Les ordres étant les ordres, le vieux général ne se posait plus aucune question. Et sous son commandement, personne ne reculait.

Médès souffrait de diarrhées qui n'étaient dues ni à la chaleur ni à l'alimentation, mais à sa crainte de voir surgir des bateaux animés de mauvaises intentions. À l'idée d'être transpercé par une flèche ou trucidé par une épée, ses intestins lâchaient. Et ce n'était pas la présence de Sobek le Protecteur qui le rassurait. Malgré ses compétences, que pourrait-il faire face à une attaque massive des chefs de province ?

Médès avait imaginé autrement sa première participation officielle à un voyage royal; il lui fallait néanmoins montrer bonne figure sans émettre la moindre critique à propos de cette folle aventure où périrait la totalité du gouvernement de l'Égypte.

— Ça ne va pas ? lui demanda Séhotep, le Porteur du sceau royal, avec un sourire malicieux.

— Si, si, mais ce temps lourd me retourne l'estomac.

— À mon sens, un orage ne devrait pas tarder à éclater.

— Alors, il nous faudra accoster. Nos bateaux ne sont pas assez robustes pour supporter la colère du Nil.

— C'est certain. Buvez un peu de bière tiède et mangez du pain rassis, ça calmera vos spasmes.

Au moment où la flottille abordait la première zone dangereuse, le ciel se déchaîna. Des éclairs le déchirèrent, le tonnerre gronda avec une violence inhabituelle.

À bord du vaisseau royal, on prépara la manœuvre d'accostage.

— Continuons, ordonna Sésostris.

— Majesté, objecta le général Nesmontou, ce serait trop risqué !

— C'est notre meilleure chance de passer l'obstacle. Les marins que tu as choisis ne sont-ils pas les meilleurs ?

Éberlué, Médès s'aperçut que le navire de tête demeurait au milieu du fleuve et affrontait la tempête, imité par ses suivants.

Au bord de l'évanouissement, il se réfugia dans sa cabine pour ne pas assister au naufrage.

Des vagues furieuses firent gémir les coques, les mâts ployèrent jusqu'à leur point de rupture, des bastingages furent arrachés. Deux marins tombèrent à l'eau, personne ne put les secourir.

Sésostris en personne maniait le gouvernail. Très droit, doté d'un exceptionnel pouvoir de concentration, il affronta sans faiblir la colère de Seth.

Lorsque la lumière perça les épais nuages noirs, le Nil commença à s'apaiser, et le roi confia de nouveau la barre au capitaine.

— En voulant nous détruire, observa Sésostris, Seth nous a aidés. Qu'une offrande lui soit accordée.

Le monarque alluma un brasero sur lequel il fit brûler une figurine de terre cuite représentant un oryx mâle percé d'un couteau. Au cœur du désert, l'étonnant quadrupède était capable de résister aux plus fortes chaleurs. Ne communiquerait-il pas au roi un peu de cette vertu ?

— On est passé, constata le général Nesmontou. Voilà trois chefs de province mis dans l'incapacité d'intervenir !

Ce bel optimisme fut de courte durée.

— Maintenant, annonça-t-il, il y a Assiout et ce va-t-en-guerre d'Oup-ouaout. Autant prévoir un combat féroce.

La nuit tombait quand la flottille aborda la deuxième zone dangereuse. Après plusieurs jours de navigation ininterrompue, les organismes étaient fatigués. Et nul ne se serait risqué à naviguer dans l'obscurité, surtout en cette période où les caprices du fleuve pouvaient être aussi redoutables que les hippopotames.

— Je propose deux journées de repos pour préparer l'affrontement, suggéra Nesmontou.

— Nous continuons, décida Sésostris.

Le vieux général s'étrangla.

— Si nous nous éclairons avec le nombre de torches indispensables, la milice d'Assiout nous repérera aisément !

— C'est pourquoi les torches demeureront éteintes.

— Mais, Majesté, il...

— Je sais, Nesmontou. Forcer le destin est la seule solution.

À la proue du premier navire, Sésostris donna les indications de vitesse et de direction. En cette nuit de nouvelle lune, la tâche s'avéra particulièrement ardue. Le pharaon ne commit aucune erreur, nulle divinité ne contraria son action, et la flottille glissa sur une eau tranquille.

Nesmontou n'était pas peu fier de servir un homme de la trempe de Sésostris. Certes, le plus difficile restait à accomplir, mais la réputation du monarque ne cessait de grandir parmi les soldats et les marins. Commandés par un tel chef qui s'impliquait lui-même dans l'action, qu'avaient-ils à craindre ?

Pourtant, le spectacle que contemplaient les voyageurs les rendait moroses.

À l'approche d'Éléphantine, les berges étaient craquelées. Hommes et bêtes souffraient d'une chaleur accablante, les cultures brûlées par le soleil appelaient la crue. Les ânes continuaient à travailler, portant des sacs de céréales d'un village à l'autre pendant que les paysans achevaient le battage. Chaque pas, chaque geste exigeait de rudes efforts.

— Majesté, constata Nesmontou, nous sommes repérés.

Le général désigna un Nubien, perché au sommet d'un palmier et faisant de grands gestes à l'intention d'un collègue posté un peu plus loin que lui. D'arbre en arbre, l'annonce de l'arrivée de bateaux inconnus parviendrait vite au chef de province Sarenpout.

— Ne serait-il pas judicieux de mettre en panne et d'affiner notre stratégie ? interrogea Nesmontou.

— Nous continuons.

Le vent était tombé, les rameurs progressaient avec lenteur, le cœur des soldats battait plus fort. Se heurter à la milice locale, nombreuse et bien armée, ne serait pas une partie de plaisir. Sans un miracle, le combat était perdu d'avance.

Après une période de relative tranquillité au cours de laquelle sa santé s'était rétablie, Médès éprouvait à nouveau de douloureuses contractions abdominales. La milice de Sarenpout était réputée pour sa cruauté.

Et si l'inévitable défaite de Sésostris, inconscient de la supériorité de son adversaire, se transformait en victoire pour Médès ? Il lui faudrait sauter sur le quai au bon moment, se rendre aux soldats de Sarenpout, lui prêter allégeance, dévoiler les secrets de la cour de Memphis et proposer une alliance.

Les nerfs à fleur de peau, Sobek se préparait à défendre son roi jusqu'au sacrifice de sa propre vie. Avant de pouvoir l'approcher, l'ennemi subirait de telles pertes qu'il finirait peut-être par reculer. En tout cas, il fallait y croire.

Séhotep semblait aussi détendu qu'un convive invité à un banquet si prestigieux qu'il ne fallait le manquer sous aucun prétexte. À l'observer, qui aurait imaginé que la peur le rongeait ?

— Les voilà, Majesté, annonça le général Nesmontou, le visage grave.

Le chef de province Sarenpout n'avait pas pris la menace

à la légère, puisque la totalité de ses bateaux se déployait sur le Nil.

— Je ne pensais pas qu'il en possédât autant, déplora le vieux général.

— Sa province est la plus vaste de Haute-Égypte. Sarenpout ne gère-t-il pas au mieux ses richesses ? Voici encore un excellent administrateur qui n'a pas perçu l'essentiel : une bonne gestion ne suffit pas à maintenir le lien vital entre le ciel et la terre dont Pharaon est le garant.

— S'il le faut, Majesté, nous combattrons. Mais est-il vraiment nécessaire de se faire massacrer ?

40.

Le pharaon Sésostris regarda s'approcher le bateau du chef de province Sarenpout qui se tenait à sa proue. Le visage large, le front bas, les yeux espacés, les pommettes saillantes, la bouche ferme et le menton prononcé, le maître des lieux avait la musculature d'un homme d'action, impitoyable et énergique. Sur sa poitrine, une amulette en forme de nœud magique accrochée à une chaîne de perles.

Sans hésiter, il monta à bord du vaisseau royal.

— Majesté, déclara-t-il d'une voix irritée, je déplore de ne pas avoir été officiellement informé de votre visite. Puisque vous vous êtes déplacé en personne, je suppose que le motif de ce voyage est de première importance. C'est pourquoi je vous convie à me suivre jusqu'à mon palais où nous converserons à l'abri des oreilles indiscrètes.

Le roi acquiesça.

Sarenpout retourna sur son bateau, et le cortège prit la direction du quai principal d'Éléphantine.

— Refusez, conseilla le général Nesmontou. À terre, impossible de vous défendre. Sans nul doute, c'est un traquenard.

Sésostris demeura silencieux jusqu'à l'accostage.

— Que personne ne me suive, ordonna le roi en descendant la passerelle.

Encadré par les miliciens de Sarenpout qu'il dépassait d'une bonne tête, le monarque fut accueilli sur le seuil du palais par les deux chiens du chef de province, un mâle noir, élancé, à la tête fine et aux longues pattes, et une femelle beaucoup plus petite, bien ronde, aux mamelles proéminentes.

— Elle s'appelle Gazelle, précisa Sarenpout, et bénéficie de la protection de Bon Compagnon. Il veille sur elle comme si elle était sa mère.

Bon Compagnon s'approcha du roi et lui lécha la main. Mise en confiance, Gazelle se frotta contre le mollet du souverain.

— Il est rare que mes deux chiens se montrent aussi aimables avec un inconnu, s'étonna Sarenpout.

— Je ne suis pas un inconnu, mais le pharaon de Haute et de Basse-Égypte.

Un bref instant, Sarenpout soutint le regard du roi.

— Entrez, Majesté.

Précédé par les deux chiens qui lui montrèrent le chemin, Sésostris pénétra dans un somptueux palais et gagna la salle d'audience à deux colonnes peintes de motifs floraux où se trouvait déjà Ouakha, le chef de la province du Cobra.

Le vieil homme se leva et s'inclina.

— Si je n'ai pas détruit votre flottille, expliqua Sarenpout c'est à cause de l'intervention de mon ami ici présent. Il est persuadé que vous voulez éviter un désastre. Aussi m'a-t-il prié de ne pas m'opposer à votre tentative pour faire naître une bonne crue.

— Telle est bien mon intention, Sarenpout.

— Permettez-moi d'être sincère, Majesté : cet argument ne vaut pas mieux qu'une fable ! En réalité, vous êtes ici pour imposer votre joug sur ma province.

— Avec seulement vingt bateaux légers ?

Sarenpout fut troublé.

— C'est peu, j'en conviens, mais...

— Commençons par l'essentiel : Maât, l'éternelle règle de vie. C'est elle qui crée l'ordre du monde, celui des saisons, la justesse et la justice, le bon gouvernement, une économie harmonieuse. Grâce à Maât, nos rites permettent aux forces divines de demeurer sur notre terre. Qui veut respecter Maât doit suivre le chemin de la rectitude en pensée, en paroles et en actes. Es-tu de ceux-là, Sarenpout ?

— Comment pouvez-vous en douter, Majesté ?

— En ce cas, jures-tu sur la vie de Pharaon que tu es innocent du crime commis contre l'acacia d'Osiris, en Abydos ?

La stupeur du chef de province ne paraissait pas feinte.

— Que... que se passe-t-il là-bas ?

— Un maléfice s'abat sur ce pays, l'acacia dépérit. Aussi le liquide vital dispensé par Osiris risque-t-il de nous faire défaut et de condamner le pays entier à la famine. C'est ici, à Éléphantine, que naît la source secrète du Nil. C'est ici que repose l'une des formes d'Osiris. C'est forcément ici que sa paix a été troublée pour empêcher la crue de répandre ses bienfaits.

Le raisonnement du monarque ébranla Sarenpout, qui refusa cependant de l'accepter.

— Impossible, Majesté ! Nul n'oserait aborder le territoire de Biggeh, aucune présence humaine n'y est admise. Mes miliciens font bonne garde, leur vigilance n'a pas été surprise.

— Je suis persuadé du contraire, et mon devoir consiste à rétablir le circuit de l'énergie qui a été interrompu. Laisse-moi libre accès à l'îlot.

— Les gardiens de l'autre monde vous foudroieront !

— Je cours le risque.

Comprenant que ce roi au physique de colosse ne céderait pas, Sarenpout accepta de partir avec lui et Ouakha pour Biggeh. Après avoir longé l'île de Séhel en face de laquelle se déployaient les vastes carrières de granit, le chef de province s'immobilisa au pied de la première cataracte, un chaos rocheux infranchissable à cette époque de l'année. De là partait une route de portage protégée par un mur de briques. Elle reliait les embarcadères situés aux extrémités nord et sud de la cataracte.

— Rien de plus efficace que cette barrière pour contrôler les marchandises en provenance de Nubie, déclara Sarenpout avec fierté. Les taxes prélevées par mes douaniers contribuent à la richesse de la région.

Voyant que le souverain était trop concentré sur sa tâche pour s'intéresser à des détails matériels, le volubile notable, un peu vexé, se réfugia dans le mutisme.

Une embarcation légère franchit la courte distance qui séparait la berge de l'îlot interdit.

— Majesté, puis-je une dernière fois vous déconseiller cette aventure ?

— Je ne vois pas tes soldats.

— Ils surveillent la route de portage, les postes de douane, les...

— Mais pas Biggeh lui-même.

— Qui oserait mettre le pied sur ce territoire sacré d'Osiris ?

— On s'est bien attaqué à l'acacia d'Abydos.

L'embarcation aborda.

Un étrange silence environnait le lieu saint. Pas un chant d'oiseau, pas même un souffle de vent. Le roi s'engagea dans un dédale végétal formé d'acacias, de jujubiers et de tamaris.

— Si Sésostris réussit à nous offrir la crue abondante qui nous est nécessaire, je deviens son fidèle serviteur, jura Sarenpout.

— Je te rappellerai ta promesse, dit Ouakha.

Abritées sous les feuillages, trois cent soixante-cinq tables d'offrande, autant que de jours de l'année, étaient disposées autour d'un rocher. À l'intérieur, une caverne appelée « Celle qui abrite son maître », à savoir Osiris.

Sur chaque table d'offrande, un vase contenant du lait. Tous les jours, le précieux liquide, issu des étoiles, était régénéré par les puissances créatrices qui agissaient hors du regard des humains.

Cinq de ces vases, correspondant aux cinq derniers jours de l'année notamment dédiés à Isis et à Osiris, avaient été brisés.

Sésostris comprenait pourquoi la crue serait catastrophique. Quelqu'un avait violé le lieu sacré, l'énergie ne circulait plus.

Cherchant un indice pour identifier le coupable, le roi découvrit un morceau de laine, matière strictement interdite aux prêtres égyptiens qui ne portaient que du lin. Celui qui était venu ici ignorait les usages rituels ou bien il s'en moquait.

Des bruissements d'ailes troublèrent la quiétude du lieu. Un faucon et un vautour se posèrent au sommet du rocher et dévisagèrent l'intrus.

— Je suis votre serviteur. Éclairez-moi sur le chemin à suivre.

Le faucon s'envola, le vautour demeura immobile.

— Grâces te soient rendues, mère divine. Ce qui doit être accompli le sera.

Sarenpout n'en crut pas ses yeux. Le pharaon était encore vivant !

— À présent, déclara Sésostris, je connais la racine du mal.

— Êtes-vous capable de l'extirper, Majesté ?

— Oserais-tu penser que la déesse a abandonné le pharaon ? Regarde au loin, Sarenpout, et sois attentif à sa voix.

D'abord, ce ne fut qu'un point lumineux sur l'horizon, comme un mirage. Puis il s'épaissit jusqu'à prendre la forme d'une barque. Et le frêle esquif progressa lentement vers l'îlot sacré.

À bord, un rameur fatigué et une jeune femme d'une incomparable élégance. Même Sarenpout, qui avait comme maîtresses des Nubiennes d'une beauté sans égale, fut stupéfié.

De quel monde venait cette apparition aux formes parfaites, au visage serein, au regard si lumineux qu'il élevait l'âme ?

La jeune prêtresse était vêtue d'une longue robe blanche maintenue par une ceinture rouge bordée, en haut et en bas, de galons jaune, vert et rouge. Une perruque longue laissait ses oreilles découvertes. À ses poignets, des bracelets d'or et de lapis-lazuli. À son cou, un scarabée en cornaline serti d'or.

— Qui est-elle ? demanda Sarenpout, subjugué.

— Une prêtresse d'Abydos dont l'aide m'est indispensable, répondit le monarque. Dans un rituel destiné à capter les faveurs de la crue, elle a incarné le vent du sud.

À la poupe, une harpe portative, un papyrus roulé et scellé, et une statuette de Hâpy, le génie androgyne du fleuve.

— Préparez les offrandes, ordonna Sésostris aux deux chefs de province avant de disparaître à nouveau dans le labyrinthe végétal, cette fois en compagnie de la prêtresse.

Face à la caverne du Nil, ils s'immobilisèrent. Sur le rocher, le vautour et le faucon les observaient.

— Isis a retrouvé Osiris, affirma le pharaon. Le dernier obstacle se lève, les fruits du perséa sont parvenus à maturité, les canaux peuvent être ouverts et remplis de l'eau nouvelle. Que les sources du Nil soient généreuses, que le faucon protège l'institution royale et que le vautour soit la mère qui vainc la mort.

La jeune femme joua de la harpe à quatre cordes. Entre la caisse et la baguette, une pièce de sycomore avait la forme du nœud magique d'Isis. Une tête de la déesse Maât ornait sa partie supérieure, veillant ainsi à ce que l'instrument, si difficile à jouer, émette une harmonie apaisante.

— Que Pharaon mange le pain de Maât et boive sa rosée, chanta-t-elle d'une voix douce, sur un rythme lent.

Dans la caverne, le sol bougea.

Apparut un immense serpent vert qui forma un cercle et avala sa queue.

— Le cycle de l'année passée est achevé, dit le souverain, il donne naissance à l'an nouveau. En se dévorant lui-même, le temps sert de support à l'éternité. Que le serpent des sources du Nil soit le nourricier des Deux Terres.

Le faucon et le vautour prirent leur envol et tracèrent de grands cercles protecteurs autour du monarque et de la prêtresse, qui brisa le sceau du papyrus, le déroula et pénétra dans la caverne.

Elle le plongea dans un vase en or. Vierge de toute inscription, le document fut dissous en quelques instants.

La jeune femme présenta le vase au roi.

— Je bois les paroles de puissance, inscrites dans le secret de la crue, afin qu'elles s'incarnent par ma voix et répandent leur énergie.

En présence de Sarenpout, d'Ouakha, des notables de la province et d'une foule attentive et recueillie, Sésostris accomplit la grande offrande à la crue naissante.

Il jeta dans le fleuve la statuette de Hâpy, imprégnée du pouvoir des sources secrètes, un papyrus scellé, des fleurs, des fruits, des pains et des gâteaux.

Au sommet du ciel, Sothis brillait. Dans tous les temples d'Égypte, des lampes avaient été allumées.

Le doute n'était plus permis : à voir le dynamisme du Nil qui montait à belle allure, la crue serait abondante.

— Hâpy, toi dont l'eau est le reflet du fluide céleste, sois de nouveau notre père et notre mère. Que seules demeurent émergées les buttes de terre, comme au premier matin du monde, lorsque tu sortis du *Noun*, l'océan d'énergie, pour donner vie à ce pays.

Des cris de joie saluèrent cette ultime déclaration de Sésostris, qui prit la tête de la procession en direction du temple d'Éléphantine où, pendant plusieurs jours, seraient prononcées les paroles de puissance destinées à fortifier la crue.

— Il a réussi, constata Sarenpout. Ce roi est un véritable pharaon.

— Et toi, rappela Ouakha, tu dois tenir ta promesse. Comme la mienne, ta province est désormais au service de Sésostris.

41.

Malgré de rudes conditions de travail, le jeune fermier ne se plaignait pas. Avec l'aide de son épouse et de trois paysans courageux, il tenait une petite exploitation suffisamment prospère pour les nourrir, leur permettre d'acheter meubles et vêtements, et même d'envisager une extension. Dans un an ou deux, il embaucherait et se construirait une nouvelle maison. Et s'il parvenait à mettre en valeur le terrain marécageux qui jouxtait son champ, il recevrait une aide de l'État.

Affamé, le fermier pénétra dans la cabane en roseaux où son épouse avait coutume de déposer le panier contenant son déjeuner.

Cette fois, rien.

Il eut beau regarder et regarder encore, pas le moindre panier !

D'abord mécontent, puis inquiet, il sortit de la cabane et se heurta à un monstre velu qui le repoussa violemment en arrière.

— Pas de précipitation, l'ami ! On doit causer.

Le paysan tenta de se saisir d'une fourche, mais un coup de pied dans les côtes le fit lourdement chuter. Le souffle coupé, il voulut se relever. La poigne de Gueule-de-travers l'immobilisa.

— On se calme, l'ami. Sinon, mes hommes tueront l'un de tes employés. Pour commencer, juste pour commencer...

— Ma femme... Où est ma femme ?

— Entre de bonnes mains, tu peux me croire ! Mais tant que je n'en aurai pas donné l'ordre, on ne la touchera pas.

— Que veux-tu ?

— Une bonne entente entre gens raisonnables, répondit Gueule-de-travers. Ta ferme est trop isolée, elle a besoin de protection. Cette protection, je te l'offre. Tu n'auras plus rien à redouter des maraudeurs et tu travailleras en toute tranquillité. Quand je dis « je te l'offre », c'est presque vrai ; toute peine méritant salaire, je ne prélèverai que dix pour cent de tes revenus.

Le paysan se révolta.

— Cela doublerait le poids de mes impôts qui est déjà insupportable !

— La sécurité n'a pas de prix, mon ami.

— Je refuse.

— Comme tu voudras, mais c'est une grave erreur. Tes employés seront égorgés, ta femme violée et brûlée. Et toi, tu la rejoindras dans le brasier avec tes enfants. Tu comprendras aisément que ma réputation l'exige.

— Ne faites pas ça, je vous en supplie !

— Tu sais, bonhomme, lui dit Gueule-de-travers en le relevant, je peux me montrer très gentil, mais la patience n'est pas ma principale qualité. Ou tu m'obéis au doigt et à l'œil, ou je passe immédiatement à l'action.

Brisé, le paysan céda.

— Bon, te voilà enfin raisonnable ! Mes hommes et moi, on va résider quelques jours ici pour voir comment tu travailles et quels résultats précis je dois espérer de notre collaboration. Comme ça, tu n'auras pas envie de me mentir. Après mon départ, ta ferme sera surveillée en permanence. Si tu prenais la malencontreuse initiative de t'adresser à la police, ni toi ni tes proches ne sortiriez vivants de cette démarche stupide. Votre agonie serait longue, très longue, et celle de ta femme particulièrement atroce.

Gueule-de-travers tapa sur l'épaule du paysan.

— Maintenant, pour sceller notre contrat, on va boire et manger !

Après avoir songé à massacrer ses victimes et à détruire leurs habitations, Gueule-de-travers avait eu une bien meilleure idée : l'extorsion et le chantage. En laissant derrière lui des cadavres et des ruines, il aurait fini par attirer l'attention des autorités ; mais en prélevant des richesses sur ses « protégés » contraints au silence, il demeurerait dans l'ombre tout en multipliant d'excellentes affaires.

Bientôt, l'Annonciateur serait fier de lui.

Memphis émerveillait Shab le Tordu. Le port, le marché, les échoppes, les quartiers populaires, les rues grouillantes d'Égyptiens et d'étrangers, tout le fascinait ! Les journées lui semblaient trop courtes, il lui faudrait des mois, sinon des années, pour découvrir les mille et un attraits de cette capitale remuante qui ne connaissait jamais le repos.

L'Annonciateur, lui, semblait indifférent à ce tumulte. Il se glissait dans la population comme un fantôme que personne ne remarquait. Grâce à son pouvoir de séduction, il n'avait pas tardé à trouver un logement modeste lié à une boutique fermée depuis plusieurs semaines.

— Nous allons devenir d'honnêtes commerçants, dit l'Annonciateur à sa petite troupe, et nous faire apprécier du voisinage. Mêlez-vous aux Memphites, ayez des maîtresses, fréquentez des tavernes.

Ce programme était loin de déplaire aux intéressés, qui nettoyèrent les locaux et les garnirent de nattes, de paniers et d'étagères.

L'Annonciateur emmena Shab vers le port.

Soudain, des cris de joie montèrent de toute la ville, et les rues s'emplirent d'une foule bruyante qui entonna des chants à la gloire de Sésostris.

L'Annonciateur s'adressa à un homme âgé, un peu plus calme que ses concitoyens.

— Que se passe-t-il ?

— Nous redoutions une crue insuffisante, mais le pharaon a fraternisé avec le génie du Nil. L'Égypte aura de l'eau en abondance, le spectre de la famine est écarté.

Frémissant de bonheur, le passant rejoignit les fêtards.

— Mauvaise nouvelle, reconnut l'Annonciateur. Je ne pensais pas que Sésostris oserait fouler le territoire sacré de Biggeh et s'aventurer jusqu'aux sources cachées du Nil.

— Vous... vous êtes allé là-bas ? s'étonna le Tordu.

— Les cinq tables d'offrande des derniers jours de l'année ayant été profanées, la circulation de l'énergie était interrompue. Mais ce monarque a eu le courage de forcer les barrages et de remettre l'ordre à la place du désordre. C'est un rude adversaire qui ne sera pas facile à terrasser. Notre victoire n'en sera que plus belle.

Shab le Tordu eut peur.

Peur de cet homme qui n'en était pas tout à fait un, en raison de ses multiples pouvoirs. Rien, même le plus sacré, ne l'arrêterait.

Comme s'il connaissait parfaitement Memphis, l'Annonciateur s'engagea sans hésiter dans une succession de ruelles situées derrière le port et finit par frapper quatre coups espacés à la petite porte d'une maison délabrée.

Un coup lui répondit. L'Annonciateur en frappa deux autres, très rapprochés.

La porte s'ouvrit.

Pour pénétrer dans une vaste pièce au sol de terre battue, l'Annonciateur et son disciple durent baisser la tête.

Trois barbus s'inclinèrent devant leur maître.

— Grâce à Dieu, seigneur, dit l'un d'eux, vous êtes sain et sauf !

— Nul ne m'empêchera d'accomplir ma mission. Ayez confiance en moi, et nous triompherons.

Tous s'assirent, et l'Annonciateur commença à prêcher.

Son discours était répétitif, il martelait les mêmes thèmes avec une insistance lancinante : Dieu lui parlait, il en était l'unique interprète, les incroyants seraient soumis par la violence, les blasphémateurs exécutés, les femmes ne devaient plus jouir des libertés insupportables que leur accordait l'Égypte. Sources de tous les maux : le pharaon et l'art royal de faire vivre Maât. Lorsqu'elles seraient enfin taries, la doctrine de l'Annonciateur effacerait les frontières. La terre entière ne serait plus qu'un seul pays, régi par la vraie croyance.

— Rasez-vous, ordonna l'Annonciateur à ses fidèles, habillez-vous à la mode memphite, immergez-vous dans cette ville. D'autres instructions suivront.

Fasciné par le discours de son maître, Shab le Tordu attendit d'être sorti de la maison pour l'interroger.

— Seigneur, ces hommes n'étaient-ils pas des Cananéens de Sichem ?

— En effet.

— Avez-vous décidé de les faire venir à Memphis ?

— Ceux-là, puis beaucoup d'autres.

— Vous n'avez donc pas renoncé à libérer Canaan !

— Je ne renonce jamais, mais il faut savoir s'adapter. Nous rongerons la société égyptienne de l'intérieur, sans qu'elle s'en doute. Et c'est Memphis la tolérante et la bigarrée qui nous fournira elle-même le poison destiné à la tuer. Il nous faudra infiniment de temps et de patience, mon fidèle ami, et nous devrons aussi utiliser d'autres armes.

Shab le Tordu n'était pas au bout de ses surprises.

Dans une autre ruelle, le porche d'une belle demeure à un étage. L'Annonciateur s'adressa au gardien en une langue inconnue.

Le gardien lui accorda le passage, ainsi qu'à Shab.

Les deux visiteurs furent accueillis par un personnage chaleureux et volubile dont les formes arrondies traduisaient l'amour pour la bonne chère.

— Enfin vous voilà, seigneur ! Je commençais à m'inquiéter.

— Des contretemps sans importance.

— Passons au salon. Mon cuisinier a préparé des gâteaux qui raviraient les palais les plus exigeants.

Shab le Tordu ne se fit pas prier, mais l'Annonciateur ne toucha pas aux pâtisseries.

— Où en sommes-nous ? demanda-t-il d'une voix si sévère que l'atmosphère devint aussitôt glaciale.

— Les choses avancent, seigneur.

— En es-tu si sûr, mon ami ?

— Vous savez, ce n'est pas facile ! Mais la première expédition partira bientôt.

— Je ne tolérerai aucun incident, précisa l'Annonciateur.

— Vous pouvez compter sur moi, seigneur !

— Quel point d'arrivée as-tu choisi ?

— La petite ville de Kahoun. Elle revêt beaucoup d'importance aux yeux du pharaon Sésostris. J'y ai de bons contacts, nos hommes s'y installeront sans trop de difficulté.

— J'espère que tu ne te trompes pas.

— Je préfère prendre davantage de temps que prévu, seigneur, et ne commettre aucune erreur. Vous verrez, Kahoun est bien le bon endroit. Ce roi est un homme rusé qui sait s'entourer de précautions, et il n'a aucune confiance dans la cour de Memphis.

L'Annonciateur eut un étrange sourire.

Oui, cette piste-là était la bonne. Son réseau avait bien travaillé.

La tension se dissipa, son hôte en profita pour avaler un énorme gâteau baignant dans du jus de caroube. Shab l'imita.

— Je suppose que le pharaon a resserré son entourage, avança l'Annonciateur.

— Malheureusement oui, seigneur. D'après des bruits qui me paraissent crédibles, la Maison du Roi ne comprend plus qu'un conseil restreint formé de fidèles.

— Connais-tu leurs noms ?

— Trop de rumeurs circulent... On prétend même que le roi aurait décidé de briser le cou des chefs de province qui lui sont hostiles, mais je n'y crois pas. Une telle démarche provoquerait une guerre civile.

— Ne disposerais-tu pas d'un contact au palais ?

— Seigneur, c'est très délicat et...

— Il me le faut.

— Bien, bien... Je m'en occupe.

— Puis-je compter sur toi, mon fidèle ami ?

— Oh oui, sans aucun doute !

— À bientôt.

Shab le Tordu dévora un dernier gâteau. Le pâtissier de leur hôte était inégalable, mais ce dernier ne l'avait guère séduit. À bonne distance de la belle demeure si discrète, il se crut obligé de confier ses impressions à son maître.

— Cet homme ne me plaît pas. Êtes-vous certain qu'il ne vous ment pas ?

— Ce riche négociant est originaire de Byblos, le grand port du Liban, et c'est un menteur-né. Son métier consiste à tromper ses clients, tout en faisant accuser ses concurrents, et à tirer le maximum de bénéfices de la moindre transaction. Mais à moi, et à moi seul, il dit la vérité. Une fois, une seule fois, il a tenté de m'abuser, et il en conserve le souvenir dans sa chair. Quand les serres du faucon se sont enfoncées dans sa poitrine pour lui arracher le cœur, il s'est repenti à temps. Les gens de Byblos nous seront très utiles, mon brave ami. Grâce à eux, je ferai pénétrer en Égypte de nombreux partisans de notre cause.

Shab le Tordu était sidéré.

Ainsi, l'Annonciateur manipulait plusieurs réseaux et connaissait Memphis comme la poche de sa tunique de laine !

Malgré la chaleur, aucune trace de sueur sur son front. Et lorsque Shab vida une jarre de bière fraîche, l'Annonciateur ne but pas une goutte et marmonna des formules que le Tordu ne comprit pas.

42.

Iker replia la jambe sur laquelle il s'assit et releva l'autre devant lui. C'était l'une des positions du scribe lorsqu'il désirait consulter un papyrus, et le jeune homme avait tellement de travail qu'il quittait rarement son petit bureau, situé dans l'aile gauche du palais du chef de province.

Iker voulait tout vérifier par lui-même. Il ne se contentait pas des résumés préparés par d'autres scribes pour lui faciliter la tâche et retournait sans cesse aux documents originaux.

Presque chaque fois, il s'en félicitait ! Des détails avaient été omis, des chiffres mal recopiés, des approches techniques tronquées. En rétablissant la vérité aussi souvent que possible, le chercheur captait une inquiétante réalité : plusieurs fonctionnaires avaient maquillé les faits pour faire croire à Djéhouty que sa province était la plus riche et la plus puissante d'Égypte.

La réalité apparaissait moins brillante. La milice comprenait trop de mercenaires, la police du désert trop de vétérans, certaines terres étaient mal exploitées, plusieurs fermes mal gérées. En cas de conflit, Djéhouty risquait de manquer d'armes. Aussi le rapport de synthèse qu'Iker comptait rédiger dans les prochains jours serait-il plutôt pessimiste.

— Tu devrais venir voir, lui conseilla un collègue.

— Pas le temps.

— Prends-le. Un spectacle comme celui-là, ça ne se manque pas.

Intrigué, Iker sortit du palais.

Les scribes, les gardes, les cuisiniers, les femmes de ménage et tous les autres membres du personnel couraient vers le Nil.

Sur un îlot herbeux, au milieu du fleuve, une cinquantaine de grues de Numidie, au plumage cendré et aux pattes fines, dansaient avec grâce. Virevoltant en cadence, elles feignaient de s'envoler puis se reposaient, tantôt en tournant sur elles-mêmes, tantôt en formant une sorte de ronde avec leurs partenaires. Comme chacun, Iker admira ce ballet inattendu, salué par les cris de joie des habitants de la province.

— Excellent présage, commenta son voisin, un scribe préposé à l'arpentage. Il signifie que le pharaon Sésostris est parvenu à déclencher une bonne crue. Ne le répète pas, mais c'est la preuve qu'il est un grand roi.

Pensif, Iker alla nourrir son âne, bien installé à l'ombre d'un auvent.

— La situation devient délicate, confia-t-il à Vent du Nord. Si la population prend fait et cause pour le pharaon, la position de Djéhouty sera intenable. Et le succès de Sésostris est si éclatant que personne ne peut l'occulter.

L'âne mangea avec placidité, comme si cette nouvelle ne l'inquiétait pas.

En retournant à son bureau, Iker revit le visage de la jeune prêtresse. Plusieurs fois par jour, et dans tous ses rêves, elle s'imposait à lui avec une force grandissante. Au lieu de s'estomper, les traits de son visage devenaient de plus en plus précis, comme si elle se trouvait à côté de lui.

Quand la rencontrerait-il à nouveau ? Peut-être lors d'une cérémonie à laquelle elle participerait, mais comment en serait-il prévenu ? Et si elle appartenait au Cercle d'or d'Abydos, ne lui faudrait-il pas se rendre jusqu'à la ville sainte, inaccessible à un profane comme lui ? Son amour semblait voué à l'échec, toutefois il ne renoncerait pas avant de lui avoir parlé. Elle devait connaître les sentiments qu'elle lui inspirait, même s'il se sentait incapable d'exprimer leur intensité.

En dépit de l'énigmatique allusion du général Sépi, le Cercle d'or d'Abydos n'avait rien perdu de son mystère. Fallait-il comprendre que son action consistait à régénérer des vieillards comme Djéhouty en les inondant de lumière ? Des êtres savaient donc manier cette énergie lors de circonstances exceptionnelles.

Le chef de province s'était assis et lisait le brouillon d'Iker.

— Seigneur, ce ne sont que quelques notes.

— Elles me semblent fort claires : mon administration n'a pas cessé de me flatter et mes forces armées sont incapables de soutenir un conflit d'envergure.

Iker ne se cacha pas derrière son pinceau.

— C'est exact.

— Excellent travail, mon garçon. Au fond, la danse des grues survient à point nommé. Grâce à elle, chacun sait que Sésostris fera reverdir le pays et le remplira d'arbres fruitiers. Les Deux Terres se réjouissent, des temps heureux sont annoncés puisqu'un véritable maître s'est manifesté. À cause de lui, l'inondation se produit à son heure, les jours sont féconds, la nuit égrène de belles heures. Le pharaon est l'énergie créatrice, sa bouche exprime l'abondance, il crée ce qui doit être, donne la vie à son peuple. Heure après heure, sans repos, il réalise une œuvre mystérieuse qui tisse à la fois la nature et la société. Il est le souverain de la largeur de cœur ; s'il agit en rectitude, le pays est prospère.

— Tout cela signifie-t-il... que vous reconnaissez l'autorité du roi Sésostris et que votre province devient sa fidèle servante ?

— On ne saurait mieux dire, Iker.

— Donc, il n'y aura pas de guerre ?

— En effet.

— Je m'en réjouis, seigneur, mais...

— Mais tu es surpris par une décision aussi rapide, n'est-ce pas ? C'est parce que tu n'apprécies pas à sa juste valeur le caractère surnaturel de l'acte accompli par Sésostris. Comment est-il parvenu à maîtriser l'inondation ? En assumant la fonction de Thot, le dieu de la connaissance et le patron des scribes. Le roi a prouvé qu'il n'ignorait rien des signes de puissance et qu'il était capable de procurer l'eau nouvelle à son peuple. Sache que le flot nourricier est l'épanchement d'Osiris. Il jaillit de son corps mystérieux, il est sa sueur, ses lymphes, ses humeurs. Lorsque l'eau de la jeune crue remplit le premier vase d'offrande, le roi peut affirmer : « Osiris est retrouvé. » Mais il aurait échoué sans le concours d'Isis, qui apparaît comme l'étoile Sothis dans le ciel, après soixante-dix jours d'invisibilité. Le couple primordial est reformé, l'énergie première féconde de nouveau les Deux Terres. Sans elle, rien ne croîtrait. La graine est une matrice où s'assemblent les éléments procurés par l'au-delà. Sache-le, Iker : la nature entière est révélation du surnaturel. Puisque Sésostris appartient à la lignée des rois qui transmet ce mystère, il ne me reste qu'à m'incliner devant lui et à lui obéir. Non, je dois faire mieux encore !

Djéhouty se releva.

— À notre tour de prouver à Sésostris de quoi nous sommes capables. Sais-tu ce qu'est vraiment le *ka*, Iker ?

— Le génie protecteur qui naît avec l'homme et ne le quitte pas, à condition qu'il mette en pratique les enseignements des sages.

— Le *ka* est l'énergie qui entretient toute forme de vie À sa mort, un juste de voix[1] passe à son *ka*, hérité des ancêtres. Toutes les offrandes sont destinées au *ka*, jamais à l'individu. L'un des plus beaux symboles du *ka* est une statue vivante, rituellement animée. C'est pourquoi nous allons créer une statue colossale du *ka* royal et l'offrir au pharaon. Je te charge de la surveillance du chantier.

1. Maâ-kherou.

— La coudée de Dieu mesure les pierres, déclara le chef sculpteur. C'est lui qui place le cordeau sur le sol, implante les temples en rectitude, abrite sous son ombre toute construction sacrée où son cœur se déplace selon son désir. Et son amour anime les ateliers.

Le chant des maillets et des ciseaux s'éleva dans la carrière où serait taillé le colosse, support du *ka*.

Les carriers avaient repéré les meilleurs lits de pierre qu'ils découperaient sans la blesser; quant aux sculpteurs de la province, ils œuvreraient sous la conduite d'un artisan initié aux mystères. En raison de la taille impressionnante du colosse — treize coudées de haut[1] et soixante tonnes —, l'emplacement de cette carrière posait un sérieux problème. Haler la statue géante jusqu'au Nil exigerait au moins trois heures, à condition que la technique adoptée fût efficace; puis on utiliserait un bateau de charge pour la traversée, et un nouveau halage conduirait le chef-d'œuvre à sa destination, le temple de Thot. Un long et difficile parcours qu'Iker avait étudié et réétudié afin d'éviter toute mauvaise surprise. Choisir une autre carrière, plus proche de la capitale, eût facilité la tâche, mais Djéhouty avait désigné le matériau adéquat et n'en accepterait pas d'autre.

— Ce sera la plus grande fête jamais organisée dans ma province, estima Djéhouty. Vin et bière couleront à flots, la population sera en liesse! Dans des milliers d'années, on parlera encore de ce colosse. Mes sculpteurs créent une vraie merveille où s'allient la puissance et la finesse. Quand Sésostris la verra, il sera subjugué.

— Je ne souhaite pas jouer les rabat-joie, intervint Iker, mais les difficultés du transport sont loin d'être résolues.

— Combien as-tu prévu d'hommes?

1. Environ 6,50 mètres.

— Il en faudrait plus de quatre cents. Les disposer pour former une équipe cohérente est un véritable casse-tête.

— Moins de la moitié suffira, trancha Djéhouty. Chacun des heureux élus aura la force de mille !

— Vos soldats ne me facilitent pas la tâche. Aucun officier n'accepte de me céder le commandement.

— Ne choisis pas que des militaires ! Il te faut aussi les jeunes les plus robustes. Et n'oublie pas les prêtres.

— Les prêtres, mais...

— Le transport de ce colosse n'est pas une tâche profane, Iker ! Pendant tout le parcours, les ritualistes devront réciter des formules de protection. Fais cohabiter tout ce petit monde, et tu deviendras un personnage respecté. N'aie qu'une seule idée en tête : échec interdit.

Iker se félicita d'avoir suivi un entraînement de coureur de fond, car il ne cessa d'aller et de venir des journées durant afin de sélectionner cent soixante-douze hommes [1] parmi les innombrables volontaires. Si le calcul du jeune scribe était exact, le nombre idéal pour tirer le colosse en cadence.

Lorsque la sculpture géante fut terminée, Iker réunit l'équipe et la divisa en quatre rangées. L'une des rangées extérieures comprenait des jeunes gens originaires de l'ouest de la contrée, l'autre de l'est. Les rangées intérieures étaient formées de soldats et de prêtres.

Le colosse avait été placé sur un traîneau et solidement fixé par des cordages que les quatre rangées s'apprêtaient à haler, dans une ambiance de fête. Avec les techniciens, Iker s'assura que tout était en ordre, mais ce ne fut pas sans inquiétude qu'il donna le signal du départ.

Sur la piste boueuse, les préposés versèrent de l'eau.

— Tirez ! ordonna Iker.

Lentement, le traîneau s'ébranla. Bien humectée, la glis-

1. Les détails concernant le transport du colosse sont tirés des représentations et des textes de la tombe de Djéhouty-Hotep à El-Bercheh.

sière facilita l'effort des cent soixante-douze hommes, fiers d'accomplir un pareil exploit. « L'Occident est en fête, chantaient les jeunes de l'Ouest, nos cœurs sont heureux quand ils voient les monuments de leur seigneur. »

Un bon rythme, ni trop lent ni trop rapide, avait été adopté. Des soldats agitaient des branches de palmier pour rafraîchir les haleurs.

Cent fois examiné par Iker, le parcours avait été aplani au maximum. Nulle mauvaise surprise à redouter.

Son regard allait de chaque point de fixation des cordes à chacun des membres du cortège, puis revenait au colosse, parfaitement stable.

Soudain, le scribe éprouva un malaise.

Cette belle harmonie semblait sur le point de se briser, et il ne savait pas pourquoi. Apparemment, rien d'anormal. Mais son instinct ne le trompait pas.

Inquiet, il courut dans tous les sens, à la recherche du danger. C'est en levant la tête qu'il comprit.

Le regard du colosse avait changé ! Ses yeux de pierre exprimaient une profonde insatisfaction.

— Vite, cria-t-il, de l'encens !

Sans nul doute, la statue du *ka* exigeait des rites.

Par chance, l'un des prêtres qui suivaient l'expédition portait un encensoir.

Iker bondit sur les genoux du colosse et tendit les mains en signe de vénération. Le prêtre ouvrit l'encensoir d'où monta une fumée odoriférante qui atteignit la bouche, les oreilles et les yeux de la statue. La résine de térébinthe, le *senter*, « ce qui rend divin », embauma la pierre pendant que le jeune scribe demeurait en prière, face au chemin, en lui demandant de s'ouvrir.

L'encensement dura jusqu'au Nil.

La traversée s'effectua sans incident, et la fin du parcours se déroula au sein d'une liesse indescriptible. Pas un habitant de la province n'avait voulu manquer l'événement et, comme promis par Djéhouty, un gigantesque banquet en plein air couronnerait ce succès.

Alors que le colosse était installé devant la façade du temple, le chef de province congratula un Iker épuisé.

— Mission accomplie, jeune scribe ! Mais n'oublie pas que chaque hiéroglyphe, chaque signe et chaque statue, quelle que soit sa taille, éclaire un aspect du mystère de la création. Aujourd'hui, c'est le *ka* royal qui est à l'honneur. Et tu te reposeras plus tard, car tu dois à présent rédiger un rapport circonstancié.

43.

Jointes à celles de la crue, les festivités de la naissance du colosse s'étaient traduites, pour la population, par deux semaines de congé au cours desquelles on avait bu, mangé, chanté, dansé et célébré les divinités. Jouissant d'une popularité sans égale, le chef de province Djéhouty passait plusieurs heures par jour dans sa demeure d'éternité dont l'une des parois, bientôt terminée, serait consacrée à une scène exceptionnelle représentant le transport du colosse. Iker veillait à l'exactitude des textes hiéroglyphiques.

Sans nul doute, le jeune scribe était promis aux plus hautes fonctions, et il faisait déjà l'objet de solides jalousies. En poste depuis longtemps, des fonctionnaires expérimentés déploraient le penchant du chef de province pour ce gamin solitaire qui ne se liait avec personne et s'enfermait dans un travail acharné. Toutefois, personne n'osait encore l'attaquer, d'une part à cause de la protection de Djéhouty, d'autre part en raison des informations qu'avait accumulées Iker sur les uns et les autres. En établissant le bilan des forces et des faiblesses de la province, ne s'était-il pas aperçu des insuffisances de ses collègues ? Un mot de lui, et les sanctions tombaient. Aussi valait-il mieux le flatter, mais de quelle manière ? Iker passait de son bureau à sa chambre, de sa chambre à son bureau, et n'assistait à aucune réception. Et lorsqu'il se promenait avec son âne, son air rébarbatif dissuadait quiconque de l'importuner.

Même pendant ces moments de détente, le jeune homme ne songeait qu'à son travail. Nommé à la tête d'un corps de techniciens beaucoup plus âgés que lui, il savait que le moindre faux pas lui serait fatal. Cependant, son exigence d'impeccabilité n'était que défensive ; elle le nourrissait comme un feu intérieur qui éclairait son chemin.

La nuit, il rêvait d'elle.

Tous ces efforts, c'était pour elle qu'il les accomplissait. Un jour, il la reverrait et ne pourrait pas se comporter comme un ignorant ou un incapable. Si le destin lui imposait cette épreuve, n'était-ce pas pour qu'il s'affronte lui-même et démontre ses capacités en devenant un scribe d'élite ? Peut-être ne serait-ce pas suffisant aux yeux de celle qu'il aimait... Il devait lui offrir le meilleur de lui-même afin de lui prouver qu'il ne vivait que pour elle.

Il y avait aussi les cauchemars, avec des têtes d'assassins, des monstres, des questions sans réponse et la nécessité de se venger de ceux qui avaient voulu trancher le fil de son existence. Rester dans l'ignorance et la passivité était intolérable.

Une hypothèse folle surgit au milieu de ces mauvais songes. Une hypothèse si odieuse que le jeune homme commença par la repousser. Mais elle revint, insistante, et Iker ne réussit plus à l'étouffer. Elle le rendit d'humeur sombre et taciturne, l'isolant encore davantage.

Par bonheur, son âne percevait ses moindres états d'âme, et il écoutait les confidences de son ami sans se lasser. Quand Iker posait une question, Vent du Nord répondait « non » en dressant l'oreille gauche, « oui » la droite.

À ce fidèle compagnon, le jeune scribe pouvait accorder

une totale confiance. C'est pourquoi il formula l'hypothèse qui le rongeait.

Et Vent du Nord dressa l'oreille droite.

Le docteur Goua était effondré.

— Deux semaines de banquets, et votre foie est plus engorgé que celui d'une oie qu'on gave ! Du point de vue médical, c'est un véritable suicide.

Djéhouty haussa les épaules.

— Je me sens parfaitement bien.

— Je n'ai aucun remède pour traiter l'inconscience. Si vous ne prenez pas une vingtaine de pilules par jour pour remettre en ordre vos fonctions hépatiques, je ne réponds de rien.

Le docteur Goua referma sèchement sa sacoche en cuir et quitta la salle d'audience où s'engouffrèrent les responsables des digues et de l'irrigation dont les rapports étaient optimistes.

Leur succéda Iker, dont la gravité surprit les courtisans qui entouraient Djéhouty.

— Sortez tous, ordonna le chef de province.

Immobile, le jeune scribe fixait Djéhouty.

— Que se passe-t-il, mon garçon ?

— J'exige la vérité.

Le chef de province se tassa dans son fauteuil et posa les mains sur ses cuisses en poussant un profond soupir.

— La vérité ! As-tu un cœur suffisamment large pour la recevoir ? Mais sais-tu seulement ce qu'est un véritable cœur, celui qui sert de chapelle au divin ? Tout est créé par le cœur, c'est lui qui donne la connaissance, qui pense et qui conçoit. C'est pourquoi il doit être large, grand, se déplacer librement, mais aussi être doux. Et toi, Iker, tu te montres bien trop sévère avec les autres comme avec toi-même ! Si ton cœur est troublé, il s'alourdit et ne peut plus accueillir Maât. L'énergie spirituelle ne circule plus et ta conscience s'égare.

— Seigneur, mon apprentissage de scribe m'a appris à ne pas confondre une chose avec une autre, et à tenter de demeurer lucide en toutes circonstances. Or, je suis persuadé que votre générosité n'est pas gratuite. Vous avez une dette envers moi, n'est-ce pas ?

— Ton imagination t'aveugle, mon garçon. J'ai reconnu ta valeur, voilà tout. Et c'est ton seul mérite qui t'a permis de réussir.

— Je ne le pense pas, seigneur. Je suis certain que vous en savez beaucoup sur les hommes qui voulaient me tuer et que vous cherchez à me protéger en faisant de moi l'un des scribes les plus importants de votre province. Maintenant, je veux tout savoir. Pourquoi m'a-t-on choisi comme victime expiatoire, qui est le responsable, suis-je encore le jouet d'un démon caché dans les ténèbres, où se trouve le pays de Pount dont le parfum sauve le bon scribe ?

— Tu poses bien trop de questions, ne crois-tu pas ?

— Non, je ne le crois pas.

Exaspéré, Djéhouty agrippa les accoudoirs de son fauteuil.

— Quel impératif m'obligerait à te répondre ?

— L'amour de la vérité.

— Et si cette vérité était plus dangereuse que l'ignorance ?

— J'ai failli perdre la vie et je veux savoir pourquoi et à cause de qui.

— Ne préfères-tu pas oublier ces événements tragiques et apprécier une existence tranquille au cours de laquelle tu satisferas tes goûts pour l'écriture et la lecture ?

— Vivre sans comprendre, vivre dans les ténèbres, n'est-ce pas le pire des châtiments ?

— Cela dépend des êtres, mon garçon ! La plupart apprécient l'ignorance et ne souhaitent surtout pas en sortir.

— Tel n'est pas mon cas.

— Telle était bien mon impression ! Une dernière fois, Iker, ne t'acharne pas à découvrir ce qui doit rester caché.

À présent, Iker savait que son hypothèse était juste. Son regard insistant brisa les ultimes défenses du chef de province.

— Comme tu voudras, mon garçon, mais tu risques de le regretter. En ce qui concerne le pays de Pount, je n'ai aucun renseignement à te fournir. En revanche, j'ai entendu parler de deux marins appelés Œil-de-Tortue et Couteau-tranchant.

Iker sursauta.

— Vous... vous les aviez engagés ?

— Non, ils sont simplement passés par le port principal de ma province. Leur bateau est resté à quai quelques jours.

— Dans les archives, aucune trace de ce séjour ! protesta le jeune homme.

— Le document a été détruit.

— Pour quelles raisons, seigneur ?

— Éviter des fantasmagories.

— Des fantasmagories... Mais lesquelles ? Supposer que vous seriez l'instigateur de cette machination ?

— Ça suffit, Iker ! tonna Djéhouty. Ne comprends-tu pas que je suis ton protecteur ? Te voir te fracasser la tête contre ton propre destin m'était insupportable.

— Il faut tout me dire, seigneur.

— Tu ignores à quoi tu t'exposes.

— Grâce à vous, je vais le savoir.

Djéhouty poussa un nouveau soupir d'exaspération.

— Ces deux marins appartenaient à un équipage qui bénéficiait de privilèges particuliers. Désires-tu vraiment les connaître ?

— Faut-il vous arracher les mots un à un ?

— Je n'étais pas partisan de Sésostris. Or, ce bateau était placé sous la protection du sceau royal, et le capitaine m'a demandé de lui accorder un bref accueil pour réparation. En le lui refusant, je déclenchais un conflit. En le lui offrant, je devenais le vassal d'un monarque dont je contestais la souveraineté. J'ai donc décidé que ce bateau et son équipage n'existaient pas. Et puis tu es arrivé, avec tes questions et ta personnalité sortant de l'ordinaire. Tu ne ressembles pas aux autres scribes, Iker. En toi brûle un feu dont tu ne perçois pas encore la nature. C'est pourquoi j'ai tenté de t'arracher à ton passé.

— Où sont allés ces marins ?

— Ils sont partis pour la ville de Kahoun, à laquelle Sésostris attache une importance particulière. Là sont conservées des archives d'État.

— En les consultant, j'obtiendrai des réponses à mes questions !

— Te rendre là-bas, c'est défier le pharaon.

— Pourquoi aurait-il voulu me supprimer ?

— Je l'ignore, mon garçon, mais je sais que nul ne s'attaque à un roi authentique sans courir à sa perte.

— La vérité est plus importante que ma vie. Aidez-moi encore en m'envoyant à Kahoun. Dans n'importe quelle cité d'Égypte, un scribe venant de la province de Thot sera bien accueilli.

— Tu me demandes de t'envoyer à la mort, Iker.

— Envers vous, ma gratitude est sans limites. Si je demeure ici en me bouchant les yeux et les oreilles, je deviendrai vite un mauvais serviteur.

— Tu fais peser une lourde responsabilité sur mes épaules.

— L'unique responsable, c'est moi. Je vous ai convaincu de lever le voile et de me laisser poursuivre mon chemin. Grâce à vous, je me suis fortifié et je me sens capable d'affronter cette nouvelle épreuve.

44.

Sur l'île d'Éléphantine, le pharaon Sésostris et ses proches assistaient à un rite célébré par le chef de province Sarenpout en l'honneur d'un sage très vénéré, Héka-ib. Une nouvelle statue de l'auguste personnage, qui avait vécu sous la VIe dynastie, venait d'être dressée dans la chapelle de sa tombe. Elle permettrait à son *ka* de rester présent sur terre et d'inspirer la pensée de ses successeurs.

Aucun incident n'avait déparé la bonne entente qui régnait entre la suite du roi et les miliciens de Sarenpout. Néanmoins, Sobek le Protecteur demeurait nerveux et inquiet. Comme le jeune Séhotep, aux yeux perpétuellement en alerte, il doutait de la sincérité de leur hôte et craignait qu'il ne tendît un piège au monarque. Quant au général Nesmontou, il se battrait jusqu'à la mort pour sauver la vie de son souverain.

Conformément au protocole, Médès se tenait en retrait et se faisait aussi discret que possible. Prêt à enregistrer les déclarations officielles du pharaon, il observait les dignitaires de la province et leur posait des questions sur son fonctionnement. Aimable, conciliant, il s'attirait de nouvelles amitiés.

— Majesté, déclara Sarenpout, j'aimerais vous montrer ma demeure d'éternité. À vous, et à vous seul.

Sobek et Nesmontou se mordirent les lèvres pour ne pas énoncer un refus fondé sur la prudence la plus élémentaire. Ce qu'ils redoutaient venait de se produire : Sarenpout dévoilait ses véritables intentions. À proximité de sa tombe, des hommes de main assassineraient Sésostris.

— Je te suis, dit le roi.

Dépités, Sobek et Nesmontou se demandaient comment intervenir.

— Puis-je vous servir de rameur ? proposa l'élégant Séhotep.

— Inutile, répliqua Sarenpout, je ramerai moi-même. L'exercice me garde en pleine forme.

Insister eût humilié le chef de province. N'attendait-il pas une provocation pour donner à ses miliciens l'ordre d'attaquer ?

Sobek comprit que Sésostris comptait se sortir seul de ce mauvais pas. Malgré sa force colossale, ne risquait-il pas de succomber sous le nombre ?

Conduite avec vigueur par Sarenpout, une belle barque en sycomore prit la direction de la falaise de la rive ouest dans laquelle étaient creusées les tombes des chefs de la province d'Éléphantine depuis le temps des pyramides. Pour les atteindre, il fallait emprunter des escaliers et des rampes assez raides, bordées de murs.

La barque accosta en douceur et les deux hommes grimpèrent lentement, en silence. Le puissant soleil du sud ne les gênait ni l'un ni l'autre.

Parvenus devant la demeure d'éternité de Sarenpout, ils se retournèrent pour découvrir un paysage envoûtant, composé du fleuve au bleu étincelant, des palmeraies au vert lumineux, du sable ocre et des maisons blanches.

— J'aime cet endroit plus que tout autre, avoua Sarenpout. C'est ici que j'espère vaincre la mort et passer une vie en éternité. L'un de mes ancêtres, qui portait le même nom que moi, a fait graver ces phrases : « J'étais rempli de joie en parvenant à atteindre le ciel, ma tête touchait le firmament, je frôlais le ventre des étoiles, étant moi-même étoile, et je dansais comme les planètes. » N'est-ce pas le seul destin enviable ? Venez, Majesté. Venez voir le plus beau de mes domaines.

Sésostris découvrit une tombe taillée dans le grès dont le sol montait et le plafond descendait pour se rejoindre en un point invisible, au-delà de la chapelle terminale. Dans la première salle, grandiose et austère, six piliers. Un escalier menait à un passage qui conduisait à la chambre de culte où s'ouvrait une niche contenant la statue du *ka* de Sarenpout.

En progressant dans cet axe qui ressemblait à un trait de lumière, Sésostris admira six statues du chef de province en Osiris.

— Telle est ma principale ambition, Majesté : devenir le fidèle du dieu de la résurrection. Vous faut-il une preuve plus éclatante de mon innocence ? Jamais je n'aurais tenté d'agresser l'acacia d'Osiris. Et ce que vous avez accompli montre que vous êtes le dépositaire de la sagesse dont ce pays a tant besoin. Si je m'y opposais, je serais un criminel. Aussi pouvez-vous me considérer comme un serviteur loyal qui ne vous trahira jamais.

Fier et déterminé, Bon Compagnon marchait à la tête du cortège. À sa droite, peinant à suivre le rythme, Gazelle traînait son gros ventre et ses mamelles pendantes. Mais la femelle n'aurait manqué sous aucun prétexte cette grande fête et, la tête haute, ne se laissait pas distancer.

Les deux chiens s'immobilisèrent devant une stèle sur laquelle étaient gravés les noms de Sésostris.

— Vénérez le pharaon au plus profond de vous-même, déclara Séhotep. Joignez son rayonnement à vos pensées, propagez le respect qu'on doit lui témoigner. C'est lui qui donne la vie. Il se montre généreux envers ceux qui suivent son chemin. En tant que Porteur du sceau royal, je confirme l'appartenance de cette province à la Double Couronne.

Sarenpout, dont le visage s'ornait d'un large sourire, s'inclina devant Sésostris.

Pour la première fois depuis bien longtemps, le général Nesmontou se détendit. Et Sobek lui-même, à son grand étonnement, ressentit une impression de sécurité. Le roi venait de remporter une nouvelle victoire sans verser une goutte de sang.

— Je dois retourner sur l'îlot de Biggeh pour m'assurer que la circulation de l'énergie n'est plus troublée, indiqua le monarque à Sarenpout. Prépare la fête au cours de laquelle j'annoncerai les travaux d'embellissement du grand temple d'Éléphantine.

Face à la grotte des sources du Nil, la jeune prêtresse vit le pharaon en sortir.

— Pour toi, l'heure est venue d'aller plus loin. Y consens-tu ?

— J'y suis prête, Majesté.

— Il te faudra tout le courage et toute la fermeté dont un être humain puisse être capable. Es-tu certaine que cette tâche n'excède pas tes forces ?

— Je ferai de mon mieux.

Le monarque présenta à la jeune femme un uræus en or massif, incrusté de lapis-lazuli, de turquoise et de cornaline. Ce cobra femelle se dressait au front de Pharaon pour projeter une flamme si puissante qu'elle dissipait les ténèbres en éliminant les ennemis de Maât.

— Touche ce symbole, emplis-toi de sa magie et remets-t'en à la main qui te guide.

Le cobra était brûlant.

Elle sentit que son énergie passait dans son sang et lui offrait une force nouvelle.

Le roi pénétra dans la grotte, la jeune prêtresse se retrouva seule. Recueillie, elle goûta le silence de l'îlot sacré sans redouter ce qui adviendrait. Depuis son enfance, elle avait souhaité connaître les mystères du temple et savait que le parcours serait aussi long que difficile. Mais de chaque épreuve traversée était née une joie immense qui portait ses pas plus loin dans un paysage de plus en plus vaste. Et rien n'avait troublé ce parcours, sinon l'apparition d'un jeune scribe dont elle avait appris qu'il se nommait Iker. Ce n'aurait dû être qu'une simple rencontre, mais elle ne parvenait pas à l'oublier, comme s'il s'agissait d'un proche, presque d'un intime, alors qu'elle ne le reverrait jamais.

Sept prêtresses vêtues d'une longue robe rouge et tenant des tambourins formèrent un cercle autour de la jeune femme.

Puis s'avança leur supérieure. Elle portait une perruque en forme de vautour et le collier-*menat*, symbole de la naissance en esprit.

La jeune femme frissonna.

Seule la reine d'Égypte, la souveraine des Deux Terres, celle qui voyait Horus et Seth réunis dans l'être de Pharaon, pouvait arborer cette coiffe rituelle. Le signe hiéroglyphique du vautour signifiait à la fois « mère » et « mort », car il fallait passer par la mort initiatique pour retrouver la mère céleste dont la reine était l'incarnation.

— Que les sept Hathor emprisonnent le mauvais sort, ordonna-t-elle.

Les ritualistes déployèrent une bandelette rouge dont elles entourèrent la jeune prêtresse.

— L'heure d'une nouvelle naissance est venue, annonça la reine. Tu as été initiée à la fonction de prêtresse pure[1], puis de musicienne qui fait rayonner l'amour[2]. Aujourd'hui, en abordant de nouveaux mystères, tu deviens une Éveillée[3]. Les Vénérables de la demeure du dieu Ptah, les Vieilles Femmes de

1. *Ouâbet.*
2. *Mérout.*
3. *Oureshout.*

la ville de Cusae et les Hathor de la demeure d'Atoum, le principe créateur, sont tes ancêtres. Elles vivent dans les initiées ici présentes et vont te faire entendre la musique du ciel, des étoiles, du soleil et de la lune.

Un chant doux et profond s'éleva, rythmé par les tambourins et les deux sistres que maniait la reine. À tour de rôle, les ritualistes prononcèrent les sept paroles créatrices formulées par la déesse Neith lors de la naissance de la lumière, jaillie d'elle-même hors de l'eau primordiale. Mâle et femelle, antérieure à toute manifestation, elle avait inauguré le processus de toutes les naissances en façonnant les divinités.

— Je suis tout ce qui a été, tout ce qui est et tout ce qui sera, dit la reine, et nul mortel n'a jamais soulevé mon voile, le linceul qui protège le corps d'Osiris. C'est aux initiées qu'il appartient de le tisser. Aussi seras-tu conduite dans la Demeure de l'Acacia où les âmes d'Hathor et d'Osiris se réuniront en ton cœur. Sur cet îlot sacré de Biggeh, elle prend la forme de la caverne de Hâpy dans laquelle l'eau céleste se joint à l'eau terrestre. Traverse cet espace, que ta vie soit nourrie de l'eau fraîche des étoiles et du feu de la connaissance.

Après avoir été dévêtue, la jeune femme pénétra dans la grotte où elle contempla la flamme. Puis elle parcourut le chemin des constellations, franchit les portes du ciel, se baigna dans le lac de lumière et naquit de nouveau au matin avec les premiers rayons du soleil levant.

Une prêtresse la plaça sur le socle symbolisant la déesse Maât et l'éventa avec une plume d'autruche, autre expression de la même réalité, afin de lui offrir le bon vent qui la conduirait jusqu'à la ville de la félicité.

Puis elle fut revêtue d'une robe rouge, et l'on orna son cou d'un large pectoral de perles signifiant sa renaissance après la traversée de la région ténébreuse où les forces de destruction n'avaient pas réussi à la retenir.

La reine lui remit une palette de scribe et le pinceau pour écrire, puis lui posa une étoile à sept branches sur la tête.

— Toi qui es à présent une Hathor, tu dois aussi devenir une Séchat, car une fonction particulière t'a été attribuée. Tu ne pourras pas te contenter de vivre ton initiation en toi-même et de goûter la paix à l'intérieur du temple en compagnie de tes Sœurs. De redoutables épreuves t'attendent, et il te faudra connaître les paroles de puissance afin d'affronter les ennemis visibles et invisibles. Nous t'aiderons autant que possible, mais toi seule pourras remporter la victoire.

45.

Iker était parti avant l'aube en prenant soin de ne réveiller personne dans le palais encore endormi. La veille, il avait remis à Djéhouty l'ensemble des dossiers dont il s'était occupé, tout en restant sourd à ses ultimes mises en garde.

Le jeune scribe monta sur le premier bateau à destination du Nord. Il leva l'ancre au soleil levant et joua avec le courant, aussi rapide que capricieux. Le capitaine, un moustachu expérimenté, maniait à merveille le gouvernail. À bord, une dizaine de voyageurs, un bœuf, des oies et Vent du Nord.

— Où vas-tu, mon garçon ? demanda le capitaine.

— À Kahoun.

— Une vingtaine d'heures de navigation, de nombreux arrêts, une nuit de repos s'il n'y a pas d'incidents... Combien proposes-tu ?

— Deux paires de sandales de bonne qualité, une pièce de lin et un papyrus de taille moyenne.

— Tu payes bien, dis donc ! Fils de famille ?

— Non, simple scribe de la province du Lièvre, au service du seigneur Djéhouty.

— Un grand notable très respecté. Pourquoi vas-tu à Kahoun ?

Ses questions commençaient à exaspérer Iker, qui tenta néanmoins de demeurer aimable.

— Pour des motifs professionnels.

— Une mission confidentielle ?

— Si vous voulez.

— Kahoun, c'est un drôle d'endroit. Moi, je ne connais pas, mais il paraît que c'est bien protégé et qu'il faut avoir des autorisations pour y résider. Tu ne dois pas être n'importe qui !

— Un simple scribe, je vous l'ai dit.

Ne supportant plus cet interrogatoire, Iker s'allongea sur sa natte de voyage et fit mine de s'endormir.

Le capitaine discuta avec un autre passager. À l'évidence, un incorrigible bavard.

Comme annoncé, les arrêts furent nombreux. L'un descendait, l'autre montait, des conversations s'engageaient, on grignotait des galettes, de l'oignon et du poisson séché, on buvait de la bière douce et l'on se laissait porter au rythme d'un fleuve bienveillant. Iker écoutait d'une oreille distraite les histoires de famille, les relations de procès et de querelles domestiques.

Un nouvel arrêt intrigua Vent du Nord, dont les oreilles se dressèrent.

Ce n'était pas un village, mais une petite palmeraie sillonnée par des rigoles d'irrigation. En sortirent deux hommes mal rasés, aux bras musclés comme des rameurs.

Des rameurs qui ressemblaient aux membres de l'équipage qui voulait supprimer Iker. Ils s'installèrent à la poupe.

Ainsi, le capitaine lui avait tendu un piège ! Il s'était moqué de lui en posant des questions dont il connaissait les réponses. Ces deux brigands allaient terminer le travail.

Iker s'approcha du moustachu qui semblait s'être assoupi.

— Vous ne surveillez pas le fleuve ?

— Un bon marin ne dort que d'un œil.

— Débarquez-moi au plus vite.

— Nous sommes encore loin de Kahoun !

— J'ai changé d'avis.

— Tu ne sais pas ce que tu veux, mon garçon. Où désires-tu vraiment aller ?

— Débarquez-moi.

— Je n'ai pas d'arrêt prévu dans l'immédiat. Si tu insistes, il me faut un supplément.

— Je vous ai largement payé, non ?

— Certes, mais...

— Une natte neuve suffira ?

— Si elle est vraiment neuve...

Iker lui donna l'une de ses deux nattes de voyage. Satisfait, le capitaine entama la manœuvre d'accostage.

Dès que la passerelle fut posée, Iker et Vent du Nord l'empruntèrent. Le jeune scribe était persuadé que les deux rameurs ne manqueraient pas de les imiter.

Il se trompait.

Le bateau s'éloigna.

— On devra marcher davantage que prévu, dit Iker à Vent du Nord. Au moins, personne ne nous poursuivra.

L'âne approuva, Iker se sentit soulagé.

— Ces deux types avaient véritablement l'air louche. Après ce qui m'est arrivé, comment ne pas être méfiant ?

Iker vérifia que rien ne manquait à son matériel de scribe pendant que l'âne se régalait de chardons. Puis ils continuèrent vers le nord en prenant un sentier qui longeait les cultures.

— Il y a tant de questions qui m'obsèdent ! À Kahoun, j'obtiendrai peut-être des réponses. Mais pourquoi refuse-t-on de me parler du pays de Pount ? Djéhouty ne m'a confié qu'une partie de la vérité. À moins que lui-même ne soit moins bien informé que je ne l'imagine. Et celui qui voulait me supprimer, c'est le pharaon en personne ! Quel tort lui ai-je causé ? Je ne suis rien, je ne menace son pouvoir d'aucune façon. Pourtant, c'est bien à moi qu'il s'en est pris. Si j'étais raisonnable, je m'enfuirais et je me ferais oublier. Mais impossible de renoncer à la vérité, quels que soient les risques. Et je veux la revoir. Si j'ai envie de me battre, c'est à cause d'elle.

Ce fut Vent du Nord qui décida des temps de repos et choisit les endroits ombragés où sommeiller avant de reprendre la route. Les deux compagnons ne croisèrent que des paysans, les uns rébarbatifs, les autres aimables. Dans une ferme, Iker rédigea plusieurs lettres à l'intention de l'administration avec laquelle le propriétaire était en conflit. En échange, il reçut de la nourriture.

À l'approche de la riche et luxuriante province du Fayoum, l'âne se mit à braire avec insistance.

Sans nul doute, il détectait un danger.

Au sommet d'une butte, un chacal. Haut sur pattes, la tête fine, il fixait les intrus qui osaient s'aventurer sur son territoire. Le cou dressé à la verticale, il poussa des cris étranges que Vent du Nord écouta avec attention. D'un pas ferme, il se dirigea vers le prédateur.

Iker comprit que les deux animaux s'étaient parlé. Le chacal n'était-il pas l'incarnation d'Anubis, lequel connaissait tous les chemins, en ce monde et dans l'autre ?

Se réglant sur l'allure rapide de leur guide qui, cependant, prenait soin de ne pas les semer, les deux compagnons parvinrent en vue de Ra-henty, « la bouche du canal », site marqué par une grande digue et une écluse qui régulaient l'apport d'eau que fournissait au Fayoum un bras du Nil. Grâce aux travaux des ingénieurs de Sésostris II, la surface des terres cultivables avait été augmentée et l'irrigation contrôlée.

Plusieurs policiers barrèrent le passage aux voyageurs.

— Zone militaire interdite, indiqua un gradé. Qui es-tu et d'où viens-tu ?

— Mon nom est Iker. Je suis scribe de la cité de Thot.

Le gradé eut un mauvais sourire.

— Ben voyons ! Vu ton âge, c'est tout à fait crédible. Et moi, je suis le général en chef de l'armée du roi. J'ai une spécialité : détecter les menteurs. Entre nous, tu aurais pu trouver mieux.

— C'est la vérité. Je vais vous montrer un document qui vous convaincra.

À l'instant où Iker ouvrait un des sacs portés par son âne, les arcs des policiers se tendirent et la pointe de l'épée courte du gradé piqua ses reins.

— Plus un geste ! Tu voulais prendre une arme, hein ? Personne n'emprunte cette piste, à l'exception des forces de sécurité. Qui te l'a indiquée ?

— Vous n'allez pas me croire !

— Dis toujours.

— Un chacal.

— Tu avais raison, je ne te crois pas. Tu es probablement l'émissaire d'un gang qui compte commettre des vols dans la région.

— Regardez vous-même dans mes sacs de voyage ! Ils ne contiennent que mon matériel de scribe. Surtout, maniez-le avec précaution.

Méfiant, le gradé fouilla les bagages du suspect. Il fut déçu de ne pas y découvrir d'arme.

— Tu es un rusé, toi ! Et ce fameux document ?

— C'est un papyrus roulé et scellé, à l'intention du maire de Kahoun. Le sceau est celui de Djéhouty, chef de la province du Lièvre.

— Si je le brise, le maire me révoquera pour violation de courrier officiel. Et si je le laisse intact, je suis obligé de te croire sur parole. Encore une belle astuce, mon gaillard ! Je prends les paris : ce document est un leurre. Mais à moi, on ne me la fait pas ! Les types dans ton genre, je les connais à fond.

— Cessons cette comédie et conduisez-moi chez le maire de Kahoun.

— Penses-tu qu'il perde son temps à recevoir les délinquants ?

— Vous voyez bien que je suis un scribe !

— Ce matériel, à qui l'as-tu volé ?

— Il m'a été donné par le général Sépi.

— Connais pas. De toute façon, tu inventerais n'importe quel nom ! Pourquoi pas celui d'un général ?

— Vous vous trompez. Tout ce que je vous dis est exact.

— Ce que je veux savoir, c'est si tu comptais agir seul ou avec des complices.

Iker commençait à perdre son calme, l'autre le sentit.

— Pas de geste inconsidéré, mon gaillard ! Sinon, je t'enfonce mon épée dans le corps, et tous mes subordonnés témoigneront en ma faveur.

Ils étaient trop nombreux pour qu'Iker les terrasse, et il ne courrait pas assez vite pour échapper aux flèches des archers.

— Que le maire de Kahoun brise ce sceau et lise cette lettre de recommandation. Vous comprendrez alors votre erreur.

— Des menaces, maintenant ! Tu vas passer un bon moment en prison.

— Vous n'avez pas le droit de m'incarcérer.

— Tu crois ça... Qu'on lui mette les menottes en bois.

Trois policiers se ruèrent sur le jeune scribe et le plaquèrent au sol. Quand ils le relevèrent, il avait les mains entravées derrière le dos.

— Qu'allez-vous faire de mon âne ?

— Une belle bête, saine et puissante ! J'en aurai l'usage.

— Et mon matériel ?

— On le troquera contre des vêtements.

— Vous n'êtes qu'un voleur !

— N'inverse pas les rôles, mon garçon ! Le voleur, c'est toi. Et je recevrai des félicitations pour t'avoir intercepté à temps. Quand tu auras séjourné quelques mois dans une geôle puante avec des brigands de ton espèce, tu auras l'échine plus souple. Ensuite, plusieurs années de travaux forcés te redonneront le goût de l'effort et de la bonne conduite. Emmenez-moi ça, que je ne le voie plus.

Iker n'adressa pas la parole aux sbires qui le conduisirent à la prison située en dehors de la ville. Ils le jetèrent dans une cellule occupée par trois voleurs de volailles, un jeune et deux vieux.

— Tu as fait quoi, toi ? lui demanda le jeune.

— Rien.

— Moi, c'est pareil. Et combien tu as volé d'oies ?

— Aucune.

— Rassure-toi, tu peux parler. Nous, on est de ton côté.

— Depuis combien de temps es-tu ici ?

— Quelques semaines. On attend que le juge veuille bien s'occuper de nous. Malheureusement, ce n'est pas un tendre. On risque d'en prendre pour un bon moment, vu qu'on n'est pas ici pour la première fois. Quand on passe aux aveux et qu'on fait semblant d'avoir des regrets, il se montre un peu plus clément. Si tu n'es pas habitué, on va t'entraîner.

— Je suis un scribe et je n'ai volé personne.

L'un des vieux ouvrit un œil.

— Un scribe en prison ? Alors, tu dois être un grand criminel ! Raconte-nous.

Las, Iker s'assit dans un angle de la pièce.

— Laissons-le tranquille, recommanda le jeune.

Iker avait tout perdu, mais il refusa de céder au désespoir.

N'était-il pas tombé dans un nouveau piège ? Non, puisqu'il avait été guidé par le chacal d'Anubis. Il ne s'agissait que d'un malentendu. Même s'il fallait du temps pour le dissiper, le jeune scribe y parviendrait.

46.

La porte de la cellule s'ouvrit avec fracas.

— Toi, dit un policier à Iker, lève-toi et suis-nous.

— Où m'emmènes-tu ?

— Tu le verras bien.

Trois gardes-chiourme le conduisirent hors de la prison, mais, à sa grande surprise, ils ne lui passèrent pas les menottes en bois.

— Serais-je libre ?

— Nous, on a pour mission de t'amener aux autorités. Si tu tentes de t'enfuir, nous t'abattons.

L'espoir d'un sort meilleur s'évanouissait. Ces autorités-là lui signifieraient une lourde condamnation, sans doute plusieurs années de travaux forcés dans les mines de cuivre ou dans une oasis du désert de l'Ouest.

À un contre trois, la partie était jouable. Encore fallait-il que les policiers s'écartent un peu afin qu'Iker portât des prises efficaces. Hélas ! il s'agissait de bons professionnels qui ne lui laissèrent aucune chance.

Iker découvrit la ville de Kahoun, un quadrilatère de 390 mètres sur 420, délimité par un mur d'enceinte d'une hauteur de 6 mètres et d'une épaisseur de 3. La porte d'accès principale se trouvait dans l'angle nord-est. Quatre militaires occupaient le poste de garde.

— On vous amène le prisonnier.

— On s'en occupe, affirma un gradé, qui appela deux de ses hommes.

Les soldats, plus costauds que les policiers, étaient armés de javelots. S'ils les maniaient bien, le jeune homme n'irait pas loin. Aussi Iker se résigna-t-il.

Le quatuor emprunta une large artère d'où partaient des rues desservant les deux principaux quartiers. Dès le premier regard, on s'apercevait que l'ensemble avait été quadrillé avec soin et correspondait à un plan précis. Dans cet endroit étrange, où régnait un calme inhabituel pour une cité égyptienne, Iker se sentit aussitôt à l'aise.

Peu d'échoppes, de jolies maisons blanches, une propreté exemplaire : le jeune homme aurait aimé découvrir les recoins de Kahoun, mais les soldats l'obligèrent à presser l'allure.

— Dépêchons, le maire a horreur d'attendre.

L'imposante demeure du maître de la cité était bâtie sur une acropole d'où elle dominait l'agglomération.

Même si l'immense villa de soixante-dix pièces ne couvrait pas moins de 2 700 mètres carrés, l'on y accédait par une entrée étroite. De part et d'autre, deux guérites occupées par des gardiens.

— Voici le prisonnier que le maire veut voir, annonça le gradé.

— Un instant, je préviens son intendant.

Sur la gauche, un chemin dallé conduisait aux cuisines, aux étables et aux ateliers. L'intendant, les soldats et Iker suivirent celui de droite qui aboutissait à une antichambre. En partait un couloir donnant sur une grande cour fermée, au sud, par un portique où le maître de maison aimait prendre le frais. Délaissant l'aile du domaine privé comprenant les chambres à coucher et les salles d'eau, l'intendant guida ses hôtes jusqu'à la salle de réception à deux colonnes.

La tête basse, l'administrateur du temple de la vallée du roi Sésostris II essuyait une sévère réprimande. Gêné, l'intendant fit demi-tour.

— Approche, lui ordonna son patron, un homme de petite taille, au front étroit et aux sourcils épais.

— Voici le prisonnier que...

— Je sais, coupa sèchement le maire. Sortez tous d'ici et laissez-moi seul avec lui.

— Ce brigand peut être dangereux, intervint le gradé, et...

— Tais-toi et obéis.

Iker demeura seul face au notable dont le regard noir ne promettait rien de bon.

— Tu t'appelles Iker ?

— C'est bien mon nom.

— D'où es-tu originaire ?

— De Médamoud.

— Et d'où viens-tu ?

— De la cité de Thot.

— Reconnais-tu ceci ?

Le maire montra au jeune homme son matériel de scribe, étalé sur une table basse.

— Ces objets m'appartiennent.

— Où les as-tu achetés ?

— C'est le général Sépi qui me les a donnés. J'ai eu la chance d'être son élève, puis d'accéder à la dignité de scribe. Le chef de province m'a attribué mon premier poste.

Le maire relut le papyrus que lui avaient apporté les policiers et dont il avait brisé le sceau.

— La surveillance de ma ville est satisfaisante, mais l'intelligence n'est pas la première qualité que je réclame aux forces de l'ordre. La police n'a pas compris qui tu étais. Un scribe aussi jeune et qui bénéficie de tels éloges de la part d'un chef de province plutôt avare de compliments mérite attention. Alors, pourquoi désires-tu travailler à Kahoun ?

— Pour tenter d'appartenir à l'élite des scribes.

Le regard du maire devint moins agressif.

— Mon garçon, tu ne pouvais pas mieux choisir ! Cette ville a été bâtie par des géomètres et des ritualistes instruits dans les mystères. Ils ont aussi édifié une pyramide, puis cet endroit est devenu un centre administratif de premier plan. Je dois gérer des terres, des carrières, des greniers, des ateliers, procéder à des recensements, veiller sur les déplacements de main-d'œuvre dans le Fayoum, vérifier les achats et les dépenses journalières, m'assurer que les prêtres, les artisans, les scribes, les jardiniers et les militaires effectuent correctement leur travail... Cette tâche épuisante ne me laisse plus le temps de me consacrer à ma passion : l'écriture. Remarque, tout a déjà été dit, et personne, pas même moi, n'est capable d'inventer du nouveau. Ah, si je pouvais prononcer des paroles surprenantes, façonner des expressions inédites ! Chaque année pèse plus lourd que la précédente, la justice n'est pas assez juste, et l'action des divinités demeure mystérieuse. Même l'autorité n'est pas suffisamment respectée. Si tu veux mon avis, tout va de travers. Qui s'en aperçoit, qui prend les mesures nécessaires, qui ose chasser le mal, qui aide vraiment les pauvres, qui lutte contre l'hypocrisie et le mensonge ?

— N'est-ce pas le rôle de Pharaon ? avança timidement Iker.

L'exaltation du maire retomba.

— Bien sûr, bien sûr... Souviens-toi que l'essentiel, c'est l'écriture. Les écrivains ne construisent ni temples ni tombeaux, ils n'ont d'autres héritiers que leurs textes qui leur survivent et assurent leur renom, siècle après siècle. Tes enfants, ce sont tes pinceaux et tes tablettes. Ta pyramide, ton livre. Moi, je gâche mon talent dans des tâches administratives sans fin.

— Comptez-vous me confier un poste ?

— Je te préviens : tu seras en compagnie de scribes hautement qualifiés qui détestent l'amateurisme. Ils ne tolèrent aucune faute et me réclameront ton renvoi si tes connaissances techniques sont insuffisantes. Je veux croire que le chef de province Djéhouty n'a pas tracé de toi un portrait trop flatteur. Bon... Eh bien, j'ai besoin de quelqu'un dans l'administration des greniers.

Iker masqua sa déception. Ce n'était certes pas l'emploi qu'il espérait.

— J'ai beaucoup travaillé aux archives et...

— Le personnel des archives est au complet et me donne entière satisfaction. Le général Sépi ne t'aurait-il pas appris à gérer un grenier ?

— Cette discipline n'a pas été omise, et je vous remercie de m'accorder votre confiance.

— Seule la réalité compte, mon garçon ! Ou bien tu es compétent, ou bien tu ne l'es pas. Dans le premier cas, Kahoun sera pour toi un paradis ; dans le second, tu retourneras vite d'où tu es venu.

— Je souhaite répondre à votre attente, mais il existe un point sur lequel je ne transigerai pas.

— Lequel ?

— Mon âne. Il est mon compagnon, je veux le retrouver.

— Avec ta paye, tu en achèteras un autre !

— Vous ne comprenez pas. Vent du Nord est unique. Je l'ai sauvé, il me conseille.

— Un âne... qui te conseille ?

— Il sait répondre à mes questions. Avec lui, je réussirai. Sans lui, j'échouerai.

— Sais-tu au moins où il est ?

— Probablement près de la prison où j'ai été incarcéré.

— Voici un mot qui te permettra de le récupérer en toute légalité. Mon intendant t'indiquera l'emplacement de ton logement de fonction.

Iker s'inclina avec respect.

— Le général Sépi t'a-t-il parlé des grands scribes qui ont percé le secret de la création ?

— L'écoute, l'entendement et la maîtrise des feux ne sont-ils pas les qualités indispensables pour y parvenir ?

— Tu as eu un excellent professeur ! Mais il faut aussi songer à t'équiper.

— Ne me rendrez-vous pas mon matériel ?

— Bien sûr que si ! Je parle d'un autre équipement, celui composé des formules nécessaires pour passer les portes, obtenir la barque de la part du passeur ou bien échapper au grand filet qui capture les âmes des mauvais voyageurs. Sans cette science-là, tu ne seras qu'un scribe ordinaire.

— Où puis-je l'acquérir ?

— À toi de te débrouiller, mon garçon ! Le temps de l'école est une chose, celui du métier une autre. Ne dit-on pas que les meilleurs artisans fabriquent eux-mêmes leurs outils ?

Troublé, Iker sortit de Kahoun pour se rendre à la prison. Pourquoi le maire avait-il prononcé des paroles aussi énigmatiques ? Pourquoi lui dévoilait-il l'existence d'un savoir inaccessible ? Comme le général Sépi et le chef de province Djéhouty, il se dissimulait derrière un masque. Cette nouvelle mise à l'épreuve ne décourageait pas le jeune homme, bien au contraire ; si on lui tendait réellement des perches, il les saisirait afin de ne pas se noyer dans le fleuve. Et s'il ne s'agissait que d'illusions, il les dissiperait.

Sur le seuil de la prison, un garde endormi, le bras en écharpe.

Iker lui tapa sur l'épaule, le policier sursauta.

— Que veux-tu ?

— Je viens chercher mon âne.

— Ce ne serait pas un colosse à la tête plus dure que le granit et au regard indomptable ?

— La description me paraît bonne.

— Eh bien, regarde ce qu'il m'a fait ! Et il a blessé trois autres policiers en chargeant, en ruant et en mordant !

— C'est normal, il n'obéit qu'à moi. Relâche-le.

— Trop tard.

— Comment, trop tard ? interrogea Iker, la gorge serrée.

— Le chef a décidé d'abattre cette bête fauve. Il n'a pas fallu moins de dix hommes pour le ligoter.

— Où l'a-t-on emmené ?

— Au terrain vague, derrière la prison.

Iker courut aussi vite qu'il le pouvait.

Vent du Nord était couché sur le flanc, les pattes enserrées dans des cordes fixées à des piquets. Un ritualiste levait le couteau du sacrifice.

— Arrêtez ! hurla le jeune scribe.

Tous se retournèrent, l'âne poussa un braiment d'espoir.

— Cet animal est dangereux, affirma le ritualiste. Il faut extirper de lui la puissance redoutable.

— Cet âne m'appartient.

— Possèdes-tu un document qui le prouve ? ironisa le gradé.

— Celui signé par le maire de Kahoun vous suffira-t-il ?

Le policier fut contraint de s'incliner.

Iker arracha le couteau de la main du ritualiste et délivra son compagnon.

Conscient que le jeune homme venait de lui sauver la vie pour la deuxième fois, Vent du Nord lui lécha les mains.

— Viens, Vent du Nord. J'ai beaucoup de choses à te raconter.

47.

Le centre spirituel de l'Égypte, Abydos, s'enfonçait dans la morosité. Isolé du reste du pays par des gardes vigilants qui filtraient avec une extrême sévérité les prêtres temporaires, le territoire d'Osiris semblait à jamais privé de la douce lumière qui, naguère, rendait vivants ses édifices sacrés.

Pourtant, le collège de prêtres permanents nommés par le pharaon ne ménageait pas sa peine et accomplissait ses devoirs sans faiblir. Malgré le poids des ans et un cœur dont la voix devenait de plus en plus faible, le vieux supérieur, porteur de la palette en or, se rendait chaque matin auprès de l'acacia malade.

Le processus de dégradation était interrompu, mais aucun signe d'amélioration ne se manifestait. Osiris résiderait-il encore longtemps dans l'arbre ? Celui-ci continuerait-il à unir le ciel, la terre et le monde souterrain ? Plongerait-il encore ses racines dans l'océan d'énergie primordiale ?

À toutes ces questions, le vieillard était incapable de répondre. Jusqu'à ce drame, son existence avait été celle d'un paisible ritualiste, uniquement préoccupé de célébrer les mystères et de les transmettre. Rien ne l'avait préparé à cette tragédie devant laquelle il se sentait désarmé.

Certes, depuis l'ouverture d'un grand chantier par Sésostris, un rameau de l'arbre avait reverdi et ne s'était pas desséché. S'accrochant à ce mince espoir, le porteur de la palette en or versait chaque jour de l'eau et du lait au pied de l'acacia.

Puis, de sa démarche de plus en plus hésitante, il se rendait sur le site où les bâtisseurs, tenus au secret, édifiaient le temple et la demeure d'éternité de Sésostris.

Ce jour-là, le parcours lui parut encore plus pénible que d'ordinaire. Un vent frais lui gela les os, le sable lui brûla les yeux. Le maître d'œuvre vint à sa rencontre et lui prêta son bras.

— Ne devriez-vous pas prendre du repos ?

— En ces temps difficiles, personne ne doit songer à lui-même. Avez-vous reçu de la viande, du poisson et des légumes ?

— Les artisans ne manquent de rien, les approvisionnements nous parviennent en temps et en heure. Les cuisiniers mis à notre disposition préparent d'excellents plats.

— Votre voix est moins sereine que vos propos. À quelles difficultés vous heurtez-vous ?

— Une série d'incidents, révéla le maître d'œuvre. Des outils qui se brisent, une pierre mal taillée dans la carrière, des blessures superficielles, des maladies... On jurerait qu'une force maléfique tente de ralentir notre rythme de travail.

— Comment luttez-vous contre ces contrariétés ?

— Par le rituel du matin et la cohésion de l'équipe. Face à cette situation, chacun sait qu'il doit compter sur les autres. Il serait injuste d'accuser untel ou untel de simulation ou d'incompétence. Au contraire, nous devons rester unis, sous la protection du roi, car ce chantier exige dix fois plus d'efforts que prévu. Rassurez-vous : nous tiendrons bon.

— Si vous cédiez, Abydos serait condamné à mort. Sa disparition entraînerait celle de l'Égypte.

— L'œuvre sera accomplie jusqu'à son terme.

Le porteur de la palette en or revint lentement vers le temple et vérifia que le ritualiste dont l'action demeurait secrète avait bien mis en ordre la demeure divine. Il s'assura également que celui qui versait quotidiennement la libation sur les tables d'offrande avait rempli sa tâche, de même que le serviteur du *ka*, chargé de célébrer le culte des ancêtres dont l'aide était plus nécessaire que jamais.

Un instant, il crut que son cœur s'arrêtait de battre, et il fut obligé de s'asseoir. Quand il eut repris un peu de souffle, il continua son inspection en se rendant à la tombe d'Osiris que gardait le prêtre veillant sur l'intégrité du corps divin.

— Les scellés sont-ils bien en place ?

— Ils le sont.

— Montre-les-moi.

Le supérieur les examina de près et ne constata rien d'anormal.

— Quelqu'un a-t-il tenté de s'approcher du tombeau ?

— Personne.

— Aucun incident, même mineur, à signaler ?

— Aucun.

Avec un tel gardien, le porteur de la palette en or ne nourrissait aucune inquiétude. Intransigeant, rigoureux, il n'ouvrirait la porte de ce lieu sacré entre tous que sur l'ordre de celui qui dirigeait le rituel des mystères d'Abydos.

Restait au vieillard à questionner le Chauve, lequel consultait les archives dans la bibliothèque de la Maison de Vie. Ne cessant d'exploiter les rituels anciens, il en extrayait des paroles pleines de puissance, intégrées au rituel de l'année.

Le supérieur aimait cet endroit, parcouru de vibrations harmonieuses qu'engendraient les pensées des sages, couchées sur papyrus. Il y flottait une odeur agréable qui sentait bon le passé et les temps heureux.

— Inutile de vous supplier de réduire vos activités, grommela le Chauve, dont l'irascibilité ne s'atténuait pas avec l'âge.

— Inutile, en effet. As-tu reçu des visiteurs, ces derniers jours ?

— Aucun. À part vous, je n'aurais laissé entrer personne. Quand je travaille, surtout sur des sujets aussi difficiles que la navigation de la barque sacrée, je n'aime pas être dérangé. Je crois que le résultat de mes recherches ne sera pas inutile, car certains points obscurs pourront être précisés.

Parfaire sans cesse les rites, outils majeurs de la perception de l'invisible, était la préoccupation constante de la confrérie d'Abydos. C'était aussi le meilleur moyen de lutter contre les maléfices.

Dernière étape du périple du supérieur, le sanctuaire des sept prêtresses chargées d'enchanter l'âme divine. Par la musique, le chant et la danse, elles perpétuaient l'harmonie reliant les puissances célestes à leurs manifestations terrestres. Par la célébration des rites féminins, elles maintenaient Osiris hors de la mort. Sans elles, Abydos n'aurait jamais existé.

La plus jeune des sept vint à la rencontre du porteur de la palette en or. Elle était la joie unie à la gravité. Depuis son retour d'Éléphantine où elle avait été élevée au grade d'Éveillée par la reine d'Égypte en personne, elle semblait plus rayonnante encore.

— As-tu besoin de quelque chose ? lui demanda-t-il.

— De l'oliban frais et une table d'offrande supplémentaire, supérieur. Acceptez mon bras, je vous en prie, et venez vous asseoir à l'ombre.

Le vieillard ne refusa pas. La pesante fatigue qui l'oppressait depuis son réveil ne se dissipait pas.

— Comment ressens-tu le rituel que tu as vécu récemment ?

— Comme une porte ouverte sur un nouveau monde. D'autres réalités et d'autres couleurs sont apparues. Les paysages étaient là, tout près, et je ne les voyais pas. Nous, les humains, ne sommes-nous pas des obstacles à la lumière ? Je sais aussi que je devrai faire fructifier des présents aussi extraordinaires. La reine ne m'a pas caché la difficulté des épreuves qui m'attendaient sur le chemin de l'initiation.

— Les divinités l'ont voulu ainsi, Dieu les a approuvées. Jamais tu ne seras une prêtresse comme les autres. Parfois, tu souhaiteras leur ressembler, mais ne t'enferme pas dans cette illusion.

— Acceptez-vous de me donner davantage d'explications ?

Une douleur fulgurante perça la poitrine du supérieur. Ses yeux se révulsèrent, il tomba sur le côté.

Sans s'affoler, la jeune prêtresse l'aida à s'allonger. Lors de son apprentissage, elle avait acquis suffisamment de connaissances médicales pour reconnaître une crise cardiaque.

— Je vais chercher de l'eau et un coussin.

— Non, reste, ce sont les derniers moments... C'est ton visage que je veux garder en mémoire afin d'affronter les gardiens de l'autre monde. Ta mission... ta mission est plus grande et plus périlleuse que tout ce que tu pourrais imaginer. J'ai confiance en toi, tellement confiance...

Le vieillard serra les mains de la jeune femme et poussa un très long soupir.

Le Chauve laissa se dissoudre des grains de natron dans une eau magnétisée, puis il s'agenouilla devant une pierre taillée. Le ritualiste lui versa sur les mains un peu de cette eau. Purifié, le Chauve purifia à son tour le serviteur du *ka*, qui offrit au buste du supérieur défunt du lait, du vin, du pain et des dattes.

Momifié et inhumé la veille, le porteur de la palette en or appartenait désormais au cercle des ancêtres justifiés. La confrérie savait qu'il ne l'abandonnerait pas, à condition que sa mémoire fût célébrée.

Le serviteur du *ka* apporta un encensoir en forme de bras et souleva le couvercle afin que la fumée d'encens montât jusqu'aux paradis où les ressuscités se nourrissaient des parfums les plus subtils. Puis il éleva la patte antérieure du taureau, un objet en albâtre symbolisant la puissance victorieuse. Ensuite, les prêtresses énumérèrent à haute voix les aliments gravés sur la table d'offrande et présentèrent à l'ancêtre des bandes d'étoffe. La cérémonie se termina par la lecture des formules de transformation en lumière qui rendait l'âme capable de voyager dans tous les univers.

Parmi les cinq prêtres permanents formant le sommet de la hiérarchie d'Abydos, un seul n'avait pas réussi à se concentrer pendant le rituel. Ce n'était pas au défunt qu'il songeait, mais à lui-même et à l'inévitable promotion dont, cette fois, il serait l'heureux bénéficiaire. Le poste de porteur de la palette en or et de supérieur ne pouvait échoir à personne d'autre. Comme il avait rempli son rôle à la perfection, nul ne s'était aperçu que ses pensées ne s'orientaient pas vers le vieillard dont la disparition ne l'attristait guère. Enfin, la place était libre !

Ses collègues éprouvaient tant de respect pour son caractère austère et d'admiration pour sa science qu'il serait désigné sans la moindre discussion. À la tête de la plus illustre communauté initiatique d'Égypte, comment agirait-il ? Curieusement, il n'y avait pas encore pensé ! L'important, c'était de l'occuper, cette tête, avec les nombreux avantages qu'elle lui procurerait.

— Le maître des grands mystères est arrivé, annonça la jeune prêtresse.

Cette visite attendue ne gênait pas le futur supérieur. Le puissant personnage participait à la célébration des mystères osiriens, mais il ne résidait pas en Abydos. Il s'en remettrait forcément à l'avis des permanents pour le choix de leur nouveau grand prêtre.

Le pharaon Sésostris se recueillit longuement près du sarcophage du défunt. Il lut les formules de résurrection, issues des *Textes des Pyramides*, des *Textes des Sarcophages* et du rituel secret d'Abydos. Puis il réunit dans le temple les cinq prêtres et les sept prêtresses.

— Point n'est besoin d'insister sur l'importance de votre

rôle. En temps normal, il est déjà essentiel; dans les circonstances actuelles, il devient vital. J'ai de nombreux combats à mener, et ma force repose sur les rituels que vous célébrez ici afin de maintenir en vie Osiris et son acacia. Si vous échouez, l'institution pharaonique disparaîtra, et les Deux Terres avec elle. La barbarie, la corruption, le fanatisme et la violence s'imposeront. Les liens entre le ciel et la terre seront rompus, les divinités quitteront ce pays et peut-être même le monde des humains. Vous êtes peu nombreux à vivre dans le secret, par le secret et pour le secret. Votre devoir consiste à le préserver hors d'atteinte du mal, de la bassesse et des larmes corrosives d'une humanité qui pleure sur sa propre médiocrité. Nous ne sommes pas certains de sortir vainqueurs du terrible combat où nous sommes engagés, mais nous lutterons jusqu'au bout, sans aucune concession à l'adversaire. Que Maât soit notre règle, qu'elle nous guide et nous protège.

Les paroles du roi ébranlèrent un peu le futur supérieur, mais il attendait trop la principale décision pour s'y intéresser vraiment.

— Le prêtre qui portait la palette en or et dirigeait cette confrérie sur mon ordre était un homme droit. Avant qu'il ne comparaisse devant le tribunal divin, nous devons porter sur lui notre jugement. Le mien est favorable. L'un ou l'une d'entre vous lui serait-il défavorable ?

Le silence régna sur l'assemblée.

— Puisqu'il en est ainsi, les rites seront célébrés jusqu'à leur terme. Puisse ce juste de voix sur cette terre être reconnu comme tel dans les cieux et voyager à jamais dans l'éternité.

Le futur supérieur éprouvait de plus en plus de peine à contrôler son impatience. Enfin, le monarque aborda la question principale.

— La hiérarchie actuelle poursuivra son travail avec la même rigueur. Quant à la palette en or, sur laquelle sont inscrites les formules de connaissance, j'ai décidé de la conserver dans l'être de Pharaon.

Le candidat à la fonction suprême crut avoir mal saisi. Sésostris ne demandait pas leur avis aux membres de la confrérie, il ne nommait personne... Un vrai cauchemar !

— J'entends être lié de façon permanente à Abydos, ajouta le roi. Le Chauve sera mon représentant, régira votre communauté en mon absence mais ne prendra aucune initiative sans mon accord explicite. Il recevra régulièrement mes instructions et me tiendra au courant des moindres événements. À la première faute, si vénielle soit-elle, le coupable sera exclu de la confrérie. Nous sommes en guerre, et l'ennemi est beaucoup plus redoutable que des milliers de soldats. L'erreur, l'inattention ou toute autre forme de défaillance relèveront de la trahison et seront sanctionnées comme telle. À présent, célébrons un banquet en l'honneur de notre Frère que la belle déesse d'Occident vient d'accueillir en son sein.

Malgré son estomac serré, le déçu mangea les nourritures consacrées et montra bonne figure. Personne ne devait percevoir sa rancœur, à la fois contre Sésostris, Abydos, les autres prêtres et les prêtresses qui n'avaient même pas pris la parole afin de vanter ses mérites.

La vengeance ne lui suffirait pas, il lui faudrait aussi atteindre son but. Pour y parvenir, un impératif : devenir riche. Il aurait besoin d'acheter des consciences et de s'imposer comme le personnage central de la cité sainte en tissant sa toile dans les ténèbres. Mais comment faire fortune sans se démasquer ?

La difficulté paraissait insurmontable.

— Tu sembles déprimé, observa l'une des prêtresses.

— Qui ne le serait pas ? Perdre un supérieur de cette qualité est une dure épreuve.

— Nous la surmonterons ensemble. Et nous aurons besoin de ta sagesse et de ton expérience.

— On peut compter sur moi.

48.

— Je suis l'inspecteur principal des greniers Gergou, mandaté par le Grand Trésorier Senânkh. Montre-moi tes installations.

Le responsable des greniers du petit village de la Butte fleurie était tout surpris de la visite d'un personnage si considérable.

— Nous sommes en plein travail, et...

— Ou bien tu obéis immédiatement, ou bien je fais intervenir la police.

— Venez, je vous en prie !

Avec Senânkh, Gergou avait déjà inspecté les greniers de plusieurs grandes villes. Il savait se tenir à sa place, se révélait discret et respectueux, observait à la lettre les consignes données par son patron qui le considérait comme un parfait fonctionnaire.

Dès que Senânkh était retenu au palais, Gergou saisissait l'occasion pour faire du zèle en s'intéressant aux petites exploitations. Là, il se déchaînait en profitant des prérogatives de sa charge.

Le responsable le conduisit jusqu'à la cour à greniers du village qu'entourait un mur d'enceinte.

— Ce mur n'est pas assez haut, observa Gergou. Des voleurs le franchiraient aisément.

— Nous nous connaissons tous, ici, et il n'y a aucun voleur !

Il poussa la porte donnant sur la cour.

— Pas de verrou ?

— Ce n'est pas nécessaire.

— Les réserves de grains doivent être en sécurité. Ce n'est pas le cas de celle-ci.

— Je vous certifie que...

— Le règlement est le règlement.

Troublé, le responsable pénétra dans la cour d'où partait un escalier montant à une terrasse sur laquelle se trouvaient les ouvertures de trois coffres à grains installés contre le mur du fond. Presque au niveau du sol, des trappes verticales que l'on manœuvrait pour recueillir les céréales.

— L'escalier n'est pas réglementaire, jugea Gergou. Nombre de marches insuffisant, travail de mauvaise qualité.

— J'ignorais ce règlement-là !

— Maintenant, tu sais.

Gergou ouvrit une trappe.

— Le bois est usé. Cette pièce aurait dû être remplacée depuis longtemps.

— Elle fonctionne parfaitement, je vous assure !

— Les noms des propriétaires des champs devraient être gravés sur le mur.

— Regardez, là !

— Ils sont presque effacés. Ne s'agirait-il pas d'une tentative de fraude fiscale ?

— Bien sûr que non, inspecteur ! Les agents de l'administration connaissent parfaitement ces propriétaires, et personne n'a jamais eu d'ennuis.

Gergou grimpa l'escalier avec précaution, comme s'il était dangereux.

— Cette terrasse est beaucoup trop étroite. Les risques

d'accident du travail sont considérables. Tu fais peu de cas de la santé des travailleurs agricoles.

— Au contraire, inspecteur ! Dans ce village, ils sont très bien traités.

Gergou regarda à l'intérieur d'un grenier.

— Il faudrait une sérieuse réfection. L'état sanitaire de l'ensemble me paraît déplorable.

— J'ai fumigé et repeint avant le remplissage, j'ai...

— Ton cas est particulièrement grave. Je n'avais pas encore relevé autant d'infractions sur un même site. À mon avis, une arrestation immédiate s'impose.

L'homme blêmit.

— Je ne comprends pas, inspecteur, je...

— Il existe une alternative. Si tu consens à payer immédiatement une forte amende, je pourrai éventuellement t'éviter la prison.

— Si forte que ça ?

— Ce n'est sans doute pas la meilleure solution, car il me faudrait quand même adresser un rapport à mon supérieur. Il y a peut-être une autre possibilité, mais j'ose à peine l'envisager.

— Dites toujours.

— Je réduis l'amende de moitié, je ne rédige pas de rapport, à condition que tu me donnes directement ce que je réclame et que tu gardes ta langue.

La période de réflexion fut brève.

— D'accord... si l'affaire est classée.

— Elle l'est. Mais si tu bavardais, ce serait ma parole contre la tienne. Je t'accuserais de tentative de corruption, tu irais en prison et tu perdrais tout.

— Je me tairai.

— Tu es un homme intelligent. Grâce à moi, tu échappes au pire.

Gergou ne remercierait jamais assez son protecteur, Médès, de lui avoir procuré un tel poste. Chaque contrôle de greniers de modestes dimensions lui permettait de s'enrichir sans redouter la moindre plainte des responsables qu'il rançonnait. De plus, il se montrait parfaitement zélé en rédigeant des rapports circonstanciés à l'intention de son supérieur.

Face à Senânkh, Gergou jouait les vertueux, tellement attaché à l'intérêt général qu'il prenait à peine le temps de s'occuper de lui-même.

— Nous repartons en mission, lui annonça le Grand Trésorier.

— Dans quelle région ?

— Abydos.

— C'est un site interdit aux profanes !

— Ordre du pharaon.

— Sa Majesté soupçonnerait-elle des malversations ?

— Nous devons inspecter tous les sites majeurs sans aucun a priori, celui-là comme les autres. Que tes bagages soient prêts demain matin.

Gergou s'interrogeait. Le pharaon ne disposait-il pas de l'inventaire détaillé des richesses de chaque temple ? À la réflexion, c'était peu probable. Plusieurs provinces demeuraient indépendantes, Sésostris ne contrôlait vraiment que le Delta, la région de Memphis et le nord de la Haute-Égypte. En ordonnant ces voyages d'inspection, il voulait donc s'assurer de la véritable quantité de biens qu'il utiliserait pour asseoir son pouvoir.

Car comment douter du but réel de Sésostris ? Attaquer les provinces rebelles, supprimer leurs chefs et régner sur le pays entier !

En restant dans l'ombre de Senânkh, Gergou grappillerait un maximum d'informations utiles tant pour Médès que pour sa propre carrière. Et si les intentions de Sésostris étaient différentes de celles qu'il imaginait, il le saurait.

Bien que Senânkh eût décliné son nom et ses titres, l'officier chargé de surveiller le débarcadère le fouilla à corps, ainsi que Gergou. Les consignes de sécurité étaient si strictes que même les plus hauts dignitaires devaient s'y conformer.

— Des gardes vont vous accompagner. Jamais vous ne devrez vous déplacer seuls. En cas d'infraction, les archers ont ordre de tirer.

— Je dois me rendre au temple pour y rencontrer le supérieur, déclara Senânkh. Mon adjoint, Gergou, s'entretiendra avec l'intendant de la cité du pharaon Sésostris.

— Je le fais prévenir. Veuillez patienter ici.

Senânkh et Gergou s'assirent sur des tabourets, à l'ombre d'un sycomore. Un soldat leur apporta de l'eau.

— L'endroit n'est pas très accueillant, estima Gergou. Les trésors et les secrets d'Abydos sont vraiment bien protégés ! À quoi travaillent ses prêtres ?

— Ils étudient le ciel, la médecine, la magie et toutes les sciences que le dieu Thot a révélées. Leur principal devoir, du moins en ce qui concerne le sommet de la hiérarchie, consiste à célébrer les mystères d'Osiris. Si le rituel n'était pas correctement accompli, le désordre régnerait.

— Ne trouvez-vous pas étranges ce déploiement de forces et cette surveillance tatillonne ?

— Abydos est le site le plus sacré d'Égypte, Gergou. Il mérite bien quelques égards.

— La divinité n'est-elle pas apte à se défendre elle-même ? Et puis, qui oserait profaner le domaine d'Osiris ?

— Les humains ne sont-ils pas capables du pire ?

— En tout cas, moi, je me réjouis de voir le temple.

— Détrompe-toi, tu n'auras accès qu'aux bâtiments administratifs. Contente-toi de demander si les réserves de nourritures sont satisfaisantes, recueille les doléances et promets que le nécessaire sera fait dans les plus brefs délais.

— Et vous, vous allez le voir, ce temple ?

— Ma mission est secrète, Gergou.

Le Chauve reçut le Grand Trésorier Senânkh dans une annexe du temple d'Osiris où les prêtres venaient se désaltérer en exposant les difficultés quotidiennes auxquelles ils se heurtaient et qu'il fallait résoudre au mieux afin que rien ne contrariât le bon déroulement des rites.

Senânkh n'avait presque rien découvert d'Abydos où régnait une atmosphère pesante, presque douloureuse. Et ce n'était pas le visage du Chauve qui la rendrait plus joyeuse.

— Le pharaon Sésostris m'a confié une tâche délicate mais indispensable.

— Pourquoi n'est-il pas venu lui-même ?

— Parce que des affaires urgentes réclament sa présence ailleurs. En tant que membre de la Maison du Roi, je suis habilité à agir en son nom.

— Avez-vous une lettre officielle signée de sa main ?

— N'auriez-vous pas confiance en moi ?

— Aucune confiance, en effet.

— Voici le document.

Le Chauve l'examina longuement.

— C'est bien le sceau royal et l'écriture de Sa Majesté. Que voulez-vous ?

— Savoir de quoi se compose précisément le trésor du temple.

— Secret d'État.

— Je suis le représentant de l'État, et vous me devez donc cette information, que je transmettrai directement au roi, et à lui seul.

— Qu'il vienne inspecter lui-même le trésor. Ainsi, aucune fuite ne sera possible.

— Nous ne nous comprenons pas. J'ai reçu un ordre, je dois l'exécuter. Vous, vous n'avez pas le choix : vous devez m'obéir.

— Je n'obéirai qu'à Sa Majesté.

— Je vous rappelle que c'est elle qui m'envoie.
— J'exige une confirmation.
Senânkh changea de ton.
— Vous m'insultez et vous insultez la Maison du Roi !
— Je préfère ça à l'imprudence. Tout Grand Trésorier que vous soyez, vous n'avez rien à faire ici. Nulle intrigue de palais ne doit troubler la paix de ce lieu. Seul Pharaon a la capacité d'éclaircir cette situation. Maintenant, excusez-moi. Je n'ai pas de temps à perdre en vaines discussions.

Demeuré seul, Senânkh sourit.

En l'envoyant à Abydos, Sésostris voulait mettre le Chauve à l'épreuve. Le nouveau supérieur se comporterait-il comme un serviteur fidèle du pharaon, ou bien le pouvoir l'enivrerait-il au point de lui faire croire qu'il pouvait tout régler sans en référer au roi ?

À cette question, une réponse claire : le Chauve ne céderait à aucune pression, d'où qu'elle provienne. Comme il l'avait promis au monarque, seul ce dernier prendrait les décisions majeures.

Par bonheur, cette mission-là se terminait au mieux. Restait celle de Gergou.

Gergou avait été conduit dans le bâtiment administratif où un petit nombre de fonctionnaires, choisis avec soin par le roi lui-même, veillaient au bien-être des résidents d'Ouâh-sout, « l'Endurante d'emplacements », la cité créée par les bâtisseurs du temple et de la demeure d'éternité de Sésostris.

Dans ces locaux austères où personne n'élevait la voix, Gergou se sentait mal à l'aise. Comme on était loin de l'animation de Memphis !

L'intendant général n'avait pas l'air d'un plaisantin.
— Que désirez-vous ?
— Je suis l'assistant du Grand Trésorier Senânkh.
— Je sais.

— Moi, je m'occupe des greniers.

— Ceux d'Abydos sont bien remplis.

— Tant mieux, tant mieux... Mais ma mission va au-delà.

— Je vous écoute.

— Voilà, c'est fort simple et un peu délicat : je dois m'assurer que, sur ce site, personne ne manque de rien.

— En ce qui concerne Ouâh-sout et la confrérie des constructeurs, aucun problème. Si des approvisionnements étaient retardés, je vous avertirais immédiatement. En ce qui concerne le collège des prêtres permanents et temporaires, je ne peux m'engager. Je vais donc demander à un responsable de s'entretenir avec vous.

Curieusement, Gergou commençait à goûter la sérénité des lieux. Jamais encore il n'avait éprouvé d'aussi bizarres sensations, comme s'il prenait des distances avec lui-même, comme si la violence et la corruption n'étaient pas les meilleures solutions en toutes circonstances. Gergou se surprit à rêver d'un monde moins brutal où certains êtres ne seraient ni des assassins, ni des voleurs, ni des ambitieux.

Irrité de s'engluer dans ces bonnes pensées, il se secoua à la manière d'un chien mouillé. De puissants magiciens avaient dû résider ici pour imprégner l'endroit de leur idéal lénifiant ! Désormais, Gergou se méfierait d'Abydos. Toutefois, il ne manquerait pas de s'intéresser à ses secrets, même sans grand espoir de les percer.

Le prêtre qui entra dans la pièce avait une drôle d'allure. Il était franchement laid et plutôt glacial.

Au premier regard, Gergou sentit que cette lame de couteau était dépourvue de toute sensibilité. Mais en même temps, et malgré l'invraisemblance d'une telle hypothèse, il perçut qu'ils avaient quelque chose en commun.

— On m'a dit que vous vous appeliez Gergou et que vous étiez envoyé par le ministère de l'Économie pour vérifier que nous ne manquions de rien.

— On ne saurait mieux résumer ma mission. Avec votre aide, j'entends la mener à bien.

En découvrant ce personnage grossier, visiblement épris des plaisirs de la chair, le prêtre avait eu envie de le renvoyer sèchement et de réclamer un autre interlocuteur.

Mais un étrange contact venait de s'établir. Sans nul doute, ce Gergou avait fait de la corruption et de la bassesse sa règle de vie.

À l'heure où le prêtre formait le projet de se venger de l'affront qu'on venait de lui infliger tout en cherchant le moyen de s'enrichir, cette rencontre n'était-elle pas un signe de la providence ?

Certes, il convenait de se méfier et de ne surtout pas céder à un emportement dangereux. Il faudrait du temps et plusieurs visites avant d'envisager un début d'alliance.

— Nous nous heurtons effectivement à quelques difficultés matérielles, révéla le prêtre. Elles pourraient gêner l'accomplissement de nos tâches sacrées.

— Je suis ici pour les résoudre et vous assurer une parfaite tranquillité d'esprit, affirma Gergou, pontifiant.

Après un temps de réflexion qui n'avait rien changé à sa première impression, le Chauve choisit de transmettre au roi sa décision, conformément à la demande du monarque.

Oui, il fallait redonner force et vigueur au Cercle d'or d'Abydos. Oui, le Grand Trésorier Senânkh était digne d'y appartenir.

49.

Iker se frotta les yeux.

— C'est bien ici ? demanda-t-il à l'intendant du maire, qui venait de le conduire jusqu'à une superbe maison du quartier est de Kahoun où se trouvaient les plus vastes demeures.

— Héremsaf, ton supérieur hiérarchique, accepte de te loger chez lui. Méfie-toi, il n'a pas un caractère facile.

Cette ville ne ressemblait à aucune autre. Déployé sur une dizaine d'hectares, le quartier est était séparé par un mur de briques crues du quartier ouest qui n'en occupait que quatre, parcourus par une dizaine de rues parallèles. Large de neuf mètres, une grande artère traversait la cité du nord au sud. À l'évidence, le plan avait été conçu et exécuté par un architecte qui détestait le fouillis.

L'intendant frappa.

L'homme qui ouvrit n'avait effectivement pas l'air d'un plaisantin. Son visage carré était orné d'une élégante moustache taillée à la perfection.

— Voici Iker, le scribe préposé aux greniers. Il...

— Je sais ce qu'il aura à faire et ce que j'ai à faire, intendant.

Ce dernier s'éclipsa pendant qu'Héremsaf pointait l'index vers Vent du Nord.

— Qu'est-ce que c'est ?

— Mon âne, il...

— Je peux encore différencier un âne d'un humain, même si l'écart est parfois très mince. À quoi sert-il ?

— Vent du Nord porte mon matériel de scribe.

— Provenance ?

— Il m'a été donné par le général Sépi, mon professeur de la province de...

— Je sais qui est le général Sépi et dans quelle province il enseigne. Quand t'a-t-il exclu de sa classe et pour quel motif ?

— Je n'ai pas été exclu ! Comme j'étais son meilleur élève, le seigneur Djéhouty m'a confié un travail difficile.

— Même les plus vigilants commettent des erreurs. En quoi consistait-il ?

— Faire l'inventaire des forces et des faiblesses de la province. J'ai examiné en détail les rapports des autres scribes et remis un bilan critique à Djéhouty.

Héremsaf haussa les épaules.

— Tu es beaucoup trop jeune pour qu'on t'ait attelé à une tâche aussi délicate.

— Je vous assure que...

— Je connais le métier, pas toi. En réalité, on t'a remis de vieilles archives à classer. Tu devras apprendre à écouter, car écouter est meilleur que tout. Quand l'écoute est bonne, la parole est bonne.

— Celui que Dieu aime, compléta Iker, c'est celui qui entend.

— Tu possèdes les Maximes de Ptah-Hotep ! Tant mieux. N'oublie surtout pas celle-là : l'ignorant n'écoute pas, il considère la connaissance comme l'ignorance et vit de ce qui fait mourir. À présent, la vérité : pourquoi veux-tu travailler à Kahoun ?

— Parce que c'est ici que sont formés les meilleurs scribes du royaume.

— Et tu désires devenir l'un d'eux ! Tu ignores sans doute que l'avidité est le pire des défauts, un mal incurable, source de tous les maux.

— Souhaiter exceller dans son métier, est-ce de l'avidité ?

— On verra sur le terrain. Es-tu certain de m'avoir tout dit ?

— Pour le moment, oui.

— Tu as de la chance, j'ai une place dans mon étable. Mais je n'y accepte que les ânes travailleurs et disciplinés. La même exigence s'applique à toi. Ma cuisinière préparera tes repas. En revanche, ma femme de ménage ne s'occupera pas de ta chambre et de ton cabinet de toilette. Nettoie-les soigneusement, sinon je te chasse. Cette maison doit rester un modèle de propreté. En cas de problème, pas d'initiative intempestive. Tu me consultes et tu suis mes instructions. Installe-toi rapidement, nous partons dans une heure.

Quand il découvrit son nouveau logis, Iker oublia les acidités de son hôte. La chambre était vaste, claire, équipée de deux nattes de première qualité, d'un lit bas avec chevet et coussin, de draps de lin fin pour l'été, épais pour l'hiver, de coffres de rangement et de deux lampes à huile !

Encore ébloui, Iker mena son âne à l'étable située derrière la maison, non loin de la cuisine en plein air. Là non plus, il ne fut pas déçu. Vent du Nord disposait d'un immense espace pour lui tout seul, d'un fourrage abondant et d'un bac d'eau bien rempli.

— J'ai l'impression qu'il faudra mériter cette chance.

L'âne leva l'oreille droite.

— Bois à ta soif et mange à ta faim, Vent du Nord, mais ne t'attarde pas trop. Je suis certain que notre patron ne tolère pas le moindre retard.

Iker ne se trompait pas. Héremsaf l'attendait déjà sur le seuil de sa demeure.

— Cet âne supportera-t-il le poids de mon propre matériel ?

— Qu'en penses-tu, Vent du Nord ? demanda Iker.

L'animal acquiesça.

— Si je comprends bien, s'étonna Héremsaf, c'est lui qui décide !

— Il est mon seul ami.

Les lèvres pincées, Héremsaf enfourna sa palette, ses tablettes d'écriture et ses pinceaux dans l'une des sacoches.

— En route.

La ville entière était en proie à une atmosphère studieuse. Même les balayeurs qui entretenaient l'axe principal et les rues secondaires ne s'apostrophaient pas.

— Que la situation soit bien claire, précisa Héremsaf. Le pharaon m'a nommé intendant de la pyramide de Sésostris II et du temple d'Anubis. Je dois donc m'occuper des livraisons de jarres de bière, de pains, de viandes, de céréales, de graisses, de parfums, vérifier les comptes, le travail des employés, la distribution des nourritures, sans oublier de tenir un livre journalier. Cette tâche écrasante ne me laisse aucun loisir. Par conséquent, qui travaille sous mes ordres doit prouver sa compétence. Ici, les amateurs n'ont pas leur place.

La zone des silos impressionna le jeune scribe. À voir leur nombre et leur taille, les habitants de Kahoun ne redoutaient pas la famine ! Décidément, la petite cité bénéficiait bien des faveurs royales.

— À toi de jouer, dit Héremsaf, grinçant.

Iker sortit son matériel d'écriture. Sur une tablette, il nota le nombre de silos isolés, puis s'intéressa à ceux qui étaient montés en batterie et dont la taille variait de deux à huit mètres de haut. Ensuite, il inspecta l'intérieur, contrôla la qualité des briques, la solidité des voûtes et l'étanchéité, indispensable pour éviter la nielle.

Quand le soleil commença à décliner, Iker rejoignit son supérieur.

— Il me faudra plusieurs jours pour savoir si ces silos ne présentent aucun défaut. Je dois mettre mes notes en ordre et approfondir mes investigations.

Héremsaf ne fit aucun commentaire.

— Je me rends au temple d'Anubis. Rentre à la maison où un dîner te sera servi. Sois ici demain à la première heure du jour.

Les bouchons servant à clore les orifices de chargement au sommet des silos étaient corrects, mais certaines portes de déchargement, en façade, coulissaient mal dans leurs rainures. Iker fit des croquis et, dans un rapport précis, signala les risques. Il ne s'agissait cependant que de détails en regard de la principale anomalie. Plongé dans ses pensées, le jeune homme se demandait comment la décrire avec le maximum d'exactitude lorsqu'on lui tapa sur l'épaule.

— C'est toi, le nouveau scribe des greniers ? lui demanda un quinquagénaire grand et mou.

— Je ne suis que l'assistant d'Héremsaf.

— Héremsaf est un enquiquineur. Il déteste l'humanité entière et ne se plaît qu'à créer des ennuis à ses semblables.

— Je n'ai pas à me plaindre de mon patron.

— Ça viendra vite ! De quoi t'occupes-tu ?

— Je m'assure du bon état des silos.

— Tu perds ton temps. Il n'y a aucun problème.

— Comment peux-tu en être certain ?

— Parce que j'ai procédé moi-même à cette vérification l'année dernière. Aucun problème, je te dis.

— J'en suis moins sûr que toi.

— Qu'est-ce que tu racontes, l'ami ? Je suis un scribe expérimenté et reconnu. Personne ne met ma parole en doute.

— En ce cas, pourquoi as-tu quitté ton poste ?

— Dis donc, toi, tu es bien insolent ! Je veux voir ton rapport.

— Hors de question. Il est destiné à Héremsaf, et à lui seul.

— Allons, allons ! Entre collègues, pas de cachotteries.

— Désolé, c'est impossible.

— Dis-moi au moins si tu as constaté quelque chose d'anormal !

— Cette constatation n'intéresse que mon supérieur.

— Cessons de tourner en rond ! À Kahoun, on vit tranquille et on n'aime pas les fouineurs. Je me fais bien comprendre ?

— Plus ou moins.

— Cherches-tu vraiment des ennuis ?

— Je ne cherche qu'à travailler en paix.

— Si tu continues comme ça, tu n'as aucune chance de la trouver ! Écoute-moi bien : ces silos sont en parfait état et ne présentent aucune anomalie, puisque je m'en suis occupé. Est-ce clair ?

— Limpide.

— Eh bien, voilà ! Entre professionnels de bonne volonté, tout finit par s'arranger.

— Le seul détail qui me manque, c'est ton nom. Mais je le découvrirai facilement et je saurai alors qui est le responsable des graves imperfections que j'ai décrites dans mon rapport.

— Tu commets une erreur stupide et...

— Personne ne m'empêchera d'accomplir mon devoir.

Héremsaf roula le papyrus qu'il venait de relire.

— Tu portes de sérieuses accusations, Iker.

— Elles sont fondées. Deux silos ont été construits avec des briques de qualité inférieure et devront donc être démolis. Mon prédécesseur a couvert une opération frauduleuse au détriment de la sécurité et de l'intérêt général.

— En es-tu bien sûr ?

— Les vérifications ont été faites. Et je ne parle pas des menaces proférées par ce bandit ! De toute manière, je m'en moque. Mais existe-t-il un lieu, sur cette terre, où règnent la vérité et la justice, un seul lieu où l'on puisse avoir confiance en autrui ?

— Mauvaise question et faux problème, jugea Héremsaf. Connais-tu les secrets du livre divin, l'art du ritualiste, les formules qui permettent aux âmes des justes de circuler dans les univers ? Non, bien sûr ! Alors, au lieu de te révolter comme un ignorant, équipe-toi.

— M'équiper... Le maire m'y a déjà incité ! Comment procéder en s'occupant des greniers ?

— Toutes les voies mènent au centre si le cœur est juste. Une seule question mérite d'être posée : es-tu un homme ordinaire, ou bien un chercheur d'esprit ?

50.

Sésostris et son conseil restreint venaient d'écouter la proposition de décrets rédigée par Médès, lequel n'en menait pas large. Il avait tenté de respecter au plus près la pensée du monarque tout en évitant de froisser les chefs de province Ouakha et Sarenpout, désormais serviteurs déclarés du pharaon.

— Quelqu'un désire-t-il faire des remarques ou souhaite-t-il des corrections ?

Aucun des membres de la Maison du Roi ne demanda la parole.

— Ces décrets sont donc adoptés. Qu'ils soient diffusés dans tout le pays.

— De quelle manière procéder, Majesté ?

— Retourne à Memphis et utilise le service du courrier.

La peur contracta les entrailles de Médès.

— Si mon bateau est intercepté par les chefs de province, je...

— Tu voyageras dans un bâtiment commercial affrété par Sarenpout et tu parviendras à la capitale sans encombre.

Pendant la majeure partie du trajet, Médès ne mangea que du pain et ne but que de l'eau. À tout instant, il redoutait l'agression de milices hostiles ou un contrôle pointilleux de leurs représentants.

Mais le destin se montra favorable, conformément à la prédiction de Sésostris.

Médès s'empressa de regagner son bureau, où il réunit ses principaux collaborateurs pour leur ordonner d'agir avec promptitude. Le moindre retard serait sanctionné. Être fonctionnaire de l'État ne garantissait pas un emploi à vie. Il fallait se montrer digne de ce privilège et se soucier en permanence de ses devoirs.

Travailleur acharné, Médès détectait vite les paresseux et les licenciait sans tarder. Ce soir-là, comme d'ordinaire, il fut le dernier à quitter les locaux de son administration et en profita pour jeter un œil sur les travaux en cours. Ainsi repéra-t-il un papyrus mal roulé et des taches d'encre sur des tablettes neuves. Dès le lendemain, les coupables devraient trouver un autre métier. En quelques mois, le Secrétaire de la Maison du Roi aurait rassemblé la meilleure équipe de scribes de Memphis, prouvant à Sésostris l'étendue de sa valeur. Comment le pharaon se méfierait-il d'un dignitaire aussi zélé ?

Médès ne rentra pas chez lui.

S'assurant qu'il n'était pas suivi, il se dirigea vers le port et s'enfonça dans un dédale de ruelles où il était aisé de remarquer un éventuel curieux.

À cause de sa nomination et de l'inventaire des temples exigé par Sésostris, la marge de manœuvre de Médès se réduisait presque à néant. Privée d'approvisionnements illicites, sa fortune occulte stagnait. Grâce à son instinct, il n'avait pas tardé à détecter une autre piste, sans doute plus lucrative, mais aussi plus risquée, puisqu'elle dépendait d'un intermédiaire rusé et malhonnête. Médès devrait le mettre au pas sans briser sa bonne volonté.

Sa riche demeure à un étage se cachait dans un quartier modeste. Sous le porche d'entrée, un gardien.

— Je veux voir ton patron immédiatement.

— Il n'est pas là.

— Pour moi, si. Va lui montrer ça.

Médès confia au gardien un petit morceau de cèdre sur lequel avait été gravé le hiéroglyphe de l'arbre.

Son attente fut de courte durée. Avec force courbettes, le portier lui donna accès à la demeure.

Vêtu d'une longue robe chamarrée, parfumé à l'excès, ressemblant à une lourde amphore, le propriétaire vint à la rencontre de son hôte.

— Très cher ami, quelle immense joie de vous recevoir dans mon modeste logis ! Entrez, entrez, je vous en prie !

Le négociant libanais précéda Médès dans un salon surchargé de meubles exotiques. Sur des tables basses, des pâtisseries et des boissons sucrées.

— Je prenais une collation avant le dîner. Désirez-vous vous joindre à moi ?

— Je suis pressé.

— Bon, bon... Souhaitez-vous parler affaires ?

— Exactement.

Le Libanais n'appréciait guère cette précipitation, mais, pour s'implanter en Égypte, il devait en passer par là.

— Quand la livraison sera-t-elle effectuée ? demanda Médès.

— Notre bateau arrivera la semaine prochaine. J'espère que toutes les autorisations nécessaires auront été délivrées.

— Je m'en occupe. La cargaison ?

— Du cèdre de première qualité.

L'Égypte manquait de certains bois, qu'il fallait donc importer. Les meilleurs se négociaient à un prix élevé. Voilà longtemps que Médès étudiait la filière avec l'espoir d'en tirer un maximum de bénéfices. Encore fallait-il dénicher le négociant qui partagerait son point de vue et serait assez habile pour mener l'entreprise à son terme.

— Comment s'organise ton circuit de vente ?

— Au mieux, seigneur, au mieux ! J'ai quelques contacts sûrs dans la région et je propose du bois à la moitié du cours officiel, payable d'avance. Comme il n'a jamais existé et ne figure sur aucun bordereau, ni le vendeur ni l'acheteur ne peuvent être inquiétés. Vos compatriotes aiment les beaux matériaux et n'hésitent pas à se les procurer, même de manière occulte, afin de les utiliser pour la construction de leurs villas ou de les confier à un menuisier qui crée des meubles raffinés.

— Si cette première affaire est un succès, elle sera suivie de beaucoup d'autres.

— Soyez-en certain ! Je dispose de la meilleure équipe de professionnels, aussi dévoués que discrets.

— Es-tu conscient que, sans moi, la réussite est impossible ?

— Vous êtes l'architecte de cette entreprise, je le sais bien. Toute ma gratitude vous est acquise et...

— Les trois quarts des bénéfices pour moi, le dernier quart pour toi.

Le cœur du Libanais faillit cesser de battre. Seules de longues années d'expérience lui permirent de conserver un sourire de façade, alors qu'il avait envie d'étrangler le voleur.

— D'habitude, seigneur, je...

— Cette situation est exceptionnelle, et tu me dois tout. Grâce à moi, le marché égyptien t'est ouvert et tu deviendras très riche. Comme tu m'es sympathique, je me montre plus que raisonnable.

— Je vous en sais gré, déclara le Libanais avec chaleur.

— Ne parle jamais de moi à quiconque. Si tu commettais un faux pas, je te ferais arrêter pour fraude. Et ta parole ne pèserait rien par rapport à la mienne.

— Comptez sur mon mutisme.

— J'aime traiter avec un homme intelligent. À bientôt, pour fêter notre premier succès.

Médès n'éprouvait aucune confiance envers ce Libanais, et il surveillerait chaque phase de l'opération qu'il bloquerait dès le premier incident. Néanmoins, le négociant était tellement dévoré par l'appât du gain qu'il serait peut-être un partenaire sérieux.

Gergou était ivre.

En attendant Médès, il n'avait cessé de vider des coupes de bière forte qu'il réclamait à un échanson désapprobateur, contraint malgré tout de satisfaire les exigences de ce malotru, tant apprécié de son patron.

Quand il arriva, Gergou se leva et tenta de se tenir très droit.

— J'ai peut-être un peu bu, mais j'ai l'esprit clair.

— Rassieds-toi.

Gergou visa un fauteuil et parvint à ne pas le rater.

— J'ai de bonnes nouvelles. Je donne satisfaction au Grand Trésorier Senânkh qui n'est pourtant pas un homme facile, contrairement aux apparences. Je le trouve même particulièrement méfiant et je me tiens à ma place afin de ne pas éveiller ses soupçons.

— Côté femmes ?

— Je ne fais plus appel qu'à des professionnelles, affirma l'inspecteur principal des greniers. Comme ça, aucune plainte à redouter.

— Continue. Je ne veux aucun scandale impliquant une dame de la bonne société. Quelles sont les faiblesses de Senânkh, à ton avis ?

— La gastronomie. Il ne supporte ni les plats banals ni les vins médiocres.

— Ce n'est pas suffisant pour le corrompre. Tu t'occupes

trop de toi-même et pas assez d'autrui, Gergou. Il me faut davantage d'informations. Et ces bonnes nouvelles ?

Gergou eut un sourire gourmand.

— Senânkh m'a emmené à Abydos. Lui s'est chargé du trésor du temple, moi des conditions de vie des prêtres.

Médès s'échauffa.

— T'a-t-on permis d'accéder au temple ?

— Non, uniquement à un bâtiment administratif. Toutefois, je n'ai pas perdu mon temps. D'abord, j'ai constaté que le site était gardé par l'armée.

— Pour quelle raison ?

— Aucune idée, mais c'est plutôt bizarre. Poser des questions m'aurait forcément attiré des ennuis.

Médès fulminait.

— Pénétrer dans le territoire sacré d'Abydos et ne rien apprendre d'essentiel ! Par moments, Gergou, je me demande si tu es digne de mon amitié.

— Je n'ai pas fini ! Ensuite, j'ai rencontré un prêtre avec lequel j'espère rester en contact. Un drôle de bonhomme qui pourrait vous intéresser.

— De quelle façon ?

— Nos regards se sont croisés de manière étrange. Ce type est peut-être un grand savant, mais j'ai eu l'impression qu'il n'était pas satisfait de son sort et qu'il aimerait l'améliorer.

— Ne te fais-tu pas des illusions ?

— Les corruptibles, je les renifle.

— Un prêtre d'Abydos... Impossible !

— On verra bien. Si je suis appelé à lui parler de nouveau, j'en saurai davantage.

Médès se prit à rêver : avoir un allié à l'intérieur d'Abydos, le centre spirituel de l'Égypte, pouvoir le manipuler, connaître les secrets du temple couvert, les utiliser à son profit ! Non, c'était un mirage.

— Connais-tu le nom et la fonction de ce prêtre ?

— Pas encore, mais il s'est présenté comme mon interlocuteur privilégié pour assurer le bien-être de ses collègues. Notre entretien aurait dû être banal. Pourtant, j'ai senti qu'il en allait autrement.

— A-t-il prononcé des paroles qui confirmaient cette impression ?

— Non, mais...

— Ton imagination t'égare, Gergou. Abydos n'est pas un lieu comme les autres. N'espère pas y trouver des hommes ordinaires.

— Mon flair me trompe rarement, je vous assure !

— Cette fois, tu as tort.

— Et si j'avais raison ?

— Je te le répète : impossible.

51.

Séhotep dévêtit très lentement la jeune femme qu'il avait rencontrée, la veille au soir, lors d'un dîner officiel. Ils n'avaient cessé de se regarder et, à la fin du repas, s'étaient promis de se revoir en tête à tête. Comme le Porteur du sceau royal et la jolie brune avaient exactement les mêmes intentions, ils ne s'étaient pas dispersés en palabres inutiles.

Certes, elle était un peu fiancée, mais comment résister au charme de ce dignitaire racé, aux yeux pétillants d'intelligence et de désir ? Aucune coutume ne contraignait les filles à se marier vierges, et il valait mieux avoir un peu d'expérience pour satisfaire un futur époux.

Quant à Séhotep, il ne pouvait se passer d'une femme plus de quelques jours. Vivre sans leur magie, leurs parfums, leur sensualité, ces gestes qui n'appartenaient qu'à elles, lui était insupportable. Jamais il ne se marierait, car il avait trop d'âmes envoûtantes à découvrir et de corps délicieux à conquérir. Malgré les remontrances de Sobek le Protecteur, moraliste coincé, il restait l'homme de toutes les femmes.

Comme l'atmosphère s'était nettement détendue à Éléphantine depuis le ralliement du chef de province Sarenpout à

Sésostris, le Porteur du sceau royal songeait de nouveau au plaisir, à la fois pour le donner et le recevoir. En tant que Supérieur de tous les travaux de Pharaon, il venait de superviser le plan d'agrandissement du temple de Khnoum sur l'île d'Éléphantine et, dès demain, il s'assurerait du bon état sanitaire des troupeaux de Sarenpout, lequel, en fidèle vassal, acceptait sans rechigner cette vérification.

Séhotep redoutait un importun qui gâcherait sa soirée, mais aucun officiel ne se manifesta. Aussi s'occupa-t-il, avec autant de délicatesse que de fougue, du magnifique paysage à explorer. Les creux, les vallons et les collines de sa nouvelle conquête avaient de quoi réjouir l'aventurier le plus blasé.

Son secrétaire eut le bon goût d'attendre qu'il terminât son voyage avant de le déranger. Il lui apporta une lettre rédigée en écriture codée que lui seul et le pharaon savaient déchiffrer.

Le contenu justifiait la réunion immédiate d'un conseil restreint.

— Calme plat, Majesté, déclara Sobek le Protecteur, mais je n'ai levé aucune des mesures de sécurité.

— Sans tomber dans un optimisme béat, ajouta le général Nesmontou, je dois reconnaître que le comportement de Sarenpout ne présente aucune anomalie. Sa milice est à présent sous mes ordres, et je n'ai pas d'incident à déplorer. Ce ralliement me paraît décisif.

— Il ne l'est malheureusement pas, répondit Sésostris. Le texte des décrets est parvenu à l'ensemble des chefs de province, et nous avons à présent leurs réponses.

Séhotep prit la parole.

— Oup-ouaout, chef d'une des parties de la province du Grenadier et de la Vipère à cornes, a prononcé un discours agressif afin de réaffirmer son indépendance. Oukh, qui règne sur l'autre partie de cette même province, l'a imité. Djéhouty, à la tête de la province du Lièvre, annonce une grande surprise qui étonnera Sa Majesté.

— Autrement dit, une attaque imprévue, commenta le général Nesmontou.

— Quant à Khnoum-Hotep, le chef de la province de l'Oryx, il affirme haut et fort la puissance de sa famille qui continuera à régir son territoire inaliénable.

— Ces quatre potentats veulent donc la guerre, conclut le général. Avec les milices de Sarenpout et d'Ouakha, nous avons une petite chance de les vaincre.

— Il est trop tôt pour engager ces troupes-là dans une bataille, estima Sésostris. Leur allégeance est trop récente. Et nous ne pouvons pas non plus rester immobiles.

Nesmontou redoutait un nouveau coup d'éclat qui, cette fois, serait fatal au roi.

— Majesté, je vous recommande la plus grande prudence. Les chefs de province qui vous sont hostiles viennent de durcir leur position. Les affronter avec des forces inférieures aux leurs aboutirait à un désastre.

— Le responsable du dépérissement de l'acacia est l'un des quatre : Oup-ouaout, Oukh, Djéhouty ou Khnoum-Hotep ! rappela Séhotep. Quelle que soit la méthode utilisée, il faut l'éliminer.

— En réunissant les provinces, déclara Sésostris, nous assemblons ce qui était épars et nous participons au mystère osirien. Quand l'Égypte est divisée, Osiris ne règne plus et le processus de résurrection s'interrompt. La mort envahit le ciel et la terre. C'est pourquoi nous allons quitter Assouan et partir vers le nord.

— Avec quelle armée ? s'inquiéta Nesmontou.

— Avec la flottille qui nous a permis de conquérir Assouan sans verser de sang.

— Majesté, la situation est très différente ! Sarenpout était isolé, alors que nos quatre adversaires cohabitent dans la même région. Leur réaction tend d'ailleurs à prouver qu'ils se sont unis. Oup-ouaout est réputé pour son caractère agressif et indomptable. Il n'hésitera pas un instant à lancer sa milice contre vous.

— Départ demain matin, ordonna le roi.

Dans la demeure des Cananéens venant de la ville de Sichem, l'Annonciateur avait longuement prêché la révolte contre le pharaon et la destruction de l'Égypte. Fascinés, les disciples buvaient les paroles qu'ils souhaitaient tant entendre. Les futurs terroristes avaient bien besoin des encouragements de leur chef, car leur intégration dans la société égyptienne ne se passait pas aussi facilement que prévu. Trouver du travail ne se révélait pas trop difficile, mais les contacts avec la population, surtout avec les femmes, les dégoûtaient. Ils détestaient leur liberté, leur franc-parler et leur influence. Ces femelles auraient dû s'enfermer chez elles et obéir à leurs maris. Et puis la figure de Pharaon restait très populaire. De lui, on attendait la justice et la prospérité. Or Sésostris venait de déclencher une crue parfaite qui écartait pour longtemps le spectre de la famine, et sa nouvelle administration jouissait d'une réputation d'honnêteté et de rigueur.

De quoi céder au découragement, un état d'âme que semblait ignorer l'Annonciateur.

— Ne vaudrait-il pas mieux retourner chez nous, proposa l'un des Cananéens à la fin du sermon, soulever notre pays et attaquer le Delta ?

L'Annonciateur lui parla doucement, comme s'il s'adressait à un faible d'esprit.

— Moi-même, j'aurais préféré cette solution. Mais remporter une victoire militaire rapide et totale est désormais impossible. L'armée d'occupation égyptienne étoufferait dans l'œuf toute tentative de révolte. Il nous faut donc lutter de l'intérieur, apprendre à vivre ici, à connaître l'adversaire, ses coutumes et ses points faibles. Ce sera long et difficile, mais je vous aiderai, toi et tes compagnons.

La demeure du Libanais n'était pas très éloignée de celle des Cananéens, mais l'Annonciateur emprunta un itinéraire tortueux qui l'en écartait.

— Séparons-nous, dit-il à Shab le Tordu. Laisse-moi prendre de l'avance et cache-toi.

— Si nous sommes suivis, je n'ai rien remarqué !

— Le suiveur est habile.

— Dois-je le supprimer ?

— Contente-toi de l'observer et assure-toi qu'il est seul.

Shab était perplexe. Qui avait bien pu les repérer ? Il existait des cloisons étanches entre les différents réseaux de l'Annonciateur, qu'il était le seul à connaître dans leur totalité. Quant à leurs membres, ils étaient, sans exception, de farouches opposants à l'Égypte. Aucun traître n'aurait pu se glisser parmi eux.

Le Tordu s'accroupit sous un auvent et fit semblant de sommeiller.

D'une ruelle, il vit surgir le Cananéen qui voulait retourner chez lui, celui-là même que l'Annonciateur avait réconforté !

L'homme courut, revint sur ses pas, puis emprunta la ruelle la plus étroite. Personne ne l'accompagnait.

Shab lui emboîta le pas.

Visiblement, le Cananéen avait perdu la trace de l'Annonciateur. Hésitant, il ne savait plus quelle direction choisir.

Dépité, il obliqua vers la gauche.

Shab entendit un curieux bruit, semblable au glissement de l'air sur le plumage d'un faucon s'abattant sur sa proie. Sorti de nulle part, l'Annonciateur venait de poser sa main sur le crâne du Cananéen, qui poussa un cri de douleur, comme si des serres de rapace s'étaient enfoncées dans sa chair.

— Est-ce moi que tu cherchais ?

— Non, non, seigneur... Je me promenais !

— Mentir est inutile. Pourquoi me suivais-tu ?

— Je vous assure, je...

— Si tu refuses de parler, je te crève un œil. La souffrance est insupportable. Ensuite, j'en déclencherai une autre, encore plus atroce.

Terrorisé, le Cananéen avoua.

— Je voulais savoir où vous alliez et qui vous rencontriez.

— Sur les ordres de qui ?

— De personne, seigneur, de personne ! Je ne comprends pas pourquoi vous ne voulez pas former une armée cananéenne. Aussi vous ai-je soupçonné d'être au service de l'Égypte avec l'intention de briser notre mouvement de résistance.

— N'est-ce pas plutôt toi qui es au service du pharaon ?

— Je vous jure que non !

— C'est ta dernière chance de dire la vérité.

La serre attaqua l'œil, le hurlement fut insoutenable.

— Non, pas du pharaon, mais de mon chef de clan, à Sichem, qui voulait se débarrasser de vous !

Un dernier cri, bref et intense, glaça le sang de Shab le Tordu.

Le Cananéen s'effondra sur le sol. Il n'avait plus d'yeux ni de langue.

Le Libanais grimpa lentement l'escalier qui menait à la terrasse de sa demeure où flottaient des parfums capiteux. Il était suivi de l'Annonciateur et de Shab. Méfiant, ce dernier avait tenu à visiter toutes les pièces.

— J'aime m'installer ici au coucher du soleil, révéla le Libanais. La vue est magnifique, on a l'impression de régner sur Memphis.

De fait, le regard dominait les maisons blanches et portait jusqu'aux temples, ces demeures des faux dieux que l'Annonciateur ferait raser. Il n'en resterait pas une seule pierre, les statues seraient fracassées et brûlées. Aucun prêtre n'échapperait au châtiment. Aucune trace de l'ancienne spiritualité ne devrait subsister.

— Nous ne sommes pas ici pour admirer la capitale de l'ennemi, déclara l'Annonciateur. As-tu des nouvelles de Sésostris ?

— Des rumeurs contradictoires. Les unes prétendent qu'il est prisonnier du chef de province Sarenpout à Éléphantine, les autres qu'il s'est emparé du sud de l'Égypte au terme d'une terrible bataille. Mais personne ne connaît les projets du roi, à supposer qu'il soit encore vivant.

— Il l'est, affirma l'Annonciateur. Pourquoi ton réseau d'informateurs n'est-il pas plus efficace ?

Le Libanais dévora une pâtisserie pour calmer sa peur.

— Parce qu'il est encore peu développé, surtout dans le Sud. Il me faudra beaucoup de temps, et je vous promets que...

— Prends-le, ce temps, mais ne me déçois pas.

Vaguement rassuré par le ton conciliant de l'Annonciateur, le Libanais ne lui cacha rien des difficultés qu'il rencontrait, lui expliqua la manière dont il recrutait ses indicateurs et comment il les implantait dans la population. Le principal obstacle était la lenteur, parfois même l'absence de moyens de communication due au conflit larvé entre certains chefs de province et le pharaon Sésostris. Il n'était pas rare que Khnoum-Hotep bloquât des bateaux et réquisitionnât leur contenu. De plus, et il ne s'agissait pas d'un détail, les agents du Libanais devaient se familiariser avec les coutumes locales et parler parfaitement la langue avant de s'approcher des militaires et des fonctionnaires qui leur procureraient de précieuses informations.

L'Annonciateur avait écouté avec attention.

— Tu travailles bien, mon ami. Continue ainsi. La patience est une arme capitale.

— Je suis en affaires avec un drôle de bonhomme, ajouta le Libanais. Je sais simplement que c'est un haut fonctionnaire influent qui désire gagner beaucoup d'argent. Je dois en apprendre davantage sur son compte et j'espère, par son intermédiaire, avoir un contact avec un dignitaire du palais royal.

— C'est l'une des marches les plus difficiles à gravir, précisa l'Annonciateur. Sois extrêmement prudent. Quel est le nom de... cet homme d'affaires ?

— Il ne me l'a pas donné. Et s'il l'avait fait, il m'aurait menti.

L'Annonciateur ferma les yeux et tenta de voir le visage de cet étrange négociant en pénétrant dans la mémoire du Libanais.

— La piste me semble intéressante, conclut-il. Identifie-le sans prendre de risques. En quoi consiste votre contrat ?

— Trafic de bois précieux. Il m'ouvre le marché de Memphis, mais ses conditions sont à la limite de l'acceptable. Je ne gagnerai presque rien.

— Sur ce « presque rien », n'oublie pas de reverser à mon réseau la part dont il a besoin.

— Telle était bien mon intention, seigneur !

— L'expédition prévue pour Kahoun s'organise-t-elle ?

— Cela aussi prendra du temps, beaucoup de temps. Le succès exige de nombreuses complicités, et pas un maillon de la chaîne ne doit céder. Néanmoins, une excellente nouvelle : mon premier agent est arrivé à Kahoun, y a trouvé un emploi et commence à observer la manière dont fonctionnent les services de sécurité.

— Quelqu'un de compétent ?

— De compétent et d'indétectable, seigneur ! On ne saurait exiger l'impossible, mais c'est un bon début.

52.

Iker assistait à la démolition du grenier bâti à la hâte avec des matériaux non conformes. Le responsable de cet acte délictueux ne le menacerait plus, car il venait d'être jugé et condamné à une longue peine de prison. La construction du nouveau silo débuterait dès le lendemain, d'après les plans du jeune scribe qu'avait approuvés le maire.

Dans le petit monde des dignitaires de Kahoun, la réputation d'Iker venait de faire un bond considérable. D'abord méprisé par ses collègues, il devenait à présent un concurrent dangereux, capable de se porter candidat à un poste majeur. Avoir réussi à démêler aussi vite l'obscure affaire des greniers impliquait d'excellentes connaissances techniques, et cet étranger formé dans la cité de Thot se montrait digne de sa réputation. Néanmoins, ce succès trop rapide avait un aspect choquant et risquait de bousculer la hiérarchie.

Indifférent aux ragots et aux conciliabules, Iker ne se liait avec personne. L'amitié de Vent du Nord lui suffisait et il n'éprouvait nul besoin de se perdre en bavardages avec ses collègues, d'autant qu'Héremsaf venait de lui confier une nouvelle tâche, particulièrement délicate : lutter contre les rongeurs dont la prolifération causait une insupportable nuisance.

Le jeune scribe avait décidé d'utiliser les grands moyens : fumigation des maisons, bouchage des galeries et intervention de chats expérimentés, sans oublier quelques cobras domestiques qui se régalaient de souris.

Iker s'était occupé de l'ensemble des bâtiments et des demeures de Kahoun, depuis les grandes villas du quartier est jusqu'aux modestes demeures du quartier ouest. Les plus petites comportaient trois pièces et ne dépassaient pas soixante mètres carrés, mais elles étaient agréables à vivre.

Alors qu'il terminait son inspection dans le quartier le moins cossu de la cité, Iker aperçut une jolie brune agenouillée qui, à l'aide d'une pierre, moulait des grains de blé sortant d'un sachet qu'elle serrait entre ses genoux. Ses gestes étaient aussi réguliers qu'efficaces.

— Tu as l'air fatigué, lui dit-elle. Désires-tu boire un peu de bière fraîche ?

— Je ne veux pas interrompre ton labeur.

— J'ai terminé.

Les seins nus, petits et ronds, elle ne portait qu'un pagne court. Se relevant avec grâce, elle pénétra dans sa cuisine et en ressortit avec une coupe bien remplie.

— Tu es très aimable.

— Je m'appelle Bina. Et toi ?

— Je suis le scribe Iker.

Elle eut un regard admiratif.

— Moi, je ne sais ni lire ni écrire.

— Pourquoi n'apprendrais-tu pas ?

— Je dois travailler pour vivre. Et puis on ne m'admettrait pas dans une école, d'autant plus que je ne suis pas d'ici.

— D'où es-tu originaire ?

— D'Asie. Ma mère est morte là-bas, mon père était employé dans une caravane. Il est décédé l'année dernière, non loin de cette ville. Moi, j'ai eu la chance d'obtenir un emploi de cuisinière.

Comme je sais faire le pain et la bière, et même les gâteaux, on m'a gardée. Ce n'est pas trop mal payé, et je mange à ma faim.

Elle était spontanée, rieuse, et savait jouer de ses charmes.

— Tu trouveras certainement un bon mari et tu fonderas un foyer.

— Oh, je me méfie des garçons ! Beaucoup ne sont intéressés que par... Enfin, tu me comprends. Toi, au moins, tu as l'air sérieux.

— Même si tu restes célibataire, il faut que tu saches lire et écrire.

— Pour une fille de ma condition, c'est impossible.

— Pas du tout ! En as-tu le désir ?

— Ça ne me déplairait pas, c'est sûr.

— Je vais en parler à mon patron.

— Tu es vraiment gentil... très gentil.

Bina embrassa le scribe sur les deux joues.

— Pardonne-moi, dit Iker, mais ma journée est loin d'être terminée.

— À bientôt, murmura-t-elle avec un sourire enjôleur.

— Excellent travail, reconnut Héremsaf. Les habitants de Kahoun sont enchantés. Pour être franc, je ne pensais pas que tu obtiendrais des résultats aussi rapides.

— Il faut surtout remercier les chats : de vrais professionnels.

— Tu es trop modeste ! Sans une étude attentive du terrain, tu n'aurais pas réussi.

— À ce propos, j'ai fait une observation dont j'aimerais que vous me confirmiez le bien-fondé. Le module de construction de Kahoun n'est-il pas huit coudées, l'un des nombres sacrés de Thot ? La cité elle-même est subdivisée en carrés de dix coudées et son plan, comme celui des maisons, ne doit rien au hasard[1]. Il découle, en effet, de règles de proportions fondées

1. Kahoun était effectivement bâtie selon la Divine Proportion ou Nombre d'Or.

sur un triangle isocèle où le rapport de la base à la hauteur est le Huit divisé par le Cinq.

Héremsaf regarda le jeune homme avec intérêt.

— C'est à peu près ça, en effet. Qui t'a mis sur la voie ?

— Personne. J'ai simplement tenté de comprendre ce que je voyais.

— Alors, tu es bien un chercheur d'esprit. Le temps des greniers est terminé, je te confie une nouvelle mission : l'inventaire des anciens entrepôts. Tu établiras la liste des objets qui s'y trouvent, puis nous procéderons à une distribution de ceux qui sont encore utilisables avant de réhabiliter ces locaux.

— Devrai-je travailler seul ?

— N'est-ce pas ton habitude ?

— J'agirai aussi vite que possible, mais les bâtiments sont vastes.

— Il me faut quelqu'un d'aussi méticuleux que toi et qui sache prendre son temps sans le perdre. Rien ne doit échapper à ta vigilance. Tu m'entends bien : rien.

— Compris. Puis-je vous demander une faveur ?

L'œil d'Héremsaf devint soupçonneux.

— De quoi es-tu mécontent ?

— Il ne s'agit ni de moi ni de Vent du Nord. J'ai rencontré une jeune femme et...

Héremsaf leva les bras au ciel.

— Ah non, pas ça ! Tu es en pleine ascension, tu découvres les multiples facettes du métier et tu veux déjà te marier !

— Pas du tout.

— Ne me dis pas... que tu aurais commis une grosse bêtise ?

— J'ai discuté avec une servante qui aimerait apprendre à lire et à écrire.

Héremsaf fronça les sourcils.

— Où est le problème ?

— C'est une étrangère, plutôt timide, qui aurait besoin d'une recommandation.

— Comment s'appelle-t-elle ?

— Bina.

Héremsaf explosa.

— Ah non, pas celle-là ! Méfie-toi de cette femme que personne ne connaît vraiment. Elle ressemble à une eau profonde qui recèle mille et un dangers. Surtout, ne t'en approche pas !

— Elle travaille ici, elle...

— C'est par souci humanitaire que le maire ne l'a pas renvoyée dans son Asie natale. Je te l'ordonne : ne t'en approche plus. L'âme est de même nature que l'oiseau, le corps ressemble au poisson[1]. Il pourrit par la tête, et la tienne est malade, mon garçon ! L'un de tes buts n'est-il pas d'écrire ? As-tu oublié que la seule littérature digne d'estime est celle qui aide à concevoir Maât, justesse de l'univers et rectitude de l'être ? Dire Maât, faire Maât, c'est exclure les passions stupides et les emportements inconsidérés. Tes qualités, ta vie intérieure, ton métier et ton comportement doivent former une harmonie. Si tu crois que tu peux être un bon scribe et un ignoble individu, tu sortiras du domaine de Maât, car la cohérence est le chemin obligé vers la connaissance. Ne la confonds surtout pas avec le savoir ! Tu peux apprendre des années durant sans jamais connaître. Car il n'est de connaissance que lumineuse, et son véritable but est la pratique des mystères. Mais qui saurait y prétendre sans initiation ? Maintenant, laisse-moi. J'ai encore une bonne dizaine de rapports à lire.

Iker ne comprenait pas la raison de la colère d'Héremsaf. Qu'avait donc de si menaçant cette jeune fille qui ne demandait qu'à s'instruire ? N'être ni riche ni de bonne famille, être orpheline et étrangère étaient des handicaps suffisants ! Pourquoi les aggraver en lui refusant toute possibilité d'améliorer sa condition ?

1. L'âme, *ba*, s'écrit avec un oiseau, le corps, *khet*, avec un poisson.

Même si Héremsaf se trompait à propos de Bina, il avait néanmoins prononcé des paroles essentielles.

Iker s'allongea sur sa natte et posa sur son ventre l'ivoire magique qui protégeait son sommeil.

Le joli visage de l'Asiatique disparut pour laisser apparaître celui de la jeune prêtresse.

Iker oublia la fatigue, Bina, Héremsaf. Celle qu'il aimait était si belle qu'elle effaçait les épreuves et les souffrances.

À côté d'elle, la séduisante Asiatique n'avait plus aucun charme.

Iker savait qu'elle était le bonheur, mais inaccessible. Inaccessible comme les assassins à la solde du pharaon dont il n'avait pas encore retrouvé la trace. Mais c'était bien ici, il le sentait, que se cachait une clé majeure.

Se laissant glisser dans le sommeil, le jeune homme rêva qu'elle lui tenait tendrement la main et qu'ils marchaient dans une campagne ensoleillée.

Pour l'heure, impossible d'approcher des archives. Iker aurait dû demander une autorisation spéciale à Héremsaf, qui aurait forcément exigé de connaître les motifs de cette curiosité. Le scribe se contenta donc de remplir sa nouvelle mission, mais sans perdre de vue son objectif. Si ses adversaires comptaient sur le temps pour user sa détermination, ils se trompaient. Iker voulait des preuves indiscutables. Et lorsqu'il les aurait obtenues, il agirait.

Sur le chemin des anciens entrepôts, il rencontra Bina, portant sur la tête un panier rempli de galettes.

— Es-tu intervenu en ma faveur ?

— J'ai parlé à mon supérieur. Il s'est montré résolument hostile à ma proposition.

— Ce doit être un homme très dur. Il paraît que tu es le scribe le plus travailleur de Kahoun.

Iker sourit.

— Je cherche simplement à bien apprendre mon métier.

— Alors, constata-t-elle avec une moue désolée, je ne saurai jamais ni lire ni écrire.

— Ne crois pas ça ! Héremsaf ne sera pas toujours mon supérieur, je trouverai quelqu'un de plus conciliant. Laisse-moi un peu de temps.

Elle posa son panier et tourna lentement autour d'Iker.

— Et si tu m'apprenais, toi, en cachette ?

— J'ai reçu l'ordre de ne pas te fréquenter. À un moment ou à un autre, nous serions surpris et dénoncés.

— Prenons le risque !

— Pour toi, les conséquences seraient catastrophiques. Le maire t'expulserait de Kahoun, tu serais peut-être même obligée de quitter l'Égypte.

— Moi, j'aimerais beaucoup te revoir. Pas toi ?

— Si, bien sûr, mais...

— Tu as quand même le droit de passer devant la maison où je travaille ! Je dénicherai un endroit tranquille où personne ne nous dérangera et je m'arrangerai pour te le faire savoir. À bientôt, Iker.

Mutine, elle s'éloigna après avoir remis sur sa tête le panier de galettes.

Inventorier la multitude d'objets entreposés dans de vastes bâtiments à l'abandon ne se présentait pas comme une sinécure. Iker avait commencé par faire ouvrir des fenêtres afin de disposer d'une lumière suffisante. Puis une longue fumigation avait désinfecté les locaux et, armé de son matériel que portait Vent du Nord, le scribe s'était attelé à trier, à noter et à décrire.

Outils agricoles tels que houe, râteau, faucille ou pelle, instruments de maçonnerie, moules à brique, haches de menuisier, vaisselle de bronze, de pierre et de céramique, couteaux, ciseaux, paniers, vases et même jouets en bois... C'était une grande partie de la vie quotidienne de Kahoun qui était ainsi représentée. Bon nombre d'objets méritaient d'être réparés et seraient de nouveau utilisables.

C'est en procédant au dernier tri de la journée qu'Iker découvrit un couteau à la lame brisée. Gravés profondément dans le bois, des signes grossiers mais encore lisibles.

Ils formaient un mot : « Rapide ».

Pendant de longues secondes, le jeune scribe demeura interdit. Qu'il ait appartenu ou non à Couteau-tranchant, ce vestige ne pouvait provenir que du bateau qui avait emmené Iker vers le pays de Pount.

53.

— Majesté, nous arrivons en vue de la ville d'Assiout, annonça le général Nesmontou avec gravité. Il est encore temps de battre en retraite.

La treizième province de Haute-Égypte, dont l'emblème était un grenadier surmonté d'une vipère à cornes, se plaçait sous la protection du chacal qui guidait le voyageur dans les étendues dangereuses du désert, débordant sur les terres cultivées. Ici, la vallée se resserrait, formant un véritable verrou. Qui voulait régner sur l'Égypte devait contrôler cette position stratégique, dominée par les tombes des nobles creusées dans la falaise. Assiout était aussi un centre commercial, au point d'aboutissement des pistes de caravanes provenant des oasis de Dakleh et de Khargeh. En les taxant au-delà du raisonnable, le seigneur local Oup-ouaout pouvait payer ses miliciens.

— La personne de Pharaon doit être mise en sécurité, estima le Porteur du sceau, Séhotep. Je sollicite donc son autorisation d'entamer seul la négociation.

De nombreux bateaux encadrèrent la flottille royale. Les uns lui barrèrent le passage, les autres l'empêchèrent de rebrousser chemin, d'autres encore la contraignirent à accoster.

À la proue de son vaisseau, Sésostris était coiffé du *némés*, très ancienne parure qui permettait à la pensée de Pharaon de franchir les espaces. Sur sa poitrine, un pectoral aux figures étranges.

Sobek le Protecteur s'approcha.

— Ça ressemble à une arrestation, Majesté !

— Si ce révolté d'Oup-ouaout pose la main sur le roi, promit Nesmontou, je lui fracasse le crâne !

— Je me rends seul à terre, décida Sésostris. Si je ne reviens pas et si l'on vous attaque, tâchez de sortir de cette nasse.

Les miliciens disposés sur le quai observèrent avec étonnement le colosse qui descendait la passerelle.

D'instinct, certains s'inclinèrent. Les rangs s'écartèrent pour lui dégager le chemin. Aucun des officiers qui avaient reçu l'ordre d'interpeller Sésostris et de le conduire au palais du chef de province n'osa intervenir.

Oup-ouaout avait déployé l'ensemble de ses forces. Le roi constata qu'une armée puissante et déterminée n'aurait pas été certaine de remporter la victoire.

Curieusement, on avait l'impression que Sésostris avait pris la tête de cette milice bien nourrie et bien équipée dont les membres le suivaient dans une certaine confusion. La population de la province assistait à l'étrange spectacle et ne perdait pas de vue l'hôte indésirable dont la tête émergeait d'un océan de soldats.

Soudain, Sésostris s'arrêta.

— Toi, là-bas, viens à côté de moi.

Le roi désignait un bouvier squelettique, tellement maigre qu'on lui voyait les côtes. Les cheveux hirsutes, vêtu d'un pagne élimé, il s'appuyait sur un bâton noueux.

Le malheureux regarda derrière lui. Un soldat lui tapa sur l'épaule.

— C'est toi qu'on appelle, mon gars ! Alors, vas-y.

Hésitant, le bouvier avança.

— Règle ton pas sur le mien, lui ordonna le roi.

Le bouvier avait vécu tant de moments difficiles dans les marais que cette épreuve-là ne lui parut pas insurmontable. Sans doute ce géant était-il un grand personnage, mais, lorsqu'on ne mangeait pas à sa faim et que chaque matin était une souffrance supplémentaire, quelle importance ?

Sur le seuil du palais, un homme au nez pointu, très raide, tenait un sceptre dans la main droite et un long bâton dans la gauche. Derrière lui, un prêtre élevait une enseigne sur laquelle trônait une statue en bois d'ébène du chacal Oup-ouaout, « l'Ouvreur des chemins », dont le chef de province avait pris le nom.

— Je ne suis pas ravi de vous voir, dit-il à Sésostris. J'ai appris la soumission de deux lâches, mais ne croyez pas un instant qu'elle entraînera la mienne. Le dieu qui me protège connaît les secrets des routes du ciel et de la terre. Grâce à lui, ma région est puissante. Qui s'y attaquera subira une cuisante défaite. Régnez sur le Nord, mais ne m'importunez pas sur mon territoire.

— Tu n'es pas digne de commander, déclara le pharaon.

— Comment osez-vous...

Le roi poussa devant lui le bouvier squelettique.

— Toi, comment oses-tu tolérer qu'un seul habitant de ta province dépérisse dans une telle misère ? Tes miliciens ne manquent de rien, tes paysans meurent de faim. Toi qui te prétends si fort, au point de défier Pharaon, tu trahis Maât et tu méprises la population dont tu devrais assurer la prospérité. Qui accepterait de combattre et de mourir pour un chef aussi déplorable ? Il ne te reste qu'une solution : réparer le mal que tu as commis, avec l'accord du maître des Deux Terres.

— Que mon chacal protecteur détruise l'agresseur ! clama le chef de province.

L'enseigne s'avança vers Sésostris.

Chacun crut voir s'ouvrir la gueule du prédateur. Le monarque toucha son pectoral sur lequel était représenté un griffon terrassant les forces du chaos et les ennemis de l'Égypte. Porteur de la double couronne, il symbolisait la souveraineté du pharaon sur les deux pays, celui du Nord et celui du Sud.

À la stupéfaction générale, la tête du chacal s'inclina.

Oup-ouaout, l'Ouvreur des chemins, venait de reconnaître Sésostris comme son maître.

Les miliciens laissèrent tomber leurs armes sur le sol.

Comprenant que plus un seul de ses soldats ne lui obéirait, le chef de province lâcha son sceptre et son bâton de commandement.

— Il est vrai que j'ai utilisé les richesses de ma province pour équiper ma milice, mais je redoutais une invasion.

— Comment Pharaon envahirait-il sa propre terre ? Je suis à la fois l'unité et la multiplicité. La première n'empêche pas la seconde, la seconde ne saurait exister sans la première. Lorsque cette communion est établie, nul bouvier ne sombre dans la détresse.

— Épargnez-moi la honte d'un jugement et tuez-moi sur-le-champ.

— Pourquoi supprimerais-je un fidèle serviteur du royaume ?

Oup-ouaout s'agenouilla devant le roi, puis éleva les mains en signe de vénération.

— Devant les habitants de ta province, constata Sésostris, tu m'as prêté allégeance, et la parole donnée ne se reprend pas. Je te maintiens à la tête de cette contrée que tu feras prospérer, selon les directives du Grand Trésorier Senânkh. Quant à tes miliciens, ils seront placés sous le commandement du général Nesmontou. Désormais, ton seul souci sera le bien-être de tes administrés. Relève-toi et reprends les symboles de ta dignité.

— Longue vie à Sésostris ! s'écria un milicien, bientôt imité par ses collègues.

Et ce fut au milieu d'un concert d'acclamations que le roi et le chef de province pénétrèrent dans le palais.

— Jamais, Majesté, je n'aurais pensé que vous exerciez votre pouvoir sur le chacal Oup-ouaout !

— Tu ignores qu'il fait partie des puissances participant aux mystères d'Osiris que célèbre le pharaon. Toi, qui t'étais placé sous sa protection sans connaître sa véritable nature, es-tu le criminel qui tente de détruire l'acacia du grand dieu ?

Le chef de province fut si désemparé que Sésostris ne douta pas de sa sincérité.

— Majesté, qui commettrait un tel forfait verrait son nom anéanti ! Or, je désire que le mien perdure dans ma demeure d'éternité où, grâce aux rites, je deviendrai un Osiris. Je sais que son acacia symbolise la résurrection à laquelle aspirent les justes. Sur votre nom et sur celui de mes ancêtres qui me maudiraient en cas de mensonge, je jure que je ne suis pas coupable !

Lors du grand banquet organisé pour fêter le retour de la province d'Oup-ouaout dans le giron de l'Égypte de Sésostris, l'atmosphère fut d'autant plus détendue que beaucoup avaient redouté un conflit sanglant. Invité avec plusieurs paysans pauvres, le bouvier squelettique dégustait des plats auxquels il n'avait même pas osé rêver.

— Quels sont tes rapports avec ton voisin, le chef de province Oukh ? demanda le pharaon à son nouveau serviteur.

— Exécrables, Majesté. Nous nous partageons un territoire qui porte le même nom, « Celui du grenadier et de la vipère à cornes », mais nous n'avons pas réussi à nous entendre pour réunir nos administrations et nos milices. Chacun veille jalousement sur son domaine, et nous avons maintes fois failli nous affronter.

— Est-il capable de comprendre ce que tu as compris ?

— Sûrement pas, Majesté ! Oukh est fier et entêté. Pour être sincère, je n'aimerais pas que mes miliciens soient engagés dans un conflit contre les siens. Il y aurait des morts, beaucoup de morts !

— Je tenterai de l'éviter, mais je dois continuer à réunifier le pays. C'est notre désunion qui a permis à une force maléfique de s'attaquer à l'acacia d'Osiris. Lorsque toutes les provinces vivront de nouveau en harmonie, nos chances de repousser les ténèbres augmenteront de manière considérable.

Oup-ouaout baissa la tête.

— Aucun discours n'aurait pu me convaincre du bien-fondé de votre démarche, Majesté. C'est parce que vous connaissiez les chemins mystérieux dévoilés par le chacal que vous avez réussi. Comme moi, Oukh se croit le plus fort, et il est très attaché à ses acquis.

— L'un des noms de Pharaon est « Celui de l'abeille », rappela Sésostris. Il doit se souvenir que chaque individu compte et joue son rôle dans la fabrication de l'or végétal, mais aussi que la ruche est plus importante que l'abeille. Sans elle, sans la Grande Demeure[1] où chaque Égyptien trouve sa place, ni l'esprit ni le corps ne pourraient vivre.

Le général Nesmontou était éberlué. Les miliciens d'Oup-ouaout lui obéissaient au doigt et à l'œil, comme s'il avait toujours été leur chef. Pas un geste d'indiscipline, pas une protestation. De bons professionnels, désireux d'être bien commandés et de donner satisfaction.

En rejoignant le conseil restreint qui se tenait sur le bateau du roi, le vieux soldat se demanda si le pèlerinage insensé voulu par le souverain irait jusqu'à son terme.

— Ne faudrait-il pas propager la nouvelle de la soumission d'Oup-ouaout ? suggéra Séhotep. Je suis conscient que c'est la tâche de Médès et qu'il est rentré à Memphis, mais nous pou-

1. De l'expression égyptienne, *per-aâ*, « la Grande Demeure », « le Grand Temple », vient le mot pharaon.

vons lui envoyer des messagers en espérant qu'au moins l'un d'eux parviendra à bon port.

— Inutile, jugea Sésostris. Aucun des trois chefs de province que nous devons encore affronter ne tiendra compte de cet événement.

— Je partage l'avis du roi, approuva Nesmontou. Oukh est une brute, Djéhouty un granit et Khnoum-Hotep un prétentieux qui ne renoncera à aucune de ses prérogatives ! Impossible de discuter avec ces trois-là.

— Sans doute sont-ils quand même ébranlés par les succès du roi, objecta Séhotep. La négociation n'est pas forcément vouée à l'échec.

— Notre prochaine étape est toute proche, rappela Sésostris, puisqu'il s'agit de l'autre moitié de la province du Grenadier et de la Vipère à cornes. Ne perdons pas de temps en vaines palabres.

— Souhaitez-vous une attaque massive ? interrogea Nesmontou.

— Nous continuerons à appliquer ma méthode, décida le pharaon.

54.

La tête surmontée d'une étoile à sept branches, vêtue d'une robe imitant une peau de panthère constellée d'étoiles à cinq branches inscrites à l'intérieur d'un cercle, la jeune prêtresse écrivait les paroles de puissance prononcées par la reine d'Égypte, venue présider la confrérie des sept Hathor.

Son écriture était fine et précise, et son texte fut jugé digne d'entrer dans le trésor de la communauté féminine. Cette « autre manière de dire », selon l'expression consacrée, serait transmise aux générations futures pour enrichir leur réflexion. Ainsi la tradition ésotérique demeurerait-elle vivante au-delà de celles qui l'avaient formulée en un moment de grâce.

Lorsque les initiées quittèrent le temple à la suite de la reine, de confuses pensées s'agitèrent dans l'esprit de la jeune prêtresse. Pourquoi la souveraine lui avait-elle prédit qu'elle devrait quitter ce sanctuaire afin de livrer une périlleuse bataille ? Pourquoi le supérieur défunt de la confrérie masculine avait-il parlé, lui aussi, d'ennemis terrifiants qu'elle aurait à affronter ?

Depuis son adolescence, elle n'était fascinée que par l'univers du temple. À côté des mystères qu'il abritait, le monde extérieur lui paraissait bien fade. Et lors de l'apprentissage des hiéroglyphes que lui avait enseignés une prêtresse érudite, elle s'était immergée avec émerveillement dans le jeu des forces créatrices que révélaient les lettres mères. En écrivant le nom des divinités, elle avait découvert leur nature secrète, comme celui de la déesse Hathor qui signifiait « le temple d'Horus », le lieu sacré où brillait la lumière fulgurante de l'initiation. De plus, dans la première partie du nom, *Hat*, était incluse la notion de Verbe créateur et nourricier. Les sept Hathor nourrissaient précisément la lumière par le Verbe sous toutes ses formes, de la parole rituelle à la musique.

Chaque passage de grade avait été une rude épreuve, tant physique que spirituelle, mais la jeune prêtresse ne redoutait ni les efforts ni le travail intense nécessaires pour progresser sur cette voie. N'étaient-ils pas d'inépuisables sources de joie ?

Pour la première fois, elle était troublée. Et ce trouble ne se dissipait ni dans son sommeil ni dans ses activités quotidiennes.

Chaque matin et chaque soir, la confrérie féminine jouait de la musique afin d'entretenir la sève de l'acacia d'Osiris dont l'état n'avait pas évolué. Parfois, la jeune femme éprouvait des difficultés à se concentrer, en raison de ce sentiment inconnu qu'elle ne parvenait pas à étouffer.

Elle se rendit sur le chantier de la demeure d'éternité de Sésostris où un tailleur de pierre venait de se blesser à cause d'un outil défectueux. Incident mineur, certes, mais qui alourdissait encore le climat. car l'artisan était un expert et se sentait humilié.

Elle désinfecta la plaie avec de la teinture mère de calendula, puis appliqua une compresse au miel qu'elle maintint avec un bandage de lin.

— Les accidents se multiplient, déplora le maître d'œuvre. Je prends de plus en plus de précautions, mais sans grand succès. Les travaux sont ralentis, et certains prétendent que le chantier est envoûté. Ne pourriez-vous intervenir pour les rassurer ?

— J'en parlerai dès aujourd'hui au supérieur.

Comme la jeune femme devait remettre une copie de son texte au Chauve qui la classerait dans les archives de la Maison de Vie, elle sollicita son aide.

— Ce chantier m'inquiète, moi aussi, avoua-t-il. La meilleure solution consiste à répéter le rite de la bandelette rouge qui emprisonne les forces nocives.

— Et si ce n'est pas suffisant ?

— Nous avons d'autres armes en réserve et nous nous battrons jusqu'au bout. Accompagne-moi jusqu'à l'acacia.

Il porta le vase d'eau, elle le vase de lait. L'un après l'autre, ils versèrent lentement les liquides au pied de l'arbre malade. Le seul rameau qui avait reverdi semblait en bonne santé, mais une profonde tristesse émanait de ce lieu où régnait naguère la sérénité.

— Intensifions nos recherches, préconisa le Chauve. Dès demain, rejoins-moi à la bibliothèque. En explorant les anciens textes, nous découvririons peut-être des indications utiles.

La prêtresse se réjouit de cette mission qui lui occuperait l'esprit. Mais en revenant vers les locaux d'habitation de la confrérie féminine, les mêmes inquiétudes l'oppressèrent de nouveau.

— La reine désire te voir, l'avertit l'une de ses Sœurs.

La souveraine et la jeune prêtresse marchaient dans l'allée bordée de chapelles et de stèles dédiées à Osiris.

— De quoi souffres-tu ?

— Je ne suis pas malade, Majesté. Simplement un peu de fatigue et...

— À moi, tu ne peux rien dissimuler. Quelle est la question qui t'obsède ?

— Je me demande si je suis assez forte pour continuer sur cette voie.

— N'est-ce pas ton désir le plus cher ?

— Certes, Majesté, mais mes faiblesses sont telles qu'elles pourraient devenir des entraves.

— Ces faiblesses font partie des obstacles à vaincre et ne doivent, en aucun cas, te servir d'alibi.

— Tout ce qui m'éloigne du temple ne constitue-t-il pas un danger ?

— Notre Règle ne t'oblige pas à vivre en recluse. La plupart des prêtres et des prêtresses sont mariés, d'autres choisissent le célibat.

— Un mariage avec un être éloigné du temple ne serait-il pas une erreur ?

— Il n'existe pas de loi rigide. À toi de choisir ce qui nourrit le feu de la connaissance et d'éviter ce qui l'affaiblit. Surtout, ne triche jamais avec toi-même et n'essaie pas de te mentir. Sinon, tu te perdrais dans un désert sans fin et la porte du temple se refermerait.

Lorsque la reine quitta Abydos, la jeune prêtresse songea de nouveau au garçon qu'elle avait si brièvement rencontré et qu'elle ne reverrait sans doute jamais. Loin de lui être indifférent, il avait fait naître en elle un sentiment étrange qui, lentement, prenait de l'ampleur. Elle n'aurait pas dû penser à lui, mais elle ne réussissait plus à le chasser de son esprit. Peut-être, avec le temps, le visage du jeune homme s'estomperait-il ?

En arrivant à Abydos, Gergou constata que la surveillance ne s'était pas relâchée. Plusieurs soldats montèrent à bord de son bateau, exigèrent son ordre de mission et vérifièrent la cargaison avec un soin extrême.

— Des onguents, des pièces de lin, des sandales : tout cela est destiné au collège des prêtres permanents, précisa Gergou.

Voici la liste détaillée qui porte le sceau du Grand Trésorier Senânkh.

— On doit s'assurer que les produits correspondent à cette liste, déclara sèchement un gradé.

— Ne faites-vous pas confiance au Grand Trésorier et à son représentant officiel ?

— Les consignes sont les consignes.

« Ce n'est pas en passant par ce débarcadère que je pourrais introduire un produit en fraude », constata Gergou. Et il y avait trop de soldats et de policiers pour pouvoir les acheter tous.

Il dut attendre patiemment la fin de l'inspection et, comme lors de sa première visite, subit une fouille à corps.

— Repartez-vous immédiatement ? interrogea le gradé.

— Non, je dois revoir un prêtre pour lui soumettre cette liste, savoir si elle le satisfait et prendre commande de ses nouvelles exigences.

— Attendez au poste de garde. On viendra vous chercher.

Ce n'était pas encore cette fois que Gergou découvrirait Abydos. Surveillé par deux gardes-chiourme avec lesquels il n'essaya même pas d'engager la conversation, il sommeilla.

S'il ne rencontrait pas le même prêtre, ce voyage aurait été inutile. Comme Gergou ignorait tout du fonctionnement de la confrérie, il craignait qu'elle ne lui envoyât un autre responsable très différent du premier.

En ce cas, il n'y aurait plus rien à espérer, et la déception serait amère. Car, pour qu'un site fût aussi bien gardé, il fallait qu'il abritât de prodigieux trésors ! Gergou se reprocha de ne pas y avoir songé plus tôt : Abydos n'était-il pas le centre spirituel de l'Égypte, le lieu sacré entre tous où le pharaon puisait l'essentiel de sa puissance ? Sésostris n'avait pas exigé un tel déploiement de forces sans raison majeure. Il se passait ici quelque chose d'important, et l'âme damnée de Médès comptait le découvrir, à condition que la chance continuât à le servir.

— Suivez-nous, ordonna un autre gradé, accompagné de quatre archers.

Ils conduisirent Gergou au même bureau que lors de sa visite précédente.

Nerveux, il fit les cent pas. Enfin, la porte s'ouvrit.

C'était le même prêtre !

— Heureux de vous revoir, dit Gergou en souriant.

— Moi aussi.

— Voici la liste des produits que vous m'aviez demandés. Vous convient-elle ?

Le prêtre la lut avec attention.

— Vous êtes un homme précis sur lequel on peut compter.

— D'après les ordres, Abydos ne doit manquer de rien. Que vous faudra-t-il dans les prochaines semaines ?

— J'ai une nouvelle liste à vous communiquer.

Le prêtre donna une tablette à son interlocuteur.

Dans son regard, il y avait la même lueur qui plaisait tant à Gergou.

— Peut-on parler tranquillement dans cette pièce ? interrogea-t-il à voix basse.

— Vous voulez dire... à l'abri des oreilles indiscrètes ? Je pense que oui. Pourquoi cette question ?

Crispé, Gergou devait éviter le faux pas qui ferait fuir sa proie.

— À côté de nos rapports officiels, il pourrait y en avoir d'autres.

— De quelle nature ?

Première victoire ! Le prêtre semblait intéressé.

— Ma charge d'inspecteur principal des greniers me permet de déborder un peu sur mes attributions légales et de compléter mon salaire. Il faut rester discret et prudent, bien entendu, mais ce serait dommage de manquer d'ambition. Abydos n'est pas seulement un centre spirituel, c'est aussi une petite ville qui doit demeurer prospère pour permettre aux confréries d'œuvrer en toute tranquillité. Pourquoi la notion de profit y serait-elle exclue ? Pourquoi un prêtre, si dévoué soit-il au culte d'Osiris, n'aurait-il pas le droit de devenir riche ?

Un long silence succéda à ces déclarations et à ces questions. Le prêtre considéra Gergou avec une extrême attention.

— En ce qui concerne les temporaires, déclara-t-il enfin, aucun interdit. La situation des permanents, comme moi, est différente puisque nous ne sortons pas d'Abydos.

— Moi, en revanche, je peux aller et venir. Si nous devenions amis, vos perspectives d'avenir seraient radicalement modifiées.

— Que proposez-vous exactement ?

— Je suis persuadé qu'Abydos recèle des trésors.

— Chacun le sait.

— Certes, mais quels sont-ils ? Vous, vous les connaissez.

— Je suis soumis au secret.

— Un secret, ça s'achète. Et je suis également persuadé que vous avez beaucoup à vendre.

— Comment avez-vous pu imaginer que je trahirais ma hiérarchie ?

— Qui vous parle de trahison ? Abydos m'intéresse au plus haut point et vous, vous souhaitez vous enrichir. Il s'agit donc d'une belle conjonction d'intérêts. Aidez-moi, je vous aiderai. Quoi de plus simple ?

— Quoi de plus compliqué et dangereux ! D'abord, pour qui et avec qui travaillez-vous ? Je doute que votre véritable patron soit le Grand Trésorier Senânkh, l'un des fidèles du pharaon Sésostris.

— Vos doutes sont justifiés.

— Alors, qui ?

— Il est un peu trop tôt pour vous le révéler. Nous devons apprendre à nous connaître, à faire l'un et l'autre nos preuves, à parvenir à une confiance mutuelle. Je reviendrai donc vous voir officiellement, et nous poursuivrons le petit jeu des livraisons de denrées. Réfléchissez aux moyens de vous enrichir sans quitter Abydos, et nous verrons si nos projets sont réalisables.

55.

Iker nettoyait sa chambre lorsqu'il eut une vision.

Elle.

Elle lui parlait, mais il n'entendait pas les mots qu'elle prononçait. Puis elle disparut aussi brusquement qu'elle était apparue.

Cette fulgurance laissa le jeune homme interdit pendant de longues minutes. Que signifiait-elle, sinon qu'elle se souvenait de son existence et que leurs pensées étaient capables de se rejoindre ? Cependant, ce n'était sans doute qu'un rêve éveillé, et la voix autoritaire d'Héremsaf se chargea de rappeler Iker à la réalité.

— Quand tu auras terminé tes travaux domestiques, rejoins-moi dans mon bureau.

Le jeune homme acheva scrupuleusement son ménage. Comme il n'avait essuyé aucun reproche depuis son arrivée, il fallait croire qu'il donnait satisfaction au maître de maison.

Iker emprunta un couloir blanc immaculé et frappa à la porte en sycomore.

— Entre et referme derrière toi.

La pièce était spacieuse, les fenêtres ne laissaient passer que la lumière suffisante pour travailler, et un ordre impeccable régnait sur les étagères. Le visage d'Héremsaf demeurait aussi rébarbatif que d'ordinaire.

— Prépare-toi à déménager, mon garçon.

— Vous... vous ne me trouvez pas assez soigné ?

— Au contraire, tu es une sorte de modèle. Ta maturité et ton sérieux ne cessent de me surprendre.

— En ce cas...

— Il s'agit d'une promotion. Le maire est particulièrement satisfait de ton travail et t'accorde une place dans l'élite des scribes. C'est pourquoi tu bénéficieras d'un logement de fonction et d'un domestique. En contrepartie, tes responsabilités et ta charge de travail augmenteront.

— À quel poste suis-je affecté ?

— Pour le moment, tu termines l'inventaire que tu as brillamment commencé. Puis tu procéderas toi-même à la redistribution des objets utilisables. Ensuite, tu t'occuperas de la réhabilitation des locaux. Une équipe d'ouvriers sera mise à ta disposition et tu organiseras les travaux à ta guise. Bien entendu, le maire exige des résultats rapides. Néanmoins, je t'accorde une journée de repos.

Iker et Vent du Nord déambulèrent dans Kahoun afin de découvrir chaque aspect de cette ville construite selon les proportions divines. Le mur d'enceinte donnait une impression de sécurité, encore confirmée par les rondes régulières de la police municipale. Grâce à des services de voirie efficaces, l'artère principale et les rues étaient d'une propreté exemplaire. De la plus vaste des villas, celle du maire, jusqu'à la plus modeste des deux cents maisons du quartier ouest, Kahoun pouvait se vanter de sa coquetterie : pas de façade décrépie, pas de volet à la peinture écaillée, pas de porte dégradée, des jardins bien entretenus, des canalisations en parfait état. Nul ne manquait d'eau, et le respect des règles d'hygiène était strict. La cité s'enorgueillissait de son nom sacré, « Sésostris est satisfait ».

L'organisation du travail n'y était pas moins remarquable. Le personnel des temples se montrait ponctuel dans l'accomplissement de ses tâches rituelles, boulangers et brasseurs recevaient les quantités de céréales nécessaires à la fabrication du pain et de la bière, les bouchers de la viande reconnue pure par le vétérinaire, le coiffeur ambulant tenait salon en plein air, les fabricants de sandales et de paniers les exposaient au marché, à côté des vendeurs de fruits et de légumes. À Kahoun, personne ne manquait de rien.

Iker s'arrêta devant l'étal d'un fabricant de jouets en bois. Poupées avec perruque et membres articulés, hippopotame, crocodile, singe, cochon... Tous très réussis ! Un objet retint son attention, un bateau d'une qualité remarquable.

On aurait juré une maquette du *Rapide* !

— Vos jouets sont superbes, dit-il à l'artisan.

— Les parents les apprécient autant que leurs enfants. Serais-tu déjà père de famille ?

— Pas encore, mais j'aimerais offrir ce bateau.

— C'est le seul que je n'ai pas fabriqué moi-même, et c'est aussi le plus cher. Un petit chef-d'œuvre !

— Qui en est l'auteur ?

— Un charpentier à la retraite. Le meilleur de Kahoun, d'après ses collègues. On l'a surnommé Rabot, tellement il s'est identifié à cet outil.

— S'il habite encore ici, j'aimerais le féliciter.

— C'est facile, il réside dans une petite maison du quartier ouest.

Le marchand fournit à Iker des indications précises.

— Comment désires-tu être payé : en nature ou en heures de travail ? Je suis scribe et je peux rédiger n'importe quel type de document.

— Ça tombe bien : j'ai justement besoin d'écrire aux membres de ma famille qui vivent dans le Delta. Dix lettres, ça te convient ?

— Ce bateau est si réussi que je t'en accorde douze.

Une servante balayait le seuil de la maison avec un bel entrain.

— Pourrais-je voir Rabot ? demanda Iker.

— Rabot, il est malade.

— C'est très important pour moi.

— Tu ne veux pas lui causer des ennuis, au moins ?

— Je suis scribe et je voudrais le féliciter pour son talent d'artisan.

La servante haussa les épaules.

— Bon, enlève tes sandales, lave-toi les pieds, essuie-les et ne salis rien. Je ne vais quand même pas faire le ménage ici deux fois par jour.

Iker se conforma aux instructions et pénétra dans la demeure dont la première pièce était réservée au culte des ancêtres.

Rabot se tenait dans la seconde, qui ressemblait fort à un atelier, avec des billes de bois, des outils et un établi. Mais le vieil homme ne travaillait plus. Les cheveux hirsutes, le dos voûté, le ventre gonflé, il était assis sur une chaise à haut dossier et tenait une canne sur le pommeau de laquelle s'appuyait son menton. Il regardait fixement une scie et une herminette à manche court, indispensable pour raboter les planches.

— Je suis le scribe Iker et je désire vous parler.

— Il vaut mieux oublier le passé, mon garçon. Moi qui étais le plus agile et le plus infatigable sur les chantiers, regarde ce que je suis devenu ! Je n'ose même plus sortir. La vieillesse est un grand malheur.

— Vous fabriquez encore des maquettes, comme celle de ce bateau.

Rabot y jeta un œil distrait.

— Un loisir d'impotent. J'en ai presque honte.

— Vous avez tort, elle est magnifique.

— Où l'as-tu trouvée ?

— Chez le marchand de jouets.

— J'en suis réduit à ça. Ma retraite suffit à me nourrir, mais ni ma tête ni mes mains n'acceptent cette déchéance.

— Avez-vous travaillé sur un chantier naval ?

La question d'Iker offusqua le vieillard.

— Comment oses-tu en douter ? Pour tout charpentier de valeur, c'est un passage obligé !

— Alors, vous avez participé à la construction de beaucoup de bateaux.

— Des petits, des grands, des cargos... Lorsque se présentait une difficulté insurmontable, c'est moi qu'on appelait.

Iker lui montra la maquette.

— Ce modèle réduit s'inspire-t-il d'un bateau que vous avez vu naître ?

Rabot palpa l'objet.

— Bien sûr ! Un superbe bâtiment destiné à la mer, pas seulement au Nil. Il était si solide qu'il pouvait résister à plusieurs tempêtes.

— Vous souvenez-vous de son nom ?

— *Le Rapide*.

Le jeune scribe contint sa joie. Enfin, une piste sérieuse !

— *Le Rapide*, répéta Rabot. Ce fut mon dernier travail d'importance.

— Avez-vous rencontré le capitaine et l'équipage ?

Le vieillard hocha la tête négativement.

— Vous connaissiez au moins leurs noms ?

— Pas du tout, et ça ne m'intéressait pas. Ce que je voulais, moi, c'était une coque d'une robustesse à toute épreuve.

— Savez-vous ce qu'est devenu ce bateau ?

— Je l'ignore.

— On ne vous a pas parlé de sa destination, le pays de Pount ?

— Il n'existe que dans l'imagination des conteurs, mon garçon ! Même *Le Rapide* aurait été incapable de l'atteindre.

— Qui était son propriétaire ?

Le vieillard fut étonné.

— Le pharaon, bien sûr ! À qui veux-tu qu'un tel bateau appartienne ?

— Œil-de-Tortue et Couteau-tranchant : ces noms vous sont-ils familiers ?

— Jamais rencontré ces gens-là. Ils n'habitent ni Kahoun ni ses environs. Mais dis-moi, mon garçon, pourquoi ces questions ?

— Je connaissais les marins du *Rapide* et j'aimerais savoir ce qu'ils sont devenus.

— Il te suffira de consulter les archives. Un détail me revient en mémoire : mon dernier travail, je ne l'ai pas accompli sur le chantier naval, mais ici même. Il s'agissait d'un coffre en acacia aussi beau que robuste. L'acheteur avait passé une commande très précise, et je m'étais appliqué à respecter ses exigences. Un objet de cette qualité-là ne pouvait être destiné qu'à un temple ! Pourtant, quand l'homme est venu le chercher, il m'a révélé qu'il avait besoin de ce coffre pour un long voyage. J'ai songé au *Rapide*, mais j'ai sans doute eu tort.

— Qui était cet homme ?

— Un inconnu de passage. Comme il avait payé d'avance, et largement, je n'ai pas cherché à me renseigner.

— Le reconnaîtriez-vous ?

— Non, ma vue baisse chaque jour. Il était grand, je crois.

— Il vaudrait mieux ne parler de notre conversation à personne, suggéra Iker.

— Pourquoi ça ?

— Supposez que *Le Rapide* ait été mêlé à...

— Je ne veux rien supposer du tout et je ne veux plus rien entendre ! Je me doutais bien que tes questions n'étaient pas innocentes. Je suis vieux et je désire mourir tranquille. Sors de chez moi et n'y reviens plus. Désormais, tu trouveras porte close.

Iker n'insista pas, mais se promit d'interroger de nouveau le charpentier. Il avait encore beaucoup à lui apprendre.

L'agent du Libanais avait épié Iker pour savoir s'il tentait de contacter un vieil artisan trop bavard. A priori, aucun danger, car qui aurait mis le jeune scribe sur cette piste ?

Mais il fallut bien se rendre à l'évidence : Iker n'allait pas chez Rabot pour une simple visite de courtoisie !

Quoique fort improbable, cette éventualité avait pourtant été envisagée.

Aussi l'agent du Libanais savait-il comment réagir.

56.

— Le Nil est vide, constata le général Nesmontou, incrédule.

À l'approche de Kis [1], la capitale de la quatorzième province de Haute-Égypte, la flottille de Sésostris s'attendait à un accueil guerrier. Mais les navires de combat du chef local, Oukh, étaient restés à quai, et le pharaon débarqua sans rencontrer la moindre opposition.

— C'est forcément un piège, estima Séhotep. Laissez-moi partir en éclaireur, Majesté.

Sur le quai, pas un seul milicien. L'endroit paraissait déserté.

— L'idée du Porteur du sceau est excellente, approuva Sobek le Protecteur. Je lui donne une escorte.

— Qui respecterait un roi lâche ? Suivez-moi.

Sésostris marcha en tête. Sobek ne cessait de scruter les environs, tentant de deviner d'où proviendrait l'attaque.

Jusqu'à l'entrée de la ville, rien ne se produisit.

Dans les rues, pas âme qui vive. Portes et volets étaient clos.

1. Cusae.

— Quel malheur s'est abattu sur cette cité ? demanda Séhotep, angoissé.

Enfin, le roi aperçut les premiers habitants.

Prostrés, la tête sur les genoux, ils semblaient accablés de désespoir, incapables de réagir.

À l'approche du palais, le sol était jonché d'armes. Les miliciens avaient abandonné arcs, flèches, lances et épées.

Assis devant la porte principale, un officier était prostré.

— Que se passe-t-il ici ? interrogea Sobek.

Le militaire leva des yeux rougis à force d'avoir pleuré.

— Notre chef vient de mourir.

— Une révolte contre lui ?

— Non, bien sûr que non ! Qui aurait osé se révolter contre le seigneur Oukh ? Il est mort parce que le serpent sacré de sa province est mort, parce que son vase sacré a été brisé, parce que les champs sont desséchés, parce que les troupeaux sont malades... Et tout cela parce que notre symbole protecteur ne remplit plus sa fonction.

Sésostris se dirigea vers le temple, dédié à Hathor. Civils et militaires s'étaient rassemblés à l'extérieur, guettant un signe d'espoir.

— Vénérez le pharaon ! clama Nesmontou. Lui seul mettra un terme à vos malheurs.

Tous se tournèrent vers le colosse. Un prêtre accourut vers lui et s'inclina.

— Majesté, notre rébellion vient d'être sévèrement châtiée ! Épargnez nos vies, je vous en supplie.

— Personne n'a rien à craindre.

Le sourire revint sur les lèvres de quelques habitants de Kis. Si Pharaon acceptait de les protéger, le mal serait écarté.

— Je dois vous montrer le désastre, Majesté.

Sésostris suivit le prêtre à l'intérieur du temple. Dans une chapelle était conservé l'objet le plus sacré de la province, un papyrus d'où émergeaient deux plumes encadrant un disque solaire flanqué de deux uræus.

Un seul regard suffisait pour percevoir l'ampleur de la catastrophe.

Le papyrus s'était flétri, le disque avait perdu tout éclat, l'œil des cobras ne brillait plus. Dans ce symbole qui portait le nom d'*oukh*, le même que celui du chef de province, l'énergie était presque éteinte.

— Nous allons tous périr, prophétisa le prêtre. Cet endroit est maudit !

— Calme-toi, ordonna le roi.

Seules les deux plumes gardaient encore un semblant de vigueur. Incarnation de l'air lumineux qui circule dans l'univers et féconde les germes de vie, elles offraient une ultime possibilité de survie.

— Le cancer ronge l'acacia, et voici l'une de ses métastases, constata le roi. Concentrez vos pensées sur le disque solaire, vivez chacun des mots que je vais prononcer, faites revivre la puissance en communiant avec le Verbe.

Séhotep, Nesmontou et Sobek s'unirent à la parole royale pour former un être de connaissance.

La voix de Sésostris s'éleva, récitant un hymne au soleil levant.

— Apparais dans la région de lumière, illumine de turquoise les Deux Terres. Chasse les ténèbres, renais chaque jour, viens à la voix de celui qui prononce ton nom. Unique qui demeure unique, unis-toi à ton symbole. Il révèle ta nature sans la trahir. Crée ce qui est en bas comme ce qui est en haut. Flamme vivant à l'intérieur de son œil, sois le bâtisseur, pénètre dans ton sanctuaire.

Peu à peu, le papyrus reverdit. Puis les yeux des cobras rougirent comme de la braise. Enfin, le disque retrouva son éclat, illuminant la chapelle.

— Va chercher les prêtres, ordonna le monarque au général Nesmontou.

Quand ils virent leur symbole ressuscité, les ritualistes s'inclinèrent devant le roi et commencèrent à chanter ses louanges.

— Pas de verbiage, trancha Sésostris. Les rites n'ont pas été correctement célébrés, et vous avez failli en payer le prix fort. Au lieu de vous apitoyer sur vous-mêmes, accomplissez avec rigueur les services de l'aube, de midi et du couchant. À la moindre alerte, prévenez-moi. Désormais, cette province appartient à l'être de Pharaon.

Dès sa sortie du temple, Sésostris fut acclamé par la population. Soudain, la liesse s'interrompit et les badauds s'écartèrent.

Apparut une trentaine de policiers tenant en laisse des molosses. Ils formaient le corps d'élite de la milice du défunt Oukh, et leur commandant ne semblait pas animé des meilleures intentions.

— Nous, on n'est pas prêts à baisser la tête ! Cette province était indépendante, et elle le restera.

— Cesse de proférer des stupidités, intervint Nesmontou. Sa Majesté vient de la sauver de la destruction. Désormais, elle lui obéira.

— Pas besoin d'autorité extérieure, s'entêta le commandant. Je me proclame nouveau chef de province et je chasse tout intrus hors de mon territoire.

— Se rebeller contre Pharaon conduit à la mort, rappela Sésostris. Je veux bien oublier ta folie passagère, mais soumets-toi maintenant.

— Si vous faites un seul pas en avant, je lâche les chiens.

— Ne prenez aucun risque, recommanda Séhotep au monarque. Nous ne sommes pas assez nombreux pour leur résister. Rentrons dans le temple.

Sésostris avança.

Le commandant et ses miliciens lâchèrent les molosses, qui se ruèrent vers le roi.

Sobek voulut se placer devant le souverain mais, d'un geste sec, ce dernier l'en empêcha.

À moins d'un mètre de leur proie, les chiens se bousculèrent, tournèrent en rond, montrèrent les crocs, lancèrent des aboiements furieux, puis se calmèrent. Ils ne formèrent plus qu'une meute paisible dont le dominant vint quémander une caresse avant de se coucher aux pieds du roi.

— Ces animaux savent qui je suis. Toi, commandant indigne, tu ne mérites pas de leur donner des ordres.

Affolé, l'officier tenta de s'enfuir. Deux de ses subordonnés lui fracassèrent le crâne d'un coup de gourdin.

Pendant que les acclamations reprenaient, Sésostris songeait à la suite de son combat. Du sort de l'acacia dépendait bien celui de l'Égypte entière, et il fallait s'attendre à de nouvelles catastrophes.

Une certitude : ce n'était pas Oukh qui avait jeté un maléfice sur l'arbre d'Osiris. Ne restaient plus que deux suspects : Djéhouty, le chef de la province du Lièvre, et Khnoum-Hotep, celui de l'Oryx.

Une petite pièce pour le culte des ancêtres, une modeste salle de réception, une chambre à coucher, des toilettes, une salle d'eau, une cuisine, une cave et une terrasse : la demeure de fonction attribuée à Iker n'avait rien d'un palais, mais elle serait agréable à vivre. Blanchie à la chaux de fraîche date, elle était sommairement meublée. Par chance, une écurie toute proche n'abritait qu'une vieille ânesse avec laquelle Vent du Nord s'accorda immédiatement.

Vu le peu de biens qu'il possédait, le scribe ne mit pas longtemps à emménager. Au moment où il terminait ses rangements, un pauvre bougre se présenta à sa porte.

Les cheveux longs, mal rasé, un peu voûté, maigrichon, il faisait peine à voir.

— Je suis le domestique qui vous a été commis d'office, deux heures deux fois par semaine.

Sur l'instant, Iker eut envie de le renvoyer et de se débrouiller seul. Mais ce personnage ne lui était pas inconnu.

— Non, incroyable... C'est toi, Sékari ?

— Euh... Oui, c'est moi.
— Tu ne me reconnais pas ?
Le miséreux osa regarder son patron.
— Iker... Tu es si bien vêtu !
— Que t'est-il arrivé ?
— Des ennuis ordinaires. Maintenant, ça va mieux. Tu acceptes de m'employer ?
— Pour être franc, ça me gêne un peu !
— C'est la mairie qui paye. Avec une dizaine de maisons à nettoyer, les courses à faire et du bricolage par-ci par-là, je ne m'en tire pas trop mal.
— Où habites-tu ?
— Dans une cabane de jardin. Je l'entretiens et j'ai le droit de récolter des légumes.
— Entre et buvons une coupe.
Les deux anciens compagnons évoquèrent leurs aventures dans les mines du Sinaï, mais Iker ne donna pas de détails sur ce qui lui était advenu depuis leur séparation.
— Te voici donc dans l'élite des scribes, constata Sékari, avec une belle carrière en perspective.
— Ne te fie pas aux apparences.
— Aurais-tu des ennuis ?
— Nous en reparlerons peut-être plus tard. Organise-toi à ta guise, cette maison devient aussi la tienne. Pardonne-moi, de nombreuses tâches m'attendent.

C'est en travaillant avec acharnement qu'Iker parvint à se calmer. Il avait maintenant la preuve que son cauchemar était bien réel, que *Le Rapide* avait été construit par une équipe d'artisans de Kahoun et que ce bateau ne pouvait appartenir qu'au pharaon Sésostris.

Personne ne voulait croire à l'existence du mystérieux pays de Pount, mais le jeune homme savait bien, lui, que telle était la destination du bâtiment à bord duquel il avait failli périr.

Iker se rendit de nouveau chez Rabot. Cette fois, il lui dirait tout.

La porte de sa maison était close.

Le scribe frappa, personne ne répondit. Une voisine l'interpella.

— Que veux-tu ?

— J'aimerais voir Rabot.

— Aucune chance, mon pauvre garçon. Il est mort la nuit dernière. Es-tu de la famille ?

— Non, mais nous nous connaissions, et j'avais des renseignements à lui demander.

— Ce vieux grigou ne bavardera plus avec personne ! Sur la fin, il racontait n'importe quoi.

— De quoi est-il mort ?

— De vieillesse, pardi ! Il souffrait du cœur, des poumons, des reins... Tout était usé. Qu'il ne se plaigne pas, il n'a pas souffert.

— Vous le fréquentiez ?

— Le moins possible, comme les autres voisins. Il nous fatiguait avec ses histoires de charpentier et il perdait la tête. Quand on ne l'écoutait pas avec attention, il devenait même irascible.

— La police ne lui aurait-elle pas rendu visite, juste avant sa mort ?

— La police ! Mais qu'est-ce qu'il avait fait ?

— Rien, rien... C'était juste une question.

La voisine eut un regard entendu.

— Alors, comme ça, le vieux était mêlé à un trafic ! Tu n'en serais pas, toi, de la police ?

— Non, j'étais juste un ami.

— Un peu jeune, pour être l'ami de Rabot !

Iker battit en retraite. Il aurait aimé pénétrer dans la demeure et la fouiller, mais à quoi bon ? Le scribe ne croyait pas à une mort naturelle. Et les assassins du vieillard avaient forcément fait disparaître tout indice compromettant.

Qui pouvait agir en toute impunité, sinon des policiers

obéissant à des ordres supérieurs et certains de n'être jamais inquiétés ? Le maire devait être au courant. Au-dessus du maire, un ministre. Au-dessus du ministre, le protecteur de Kahoun, le roi Sésostris.

Iker voulait la vérité et la justice. Grâce au manche du couteau, il possédait la preuve de l'existence du *Rapide*. Or son principal témoin avait disparu, et les autorités lui répondraient que ce modeste objet ne suffisait pas pour ouvrir une enquête.

Les archives de Kahoun : là, et là seulement, se trouvaient les documents décisifs.

À l'entrée du bâtiment, deux gardiens appartenant à la police municipale.

— Nom et fonction ?

— Iker, scribe.

— Autorisation écrite de pénétrer dans les locaux ?

— Je veux seulement voir le Conservateur.

— Un instant.

Le haut personnage accepta de recevoir Iker dont la réputation ne cessait de grandir. Réservé et pointilleux, le Conservateur se montra néanmoins affable.

— Que désires-tu, Iker ?

— C'est assez délicat. Il s'agit d'une mission... disons discrète.

— Je peux le comprendre, mais il me faut davantage de précisions.

— Mon supérieur, Héremsaf, m'a envoyé consulter les archives concernant les chantiers navals. Il aimerait beaucoup vérifier un détail.

— Pourquoi ne vient-il pas lui-même ?

— Justement, par discrétion. Ma présence ici n'intriguera pas, alors que la sienne...

Le Conservateur parut convaincu. Ce n'était sûrement pas la première fois qu'il était confronté à ce cas de figure où il était important de ne laisser aucune trace.

— Je comprends, je comprends... Mais je préférerais avoir un mot signé d'Héremsaf.

— Ce n'est peut-être pas indispensable et...

— Pour mes archives personnelles, si. Reviens avec ce mot et je te faciliterai la tâche.

— De qui te moques-tu, Iker, et qu'est-ce que ça cache ? interrogea Héremsaf, en proie à une colère froide. Le Conservateur des archives d'État vient de me prévenir que tu as osé utiliser mon nom pour une consultation illégale ! Toi, toi en qui j'avais toute confiance !

— M'auriez-vous accordé une autorisation en bonne et due forme ?

Le regard d'Héremsaf devint perçant.

— Ne crois-tu pas qu'il est temps de me confier enfin la vérité ?

— Je vous retourne la question.

— Tu vas trop loin, Iker ! Ce n'est pas moi qui ai tenté de m'introduire aux archives !

— C'est bien vous qui m'avez ordonné de trier les objets entassés dans les anciens entrepôts, en insistant bien pour qu'aucun n'échappe à ma vigilance ?

— Certes, et alors ?

— Ne songiez-vous pas à un manche de couteau sur lequel est gravé le nom d'un bateau ?

Héremsaf sembla surpris.

— Le principal chantier naval de la région n'est-il pas placé sous votre responsabilité ? continua Iker.

— Là, tu te trompes ! C'est le maître d'œuvre du Fayoum qui s'en occupe.

— Pour le manche du couteau, je ne me trompe pas ?

— Que cherches-tu exactement ?

— Maât, bien sûr.

— Ce n'est pas en mentant au Conservateur que tu la trouveras !

— Si vous n'avez rien à vous reprocher, autorisez-moi à consulter les archives.

— Ce n'est pas si simple, et je n'ai pas tous les pouvoirs ! Il existe plusieurs départements, et seul le maire donne accès à l'ensemble. Écoute, Iker, tu es en pleine ascension, mais tu n'as pas beaucoup d'amis. Ta rigueur et tes compétences plaident en ta faveur, pourtant l'excellence du travail ne suffit pas, à elle seule, à garantir une brillante carrière. Mon soutien t'est indispensable, et je te l'accorde parce que je crois en ton avenir. J'accepte d'oublier ce moment d'égarement, à condition qu'il ne se reproduise pas. Nous nous comprenons ?

— Non, nous ne nous comprenons pas. Ce n'est pas une brillante carrière que je désire, seulement la vérité et la justice. Quoi qu'il m'en coûte, je ne renoncerai pas à cette Quête. Je refuse de penser que tout est pourri dans ce pays. Sinon, cela signifierait que Maât l'a quitté. En ce cas, pourquoi continuer à y vivre ?

Sans y être invité, Iker sortit du bureau d'Héremsaf.

En le renvoyant sur le maire, forcément complice des assassins du charpentier, son supérieur démontrait sa propre culpabilité. Mais pourquoi Héremsaf l'avait-il mis sur la piste du manche de couteau ? En se comportant ainsi, il l'avait aidé. En lui refusant l'autorisation de consulter les archives, il l'empêchait d'avancer. Comment expliquer des attitudes aussi contradictoires ? Sans doute Héremsaf, fidèle allié du maire, ignorait-il l'existence du modeste objet révélant le nom du *Rapide*.

Iker serait démis de toute fonction et chassé de Kahoun.

Cependant il y reviendrait, et réussirait à obtenir les documents dont il avait besoin. Conscient que sa tâche s'annonçait impossible, il marcha au hasard.

— Tu as l'air contrarié, murmura la voix fruitée de Bina.

— Des difficultés dans mon métier.

— Tu ne m'avais même pas remarquée ! Ne devrais-tu pas te distraire un peu ?

— Je n'ai pas le cœur à m'amuser.

— Alors, parlons ! J'ai trouvé un endroit tranquille, une maison vide juste derrière celle où je travaille. Rejoins-moi ce soir, après le coucher du soleil. Bavarder te fera du bien.

57.

À l'approche de la capitale de la province du Lièvre, les paysages devenaient doux et enchanteurs. Tout, ici, appelait à la paix, au repos et à la méditation.

À bord du navire du roi, on ne songeait qu'à l'affrontement avec le redoutable Djéhouty. Les nouvelles que venait de recevoir le général Nesmontou n'avaient rien de réjouissant.

— Le chef de province dispose d'une petite armée bien payée et formée de professionnels aguerris, révéla-t-il au pharaon. De plus, Djéhouty a une renommée de fin stratège.

— En ce cas, jugea Séhotep, il ne sera pas hostile à la négociation ! Quand Djéhouty apprendra le ralliement de provinces réputées intransigeantes, il comprendra que la lutte armée est inutile. Je me propose donc comme ambassadeur.

— Nous continuerons à appliquer ma méthode, trancha Sésostris.

Les trois membres présents de la Maison du Roi, le général Nesmontou, le Porteur du sceau Séhotep et Sobek le Protecteur, partagèrent la même pensée : le monarque ne mesurait pas le danger. Djéhouty n'était pas un médiocre, et il ne rendrait pas les armes sans mener un combat dévastateur.

Pourtant, la sérénité du pharaon semblait inébranlable. Ne ressemblait-il pas à l'un de ces artisans de génie capables d'exécuter le geste juste au moment juste ? Comment ne pas accorder sa confiance à ce géant qui, depuis sa montée sur le trône des vivants, n'avait pas commis un seul faux pas ?

Khémenou, « la cité de l'Ogdoade », confrérie de huit puissances créatrices, était à la fois la capitale de la province du Lièvre et le site privilégié du dieu Thot. Maître des hiéroglyphes, « les paroles de Dieu », il offrait aux initiés la possibilité d'atteindre la connaissance. En se révélant par le couteau de la lune, symbole le plus visible de la mort et de la résurrection, il insistait sur la nécessité de l'acte tranchant, hors de la tiédeur et de la compromission. Le bec de l'ibis, l'oiseau de Thot, ne cherchait pas : il trouvait.

Exercer un juste gouvernement du pays sans le contrôle de cette province serait illusoire. Aujourd'hui, Sésostris était à pied d'œuvre.

— Majesté, intervint Sobek le Protecteur, permettez-moi de vous accompagner.

— Ce ne sera pas nécessaire.

Sur le fleuve, aucun navire de guerre. Sur le quai, aucun soldat.

— Incroyable, murmura Séhotep. Le chef de province Djéhouty nous aurait-il fait, lui aussi, la grâce de mourir ?

Les manœuvres d'accostage se déroulèrent en toute tranquillité, comme si rien n'opposait les arrivants aux responsables du port de Khémenou.

Au bas de la passerelle, un homme maigre au visage grave.

Il déroula un papyrus couvert de hiéroglyphes disposés en colonnes. Une seule figure, mais rarement représentée : un Osiris assis, coiffé de sa couronne de résurrection, tenant le sceptre

Puissance[1] et la clé de vie[2]. Sur son trône, le symbole des millions d'années. Autour de lui, des cercles de feu qui empêchaient les profanes de l'approcher[3].

— Général Sépi... Par bonheur, tu es revenu d'Asie sain et sauf.

— La tâche ne fut pas facile, Majesté, mais j'ai profité de la désorganisation chronique des tribus et des clans.

— Juste après ton entrée dans le Cercle d'or d'Abydos, c'eût été regrettable de te perdre.

— Grâce à cette initiation, la vie et la mort sont si différentes que l'on n'affronte plus les épreuves de la même façon.

Sous le regard stupéfait des marins de la flottille royale, le pharaon et son frère en esprit se donnèrent l'accolade.

— Tes conclusions, Sépi ?

— L'Asie est sous contrôle. Nos troupes installées à Sichem ont étouffé le désir de révolte des Cananéens. Ils sont traités avec justice et mangent à leur faim. Quelques-uns gardent la nostalgie d'un étrange personnage, l'Annonciateur, mais sa disparition semble avoir entraîné celle de ses fidèles. Cependant, ne soyons pas naïfs et ne baissons pas la garde. Toute cette zone doit rester sous une surveillance étroite. Surtout, que notre présence militaire soit maintenue, voire renforcée. Je redoute la prolifération d'une résistance urbaine, capable de fomenter des troubles ponctuels.

— Ton avis m'est précieux, Sépi. Qu'en est-il de cette province ?

— Je ne suis de retour que depuis hier. Djéhouty m'a paru bien changé ! Il est gai, détendu, heureux de vivre.

— A-t-il donné l'ordre de m'attaquer ?

— Pas précisément. Il m'a confié qu'il vous réservait une

1. L'*ouas*.
2. L'*ânkh*.
3. Telle est la figure représentée sur son sarcophage en bois qui comporte le texte du *Livre des Deux Chemins*.

surprise et demandé de vous accueillir, seul, sans armes et sans soldats.

— Aurais-tu réussi à le convaincre d'éviter un conflit sanglant ?

— Je n'en suis pas persuadé, Majesté. Depuis que Djéhouty m'a engagé, je n'ai cessé, par petites touches, de tenter de lui faire percevoir l'absurdité de sa position. Vanité serait de croire que j'y suis parvenu.

— À qui obéiront les miliciens ?

— À lui, pas à moi.

— Eh bien, allons voir cette surprise.

Sur le chemin conduisant au palais de Djéhouty, les miliciens et les jeunes de la province formaient une haie d'honneur en agitant des palmes.

Aussi étonné que Sésostris, le général Sépi guida le monarque jusqu'à la salle d'audience.

Luxueusement habillées et maquillées avec art, les trois filles de Djéhouty se parèrent de leur plus beau sourire tout en s'inclinant devant le pharaon.

Enveloppé dans un manteau qui lui descendait jusqu'aux chevilles, leur père se leva avec peine.

— Que Votre Majesté me pardonne, je suis victime de douloureux rhumatismes et j'ai toujours froid. Mais il me reste assez de santé pour présenter l'hommage de ma province au roi de Haute et de Basse-Égypte.

Trois chaises à porteurs transportèrent le pharaon, le chef de province et le général Sépi jusqu'au grand temple de Thot. En façade se dressait le colosse.

— Voici l'incarnation de votre *ka*, Majesté, déclara Djéhouty. Il vous revient de lui accorder l'ultime lumière qui le rendra vivant à jamais.

Sépi offrit à Sésostris une massue provenant d'Abydos et consacrée lors de la célébration des mystères d'Osiris. Le roi l'éleva, visant les yeux, le nez, les oreilles et la bouche du colosse. À chacun de ses gestes, un rayon lumineux jaillit de l'extrémité de la massue. La pierre fut parcourue de vibrations, et chacun sentit qu'une parcelle du *ka* royal était désormais présente dans la cité de Thot.

Le banquet était fastueux : plats d'une finesse exceptionnelle, service sans faille, orchestre digne de la cour de Memphis, jeunes danseuses capables d'exécuter les figures les plus acrobatiques. La plus jolie échangeait des regards complices avec le Porteur du sceau Séhotep, très sensible à ses charmes. Pour tout vêtement, l'artiste ne portait qu'une ceinture de perles.

Mais Djéhouty s'aperçut que le pharaon ne se déridait pas.

— J'aime bien vivre, Majesté, et je suis fier de la prospérité de cette province. Cela ne m'empêche pas d'être lucide. En nous octroyant une crue parfaite, vous avez démontré que vous seul étiez digne de régner sur une Égypte réunifiée. Ma fidélité vous est acquise, je suis votre serviteur. Ordonnez, et j'obéirai.

— Es-tu informé du malheur qui nous frappe ?

— Non, Majesté.

Un regard du général Sépi confirma que Djéhouty ne mentait pas.

— L'arbre sacré d'Osiris est gravement malade, révéla le roi.

— L'arbre de vie ?

— Celui-là même, Djéhouty.

L'appétit coupé, le chef de province repoussa son assiette d'albâtre.

— Que se passe-t-il ?

— Un maléfice.

— Saurez-vous le conjurer ?

— Je mène ce combat à chaque instant. À l'heure où nous parlons, la dégradation est enrayée. Mais pour combien de temps ? L'édification d'un temple et d'une demeure d'éternité produira une énergie non négligeable, et je suis persuadé qu'une Égypte à nouveau cohérente nous aidera à lutter. Peux-tu me jurer que tu es innocent et que tu n'as participé à aucun complot visant à détruire l'acacia ?

Comme s'il mourait de froid, Djéhouty resserra les pans de son manteau.

— Si je suis coupable, que mon nom soit détruit, ma famille anéantie, ma tombe démolie, mon cadavre brûlé ! Ces paroles sont prononcées en présence de Pharaon, le garant de Maât.

La voix de Djéhouty tremblait d'émotion.

— Je sais que tu ne mens pas, dit Sésostris.

— Cette province vous appartient, de même que ses richesses et sa milice. Sauvez l'Égypte, Majesté, sauvez son peuple, préservez le mystère de la résurrection !

À l'attitude du souverain, Djéhouty sut qu'il avait bien placé sa confiance. S'il existait un homme, un seul, capable de guérir l'arbre de vie, c'était celui-là.

Un convive demanda la parole.

— Je suis le ritualiste qui a secondé un jeune scribe lors du halage du colosse, et ce ne fut pas une tâche facile ! Il se nomme Iker et il a quitté la province. Ce n'est pas une raison pour oublier son courage, et je propose de boire à sa santé. Sans lui, nous ne serions pas parvenus à acheminer cette statue géante jusqu'au grand temple.

Djéhouty approuva, et l'assistance porta une santé à Iker. Dans l'allégresse générale, elle fut suivie de beaucoup d'autres.

À son conseil restreint, Sésostris avait convié Djéhouty et le général Sépi.

— Votre présence n'a rien d'honorifique, précisa le roi. Ici, l'on décide et l'on agit. Depuis Éléphantine, j'ai reconquis les provinces qui m'étaient hostiles sans verser une seule goutte de sang. Il n'en subsiste plus qu'une, et je dois tirer une conclusion : Khnoum-Hotep, le chef de la province de l'Oryx, est le criminel qui s'attaque à l'arbre de vie.

— L'Oryx est un animal de Seth, l'assassin d'Osiris, rappela Séhotep. D'après ce que nous savons de Khnoum-Hotep, il ne reculera devant rien pour conserver son territoire.

— Il appartient à une très ancienne famille, précisa Djéhouty, et tient farouchement à son indépendance. Par principe, il est fermé à toute négociation. De plus, sa milice est assurément la meilleure du pays. Elle suit un entraînement intensif et régulier, dispose d'un armement de première qualité et ne jure que par son seigneur sur lequel personne n'exerce aucune influence. Je dois être franc : même les succès que vient de remporter Sa Majesté ne l'impressionneront pas. Se sentir seul contre tous renforcera plutôt sa détermination. Et comme c'est un meneur d'hommes, les siens se battront pour lui avec une énergie décuplée.

— Dans ces conditions, estima le général Nesmontou, je préconise une attaque massive.

— Célébrer l'unité sur des monceaux de cadavres d'Égyptiens n'est pas la meilleure solution, objecta Djéhouty.

— Je crains qu'il n'en existe pas d'autre, insista Nesmontou. Le pharaon ne peut laisser Khnoum-Hotep le narguer et compromettre la solidité de l'édifice qu'il construit.

Le cœur lourd, tous comprirent qu'il fallait se préparer à un conflit dont la violence laisserait des traces ineffaçables.

— Comme il ne s'agit pas d'un affrontement avec un pays étranger, analysa Nesmontou, nous n'avons pas à envoyer une déclaration de guerre à Khnoum-Hotep. De mon point de vue, c'est une opération de police destinée à rétablir l'ordre sur le territoire égyptien. Il serait donc logique d'attaquer par surprise.

Ni le général Sépi ni les autres participants au conseil n'émirent d'objection.

— Que soient prises les dispositions nécessaires, ordonna le souverain. Au cours du banquet, on a cité le nom d'un scribe, Iker. A-t-il été formé ici ?

— Il fut effectivement mon élève, reconnut Sépi. Le meilleur de ma classe, et de loin.

— C'est pourquoi je lui ai confié très vite des responsabilités, ajouta Djéhouty. Il a organisé de manière remarquable le transport du colosse et n'aurait pas tardé à occuper la tête de l'administration régionale.

— Pourquoi est-il parti ? demanda Sésostris.

Djéhouty se leva.

— Je ne suis pas digne d'assister à ce conseil, Majesté, car j'ai commis une faute grave contre vous.

— Explique-toi et laisse-moi juge.

Vieilli, le chef de province se rassit.

— Iker est un garçon tourmenté qui ne cessait de se poser des questions, à la suite de rudes épreuves dont son esprit n'est pas sorti indemne. Il recherchait des marins, Œil-de-Tortue et Couteau-tranchant, qui avaient fait escale à Khémenou. Un épisode rayé de mes archives, car leur bateau se réclamait du sceau royal que je refusais de reconnaître. Pour moi, Majesté, ces hommes ne pouvaient appartenir qu'à votre marine, et je n'ai pas caché mes pensées à Iker.

— À cause de vous, remarqua Séhotep, ce scribe considère donc Sa Majesté comme un ennemi !

— C'est certain.

— Est-il animé par un désir de vengeance ?

— C'est également certain. J'ai tenté de le persuader d'oublier le passé et de rester à mon service, mais sa détermination était inébranlable. Ce garçon est aussi intelligent que courageux, et il pourrait devenir un redoutable adversaire car il est convaincu, à cause de moi, que le pharaon est responsable de ses malheurs.

— Que lui est-il arrivé précisément ?

— Je l'ignore. Sans doute a-t-on attenté à sa vie.

— Où comptait se rendre Iker ?

— À Kahoun, afin d'y trouver des indices et des preuves qui lui permettraient de faire éclater la vérité.

— Il s'intéresse aussi au Cercle d'or d'Abydos, précisa le général Sépi, et il en a constaté l'efficacité, sans comprendre sa nature, lors d'un rite de régénération pratiqué sur la personne de Djéhouty.

— Ce garçon est probablement le complice du criminel qui s'attaque à l'acacia d'Osiris, suggéra Sobek. Avait-il des liens avec Khnoum-Hotep ?

— Il venait de sa province où il avait travaillé pour lui, révéla Djéhouty.

58.

Les maigres bagages d'Iker étaient prêts. Après sa violente altercation avec Héremsaf, il s'attendait à être licencié d'un moment à l'autre.

Aussi ne fut-il pas surpris de voir apparaître un scribe chevelu, réputé pour apporter de mauvaises nouvelles. Il serait suivi de peu par des policiers qui conduiraient Iker hors de Kahoun avec interdiction d'y revenir.

— Je suis prêt, dit le Chevelu.

— Moi aussi. Tu es seul ?

— Aujourd'hui, oui, en raison d'une surcharge de travail à la mairie. Demain, un autre collègue me prêtera main-forte.

— On me fait donc grâce jusqu'à demain !

Le Chevelu fronça les sourcils.

— Même à dix, on n'aurait pas fini dans une semaine ! On n'a pas pu t'imposer un délai aussi court, c'est forcément une erreur. Vu le labeur imposé, il nous faudra au moins un mois, et sans rêvasser !

— De quel labeur parles-tu ?

— Mais... de celui qu'on t'a confié : l'inventaire du mobilier destiné aux entrepôts et la description de chaque objet.

— Tu n'es pas venu… pour m'expulser ?

— T'expulser, toi, Iker ! Mais où as-tu été chercher ça ? Ah, je vois ! Un des adjoints du maire t'a fait une mauvaise plaisanterie. Il faut avouer que l'entourage du grand patron te redoute un peu, et même beaucoup. Méfie-toi de cette clique, elle sait se montrer redoutable. Heureusement, tu bénéficies du soutien d'Héremsaf.

Iker se sentit perdu.

Ni le maire ni Héremsaf n'avaient donc décidé de le chasser. Quel jeu jouaient-ils, l'un et l'autre, ou bien l'un contre l'autre ?

Incapable de répondre à cette question, Iker se concentra sur sa tâche, avec le concours du Chevelu, peu habitué à un rythme soutenu. Il s'arrêtait plusieurs fois par heure pour boire de l'eau, croquer un oignon frais, s'éponger le front ou satisfaire un besoin naturel. Et il ne cessait de bavarder.

Iker écouta d'une oreille distraite ses histoires de famille, d'une effrayante banalité. Puis ce fut la kyrielle des ragots sur le compte des employés municipaux, à partir de bruits incertains et de vagues rumeurs.

Alors que le soleil déclinait, le Chevelu rangea son matériel.

— Ça y est, la journée se termine enfin ! Un bon conseil, Iker : travaille beaucoup moins, sinon tu te mettras à dos notre corporation. Certains, et non des moindres, seront vexés, voire humiliés. Sois plus lent, et tu grimperas vite dans la hiérarchie.

Iker rentra chez lui. Sékari ne s'y trouvait pas, mais il avait fait le ménage. Le jeune scribe nourrit Vent du Nord, puis se rendit au rendez-vous fixé par Bina. Même s'il n'en espérait rien de précis, il convenait dans sa situation actuelle de ne pas rejeter sa seule alliée.

Personne dans les parages.

Il pénétra sans bruit dans la maison abandonnée.

— Bina, tu es ici ?

— Dans la pièce du fond, répondit la voix fruitée de la jeune Asiatique.

Iker marcha sur des débris de plâtre. Il la devina dans l'obscurité et s'assit à côté d'elle.

— Alors, tes ennuis ?

— Des divergences de vue avec mon supérieur.

— Je suis certaine que c'est bien plus grave.

— Pourquoi crois-tu ça ?

— Parce que tu as changé. Ton trouble est si profond que l'être le plus insensible le percevrait. Un simple problème professionnel ne t'aurait pas bouleversé à ce point.

— Tu n'as pas tort, Bina.

— Toi aussi, tu es victime d'une injustice, n'est-ce pas ? La tyrannie n'épargne personne dans ce pays, même ceux qui s'imaginent à l'abri.

— La tyrannie ! Qui accuses-tu ?

— Moi, je ne suis qu'une servante venue d'Asie. On me méprise, on me refuse l'accès à la lecture et à l'écriture. Toi, tu es instruit et tu occupes déjà un poste important. Mais nous sommes aussi malheureux l'un que l'autre, parce que l'avenir est bouché à cause de ce Sésostris qui étouffe le pays dans son poing. Ce roi est un mauvais homme. À mon peuple qui sollicitait un peu de liberté et de justice, il a répondu par l'envoi de son armée. Des morts, des blessés, des femmes violées, des enfants battus, des villages entiers réduits à la misère pendant que les soldats de Pharaon s'amusent et s'enivrent. Sésostris méprise les humains, il ne connaît que la force et la violence. D'après la rumeur, il mène actuellement une atroce guerre civile contre les provinces qui ont osé contester sa toute-puissance. Cette bête fauve n'hésite pas à verser le sang des Égyptiens.

Iker songea à Khnoum-Hotep et à Djéhouty, deux chefs de province qui l'avaient aidé. La guerre civile et la reconquête de l'Égypte entière par un monarque capable de tout pour imposer sa suprématie : n'était-ce pas la clé du mystère ? Pourtant le jeune homme ne représentait pas un obstacle sur le chemin de Sésostris !

— Si ce roi est ton ennemi, il est aussi le mien, confia-t-il à Bina. Il a ordonné ma mort.

— Pour quelle raison ?

— Je l'ignore encore, et je le découvrirai. Je veux les preuves de sa culpabilité et je réclamerai justice.

— Tu rêves éveillé, mon pauvre Iker ! La seule façon d'agir, c'est de réunir les opprimés et de lutter contre ce despote.

— Oublies-tu son armée et sa police ?

— Certes pas, mais il existe d'autres moyens de le combattre qu'un choc frontal.

— À quoi penses-tu ?

— À toi, Iker.

— Explique-toi, Bina !

— Tu es un scribe brillant, apprécié du maire de Kahoun, la ville préférée du tyran. Cesse de te comporter comme un adolescent révolté à la poursuite d'une chimère. Fais amende honorable, rentre dans le rang et monte en grade.

— Une belle carrière ne remplacera pas la vérité !

— Cette vérité, tu la connais déjà : Sésostris veut ta mort. C'est un destructeur et un assassin qui piétinera des milliers de vies. Une seule solution : deviens un scribe de haut rang afin de lui être présenté.

— Dans quelle perspective ?

— Le tuer, murmura Bina.

Choqué, Iker imagina la scène.

— Impossible ! Il sera protégé, je n'aurai pas le temps d'agir.

— Un exploit de cet ampleur se prépare avec minutie. Hors de question que tu prennes des risques inconsidérés et que tu échoues. Il faudra supprimer les protections dont jouit ce monstre afin que tu ne frappes qu'à coup sûr.

— Tu nous vois, toi et moi, réunis dans cette entreprise insensée ?

— Tu es seul, j'ai des alliés.

— Lesquels ?

— Des opprimés, comme nous, épris de liberté et prêts à sacrifier leur vie pour se débarrasser du tyran et redonner le bonheur au peuple. Il n'existe pas de plus belle destinée, Iker, et tu en seras l'instrument privilégié.

Elle se rapprocha de lui puis, sentant qu'il était la proie d'une tempête intérieure, n'esquissa pas d'autre geste.

— C'est une folie, Bina !

— Sans doute, mais comment se comportent les gens raisonnables ? Ils courbent la tête, ferment les yeux, la bouche et les oreilles, avec l'espoir que seuls leurs voisins seront atteints ! Sésostris l'a bien compris : comme il est aisé de dominer des lâches ! Si tu appartiens à cette race-là, Iker, inutile de nous revoir.

De retour chez lui, Iker avait la gorge si sèche qu'il but au moins un litre d'eau. Incapable de recouvrer son calme, il empoigna le manche du couteau marqué au nom du *Rapide*. À condition d'être pourvue d'une lame longue et tranchante, une arme redoutable !

Se venger était légitime, délivrer l'Égypte d'un impitoyable oppresseur devenait le plus noble des idéaux. Iker oubliait son propre destin pour se préoccuper de celui de son pays et des malheureux qui subissaient le joug de Sésostris.

S'il réussissait à le supprimer, une ère nouvelle s'ouvrirait. Toutefois, donner la mort n'était-il pas au-dessus de ses forces ? En devenant scribe, le jeune homme voulait échapper à la violence et à l'arbitraire. Tuer lui faisait horreur.

Quitter l'Égypte était la meilleure solution.

En s'exilant, Iker oublierait les démons qui le tourmentaient. Grâce à ses connaissances, il obtiendrait bien un emploi de régisseur dans une exploitation agricole et se bâtirait une nouvelle existence.

Afin de partir au petit matin, le jeune homme prépara ses bagages. Au moment où il glissait ses pinceaux dans un étui, elle lui apparut.

Son visage était aussi lumineux que sévère. Dans ses yeux, Iker lut son message : « Ne t'enfuis pas. Demeure en Égypte et lutte afin que Maât soit accomplie. »

La belle prêtresse s'estompa dans la clarté vacillante de la lampe à huile.

À bout de nerfs, le scribe alla se coucher. Avant de s'étendre sur son lit, il rechercha son talisman pour le déposer sur son ventre et jouir d'un sommeil paisible.

L'ivoire magique était introuvable.

Sans succès, Iker fouilla sa maison de la terrasse à la cave. On avait volé le précieux objet.

Torturé par un ultime cauchemar, le scribe se réveilla en sursaut, ne sachant plus où il était. Il reprit peu à peu possession de son espace et entreprit une nouvelle fouille, sans davantage de réussite.

Des ronflements l'intriguèrent.

Sur le seuil, les jambes repliées et les bras lui servant de coussin, Sékari dormait à poings fermés.

Iker le secoua.

— Qu'est-ce qu'il y a ?... Ah, c'est toi !

— Es-tu ici depuis longtemps ?

— Pas tellement... Ma soirée et ma nuit ont été très occupées, si tu vois ce que je veux dire. Une véritable harpie qui ne voulait plus me lâcher ! Comme elle connaissait l'emplacement de ma cabane, impossible de m'y réfugier. Ma seule chance de lui échapper, c'était ici. Si tu exiges que je m'en aille...

— Non, rentre. Tu dormiras mieux à l'intérieur.

Sékari bâilla et s'étira.

— Dis donc, tu n'as pas l'air plus frais que moi !

— J'ai été victime d'un vol.

— Que t'a-t-on dérobé ?

— Un ivoire protecteur auquel je tenais beaucoup.

— Les amateurs sont nombreux, ça se revend cher.

— Pardonne-moi, Sékari, j'ai mal dormi et je...

— Tu hésites à me demander si c'est moi le voleur ? Non, je n'aurais pas osé reparaître devant toi. Mais tu as raison de te méfier de tout le monde. À mon avis, cette maison devrait être mieux protégée. Un bon verrou ne sera pas de trop. Et puis je vais tâcher de me renseigner pour savoir si cet ivoire est proposé sur le marché. Quelle forme a-t-il ?

Iker fournit une description précise.

— Aucun soupçon ? demanda Sékari.

— Aucun.

— Espérons que mes grandes oreilles recueilleront un renseignement. Es-tu bien certain que personne ne cherche à te nuire ?

— Si nous prenions un copieux petit déjeuner ?

— J'ai peur que ta cuisine ne soit encore vide. Je vais chercher le nécessaire.

Pendant que Sékari s'éloignait, Iker réfléchissait à son conseil : n'avoir confiance en personne.

59.

Le calme et la décontraction du Libanais n'étaient qu'apparence. Afin de les préserver, il dévorait deux fois plus de pâtisseries que d'ordinaire. Un jour, il faudrait qu'il se préoccupât de maigrir un peu.

De Kahoun, une bonne nouvelle : comme prévu en cas de nécessité, son agent avait éliminé un vieux charpentier trop bavard. En revanche, l'opération commerciale qui devait lui donner une position clé dans la haute société memphite prenait du retard, beaucoup de retard, à cause d'intermédiaires médiocres qu'il remplacerait sans tarder.

Une superbe cargaison de bois de cèdre, en provenance du Liban, était bien arrivée au port de Memphis. Restait à savoir si les douaniers s'en occuperaient ou non.

Le Libanais se parfuma pour la troisième fois de la matinée. Dans peu de temps, il saurait si son interlocuteur égyptien était un allié ou un ennemi.

S'il s'agissait d'un traquenard, son sort était scellé : travaux forcés à perpétuité. Cette perspective le terrifia. Finis le luxe, la belle villa, la bonne chère ! Il ne supporterait pas une telle épreuve.

Le Libanais se rassura en songeant que son flair ne l'avait jamais trompé. Cet Égyptien était corrompu jusqu'à la moelle et ne songeait qu'à s'enrichir !

Il s'inquiéta de nouveau en constatant que ses recherches pour découvrir son identité tardaient à aboutir.

Son portier lui annonça une visite.

Le Libanais avala un gâteau aux dattes, ruisselant de miel, et descendit de sa terrasse.

L'homme était l'un de ses meilleurs limiers. En tant que vendeur d'eau, il se déplaçait sans cesse dans les beaux quartiers de Memphis. Affable, il se liait aisément et savait faire parler les gens. Excellent physionomiste, il avait observé, sur ordre du Libanais, l'Égyptien qui était sorti de sa demeure après leur entretien commercial.

— As-tu réussi à l'identifier ?

— Je crois que oui, seigneur.

À l'air accablé de son agent, le Libanais redouta une catastrophe.

— C'est un gros poisson, un très gros poisson.

— Es-tu sûr de toi ?

— Tout à fait sûr. Je connais un facteur qui travaille pour le palais et je lui remplis souvent sa gourde. Hier, il a été chargé de porter un décret royal dans les faubourgs. Au moment où je terminais le remplissage, trois hommes sont sortis d'un bâtiment officiel. « Tiens, m'a-t-il dit, celui du milieu, c'est mon patron ! C'est lui qui rédige les décrets et les textes administratifs sur ordre du roi. » Ce personnage-là, je l'ai reconnu sans peine. C'est celui que vous m'avez demandé de suivre.

Le Libanais se sentit mal.

Un trop gros poisson, en effet ! Lui, le pêcheur, était tombé dans les filets d'un proche de Sésostris. Il ne lui restait plus qu'à s'enfuir avant l'arrivée de la police.

— Tu connais... son nom ?

— Il s'appelle Médès. On le dit travailleur, ambitieux, sans cœur et impitoyable avec son personnel. Marié, deux enfants.

Il a fait sa carrière dans la finance avant d'être nommé à ce poste de premier plan. Je vais creuser davantage, mais avec prudence. Un dignitaire de cette taille-là ne s'approche pas à la légère.

Le portier intervint de nouveau.

— Un autre visiteur, seigneur. Urgent et important, d'après lui.

— Un policier ?

— Sûrement pas ! Un homme buriné, les cheveux en bataille, qui a du mal à s'exprimer.

Le Libanais fut soulagé. Ce gaillard-là ne pouvait être que le capitaine du bateau transportant la cargaison de bois précieux.

— Qu'il vienne. Toi, ordonna-t-il au vendeur d'eau, sors par-derrière.

Le cloisonnement entre les membres de son réseau était un impératif de survie.

Une coupe de jus de caroube, sucré et suave, s'imposait. Dans quelques instants, il saurait.

Le capitaine avait l'air de ce qu'il était : un marin expérimenté, mal à l'aise sur la terre ferme, et à la parole difficile.

— Ça y est.

— Qu'est-ce que ça signifie, capitaine ?

— Ben... que ça y est.

— La cargaison a-t-elle été déchargée ou saisie par la douane ?

— Ben... oui et non.

Le Libanais faillit étrangler le marin.

— Oui quoi et non quoi ?

— Non, la douane, on l'a pas vue. Oui, la cargaison a été déchargée et entreposée à l'endroit prévu.

Médès présenta au portier le petit morceau de cèdre sur lequel était gravé le hiéroglyphe de l'arbre. Le domestique s'inclina et introduisit le visiteur dans le salon surchargé de meubles exotiques. Sur les tables basses, une véritable exposition de pâtisseries et d'amphores de vin. Dans l'air flottait un parfum entêtant.

Les joues rosies et les cheveux brillants, le Libanais se montra enthousiaste.

— Cher ami, très cher ami ! J'ai une fabuleuse nouvelle !

— C'était notre dernier rendez-vous prévu, rétorqua Médès. Si l'affaire n'est pas conclue, nous ne nous reverrons pas.

— Justement, elle l'est !

— À moitié ou complètement ?

— Complètement. Vous avez rempli votre part du contrat, et moi la mienne. Le stock est en sécurité.

— À quel endroit ?

— Si vous goûtiez les chefs-d'œuvre préparés par mon pâtissier ? Et j'ose à peine vous présenter les vins que j'ai le plaisir de vous offrir : ce sont les meilleurs crus du Delta.

— Je suis ici pour parler affaires.

— Vous avez tort, je vous assure.

— Ne me faites pas perdre mon temps. Où se trouve cet entrepôt ?

Le Libanais s'assit et se versa une coupe de vin blanc d'Imaou dont le bouquet enchantait les papilles.

— Voilà longtemps que nous ne sommes plus des enfants. La première étape de notre collaboration a été atteinte, je me félicite que nous ayons joué franc jeu, l'un comme l'autre. Vous détenez la liste des acheteurs, moi l'emplacement de l'entrepôt. Donnant, donnant, ne croyez-vous pas ?

— Tu n'es pas en position de force. Avec un peu de temps, je le découvrirai !

— C'est certain. Mais sans moi, vous ne disposerez jamais de la filière qui mène du Liban à Memphis. Alors, pourquoi nous affronter au lieu de poursuivre une collaboration si bien commencée ? Et puis j'ai une nouvelle proposition à vous faire.

Je suis un commerçant, pas vous. J'ignore votre fonction précise, mais vous appartenez forcément à la haute administration, puisque vous m'avez évité un contrôle douanier. Vendre ce bois à des particuliers fortunés, négocier au coup par coup, obtenir les meilleurs prix... Ce pensum-là ne doit guère vous passionner. Il risque même de vous compromettre. Moi, j'ai l'habitude de ce genre de démarches. Ainsi, vous resterez dans l'ombre.

— L'idée ne me déplaît pas. Je suppose qu'elle n'est pas gratuite.

Le Libanais leva les yeux au ciel.

— Hélas ! rien ne l'est en ce bas monde.

— Tu exiges une nouvelle répartition des bénéfices, n'est-ce pas ?

— Je la sollicite.

— À savoir ?

— Moitié-moitié. À moi les soucis, à vous la tranquillité.

— Tu oublies mes interventions auprès des autorités !

— Pas un seul instant ! Sans vous, je n'existe pas.

Médès réfléchit.

— Deux tiers pour moi, un tiers pour toi.

— Ne négligez pas mes frais. Vous n'imaginez pas le nombre d'intermédiaires qui me sont indispensables ! En toute sincérité, mon résultat net n'a rien de mirobolant. Mais j'ai beaucoup de plaisir à traiter avec vous, et je suis persuadé que nous n'en resterons pas là.

— D'autres projets ?

— Ce n'est pas impossible.

D'après ses observateurs, Médès savait que les équipes du Libanais s'étaient comportées de manière remarquable. Il avait donc l'opportunité de travailler avec un grand professionnel, et une chance comme celle-là, ça se payait.

— Entendu : moitié-moitié.

— Vous ne serez pas déçu. Un peu de vin ?

— Scellons notre accord.

Amateur de grands crus, Médès dut reconnaître que son hôte ne se vantait pas.

— Tenez-vous toujours à garder l'anonymat ? demanda le Libanais, onctueux.

— Pour toi comme pour moi, c'est préférable. Combien de temps te faudra-t-il pour écouler le stock ?

— Dès que vous m'aurez remis la liste des acheteurs, mes vendeurs partiront sur le terrain.

— As-tu de quoi noter ?

Le Libanais apprécia : Médès ne laissait derrière lui aucun document rédigé de sa main. Sous la dictée, le négociant prit les noms et les adresses de quinze notables de Memphis.

— Dans un mois environ, annonça le Libanais, nous pourrons envisager une autre livraison.

— Rendez-vous dans cinq semaines, à la pleine lune. Je t'apporterai une nouvelle liste.

Le Libanais s'affala sur des coussins moelleux. Il venait de conclure l'une des affaires les plus rentables de sa carrière, et ce n'était qu'un début ! L'existence à l'égyptienne commençait à lui plaire.

— Ne te relâche pas, recommanda une voix grave.

Le Libanais se leva d'un bond.

— Vous ! Mais... Comment êtes-vous entré ?

— Crois-tu qu'une simple porte pourrait m'arrêter ? questionna l'Annonciateur, dont le fin sourire avait de quoi faire frémir. As-tu obtenu les résultats que nous espérions ?

— Au-delà de nos espérances, maître, bien au-delà !

— Pas de vantardises, mon ami.

— L'homme qui vient de sortir de chez moi s'appelle Médès. Il est chargé par le pharaon Sésostris de rédiger les décrets officiels. C'est donc l'un des personnages les plus importants de la cour, et je le tiens au creux de ma main ! Sa position, pourtant éminente, ne lui suffit pas. Il veut aussi s'enrichir. Et c'est lui, mon partenaire dans le trafic du cèdre et du pin.

— Excellent travail, reconnut l'Annonciateur.

— Médès ne sait pas que je l'ai identifié, poursuivit le Libanais. Bien entendu, il a mené sur moi une enquête approfondie et il en a forcément conclu que mes réseaux commerciaux n'avaient pas d'équivalent. Aussi m'a-t-il donné une première liste de clients que je me suis engagé à satisfaire.

— Au passage, tu n'as pas dû oublier d'augmenter ta rémunération.

— N'est-ce pas un peu normal, maître ?

— Je ne saurais t'en blâmer. Ta contribution à notre cause s'accroîtra d'autant.

— N'en doutez pas !

— Tu dois gagner la confiance de ce Médès, préconisa l'Annonciateur. Y parvenir implique plusieurs bonnes affaires qui le satisferont.

— Comptez sur moi, je connais mon métier. Médès va s'enrichir, et vite.

— Et l'incident de Kahoun ?

— Le bavard ne parlera plus.

— La police l'a-t-elle interrogé ?

— Non, maître. Mais le menuisier Rabot commençait à radoter avec le voisinage et ses visiteurs. Notre agent a estimé que ses racontars devenaient dangereux et il a appliqué les consignes de sécurité.

— Parfait, mon ami. Continue à implanter ton réseau et poursuis tes efforts.

— Soyez-en sûr, maître !

— Surveille ta ligne. Trop manger nuit à la réflexion, trop boire à la prudence.

60.

— L'inventaire est terminé, déclara Iker.

— En une semaine ? Tu as travaillé jour et nuit ! s'étonna Héremsaf.

En examinant le rouleau de papyrus couvert d'une écriture rapide mais très lisible, il ne mit pas longtemps à constater l'exceptionnelle qualité du travail accompli.

— Le Chevelu se plaint d'être tombé malade à cause d'un excès d'heures supplémentaires, lança Héremsaf.

— Je le déplore. C'est pourquoi je lui ai conseillé de garder la chambre pendant que je réglais moi-même les derniers détails. Le maire n'était-il pas pressé ?

— Certes, certes, mais ni lui ni moi ne t'avions fixé un délai aussi court !

— J'avais cru comprendre que...

— Félicitations, mon garçon. Tu viens de rendre un grand service à la municipalité. Nous devons maintenant songer à une nouvelle tâche. Quelles sont tes préférences ?

Héremsaf connaissait la réponse : « les archives ».

Très calme, Iker fit mine de réfléchir.

— J'aimerais être affecté au temple d'Anubis.

— Celui dont je suis l'intendant ?

— Étant donné vos obligations multiples, je pourrais me rendre utile.

Un instant, Héremsaf se demanda si le jeune homme ne se payait pas sa tête. Mais le ton était humble, la parole posée et le comportement respectueux.

— Serais-tu enfin devenu raisonnable, Iker ? Je te le répète : à condition que tu oublies le passé et ses mirages, une brillante carrière t'est ouverte. De mon côté, je ne me souviens plus de notre récente altercation.

— Je vous en suis reconnaissant.

Héremsaf doutait encore de la sincérité d'Iker, néanmoins son subordonné lui paraissait plutôt convaincant.

— Le temple d'Anubis, ce n'est pas une mauvaise idée... d'autant plus que la bibliothèque exige une sérieuse réorganisation. Le bibliothécaire est décédé le mois dernier, et le stagiaire actuellement en poste n'a pas les connaissances nécessaires pour trier et ranger les anciens manuscrits selon leur importance.

— Mon amour des livres sera comblé, affirma le scribe.

Bâti au sud de Kahoun, près du mur d'enceinte, le temple d'Anubis était de taille modeste. Il en allait autrement pour sa bibliothèque, vénérable institution que fréquentaient les érudits de la cité. Le stagiaire ne s'offusqua pas de la nomination d'Iker, au contraire ; soulagé de voir enfin désigné un scribe de haut rang, il s'accommoda des besognes que lui confia son nouveau patron.

Iker fut émerveillé par la qualité et la quantité des papyrus : textes littéraires, livres de droit, traités de médecine et de mathématiques, précis vétérinaires. La plupart de ces écrits remontaient au temps des pyramides. Trop peu étaient recopiés en plusieurs exemplaires, et ce fut la première décision d'Iker.

Passer des heures à faire revivre ces hiéroglyphes afin de

les transmettre aux générations futures lui procura un véritable bonheur. Attentive et précise, sa main courait sur le papyrus de première qualité dont plusieurs rouleaux lui avaient été livrés. Sans doute le maire et Héremsaf, à supposer qu'ils fussent complices, étaient-ils ravis de le voir ainsi occupé.

Près de la bibliothèque, un potier, son tour et son four. Il ne se contentait pas, comme la plupart de ses collègues, de produire de la vaisselle ordinaire, mais fabriquait des vases et des coupes d'une grande beauté.

— À qui sont-ils destinés ? lui demanda Iker.

— Aux temples de Kahoun et de la région.

— Pourquoi t'es-tu installé ici ?

— Parce que Anubis est le maître du four de potier. Lui qui préside aux *kas* de tous les vivants détient la véritable puissance, incarnée dans le sceptre d'Abydos. La nuit, il pétrit la pleine lune afin que l'initié, comme elle, ne cesse de se renouveler. Avec son disque d'argent, il éclaire les justes. Et c'est également Anubis qui façonne le soleil, cette pierre d'or dont les rayons font circuler l'énergie. Ses secrets sont préservés dans un coffre d'acacia que nul profane ne peut ouvrir.

— Se trouve-t-il à Abydos, lui aussi ?

— Abydos est la terre sacrée par excellence.

— Y es-tu allé ?

— Anubis m'a révélé ce que j'avais à connaître. Lui seul est le guide, et sa décision est sans appel.

— Donc, tu l'as vu !

— Je vois le soleil et la lune, l'œuvre de ses mains, et je la prolonge. Telle est ma fonction. À chacun de découvrir la sienne.

Le potier tourna le dos à Iker et s'occupa de nettoyer son four avant de le rallumer.

Pensif, le jeune scribe rentra déjeuner chez lui, où Sékari faisait rôtir des cailles.

— J'ai posé un solide verrou en sycomore et consolidé la porte d'entrée, annonça-t-il. Sur le marché, j'ai commencé à parler de ton ivoire, et je n'ai recueilli aucun écho. Le voleur est prudent, il patientera avant de le vendre.

— Et s'il le gardait pour lui ?

— Il finira bien par se vanter de posséder un tel trésor ! Si on mangeait ?

Iker picora.

— Ce n'est pas bon ?

— Excellent, mais je n'ai pas grand faim.

— Pourquoi te tourmentes-tu ainsi ? D'après ce que j'entends sur ton compte, ici et là, tu as déjà une fameuse réputation ! Une belle carrière de scribe à Kahoun, ça mène loin.

— Je n'en suis pas si sûr.

— Chacun a plus ou moins de comptes à régler, mais ne faut-il pas tirer un trait sur les mauvais jours afin de mieux savourer les bons ?

— Il existe un point de non-retour, Sékari, et je l'ai franchi.

— Si je peux t'aider...

— Je ne crois pas.

— En tout cas, il faudra que j'améliore ma façon de préparer les cailles. Elles sont un peu sèches. En cuisine, je ne suis pas encore un expert. Et si tu veux vraiment affronter l'adversité, il vaut mieux être bien nourri.

En retournant à la bibliothèque du temple d'Anubis pour y recopier un traité d'ophtalmologie, Iker songeait aux paroles prononcées par le potier. Elles lui ouvraient une autre porte sur la réalité, que tant d'êtres se contentaient de subir sans en rechercher la signification cachée. Déchiffrer les hiéroglyphes ne suffisait pas, le sens littéral ne constituait qu'une première étape. Dans ces signes, porteurs de puissance, se dissimulaient les fonctions de création. Suivre ce chemin-là jusqu'à son origine n'impliquait-il pas le voyage à Abydos ?

Pourtant, le rôle promis à Iker semblait bien différent. À

quoi servait Abydos si le pays était dirigé par un tyran ? Puisqu'il en était conscient, le jeune scribe ne pouvait pas se cacher la tête dans le sable et continuer à vivre en hypocrite.

Un homme discutait avec le potier.

D'abord, Iker le regarda sans le voir et il faillit même passer son chemin.

Puis la mémoire fit son œuvre. Sceptique, Iker revint sur ses pas et, cette fois, dévisagea l'individu.

Impossible de se tromper : c'était bien le faux policier qui l'avait interrogé, près de Coptos, et laissé pour mort au cœur d'un fourré de papyrus, dans la province du Cobra, après l'avoir roué de coups !

— Hé, toi ! Qui es-tu ?

L'assassin se retourna.

Dans ses yeux, une totale incrédulité, bientôt mêlée d'une panique qui lui fit prendre ses jambes à son cou. Iker se lança à sa poursuite, misant sur son endurance. Il n'avait pas prévu que le fuyard escaladerait la façade d'une maison à la manière d'un chat. De la terrasse, il tenta de l'assommer en lui jetant des briques. Le temps de grimper à son tour, le malfaiteur avait disparu.

La maison était vide. Sékari passait probablement la nuit avec l'une de ses conquêtes, mais il avait laissé du pain frais, une salade de concombres et de la purée de fèves.

Encore sous le choc, Iker mangea sans faim.

La présence de cet assassin à Kahoun signifiait-elle qu'il l'avait suivi depuis des mois ? Non, puisqu'il avait été stupéfait de le revoir ! Sans nul doute, il le croyait mort. Mais que tramait-il dans cette ville ?

Le potier en savait peut-être long.

Iker retourna aussitôt dans le quartier du temple d'Anubis. Comme l'artisan avait quitté son atelier, le scribe questionna les voisins pour savoir où il habitait : dans la campagne à l'extérieur de Kahoun. Grâce à des indications précises, Iker ne se perdit pas.

Le potier faisait griller une côte de porc.

— L'homme avec qui tu conversais et que j'ai poursuivi, le connaissais-tu ?

— Je le voyais pour la première fois.

— Que t'a-t-il demandé ?

— Il voulait que je lui parle de la ville, de ses coutumes, des personnes influentes.

— Que lui as-tu répondu ?

— Qu'on n'aimait pas trop les curieux, dans le coin. Il s'est alors répandu en explications vaseuses. Et tu es arrivé Maintenant, j'aimerais manger en paix.

Iker repartit vers la ville en prenant un sentier qui longeait un canal bordé de saules. L'air était doux, la campagne tranquille.

L'attaque du faux policier le prit complètement au dépourvu. L'agresseur lui passa un lacet de cuir autour du cou et serra avec férocité.

Impossible de glisser les doigts entre le lacet et la peau. Iker tenta de déséquilibrer l'assassin d'un coup de pied, mais l'autre esquiva. Habitué au corps à corps, il para l'ultime prise de sa victime qui tentait de l'agripper par les cheveux.

Privé de souffle, le cou en feu, Iker mourait. Sa dernière pensée fut pour la jeune prêtresse.

Soudain, la douleur fut moins vive. Il crut respirer de nouveau et tomba à genoux. Lentement, il porta les mains à son cou tuméfié.

Un bruit. Le bruit provoqué par un plongeon ou un objet lourd jeté à l'eau.

La vue encore brouillée, Iker peinait à comprendre qu'il était bien vivant. De longues minutes furent nécessaires avant qu'il se remette debout et distingue les alentours.

Le sentier... Oui, c'était le sentier qu'il avait emprunté. À ses pieds, le lacet de cuir.

Plus trace du faux policier que le sauveur du scribe avait dû supprimer, puis jeter dans le canal.

Mais qui le protégeait ainsi ? Sans cette intervention, Iker n'aurait pas survécu.

Chancelant, il retourna chez lui.

Sékari dormait sur le seuil. Près de lui, une jarre de bière vide. Voulant l'enjamber, Iker lui heurta l'épaule.

— Ah, c'est toi ! Tu as une tête bizarre. Mais dis donc, ton cou... On croirait du sang ! Tu t'es drôlement arrangé.

— Un accident.

Iker s'appliqua lui-même une compresse imprégnée d'huile et de miel.

— Il t'est arrivé comment, cet accident ?

— Comme n'importe quel accident. Pardonne-moi, j'ai sommeil.

Pour Iker, aucun doute : l'assassin avait été envoyé par le pharaon pour se débarrasser de lui avec discrétion et en toute impunité. Informé de la présence du jeune scribe à Kahoun soit par le maire, soit par Héremsaf, le monarque ne pouvait tolérer l'existence de cet accusateur décidé à prouver son infamie.

Sékari lui proposa du lait frais et une galette chaude fourrée aux fèves.

— Avant ton réveil, j'ai eu le temps de flâner dans le quartier. Il paraît qu'on a retrouvé le cadavre d'un inconnu, à l'extérieur des remparts, dans un canal où les bestioles avaient commencé à se régaler.

Iker ne réagit pas.

— Il serait préférable de dissimuler ta blessure sous une écharpe, ne crois-tu pas ? Tu prétexteras une angine.

Le scribe suivit le conseil de Sékari et partit pour la bibliothèque.

Le potier ne travaillait pas sur son tour, le four était éteint.

Iker questionna le voisinage. Un boulanger lui apprit que l'artisan était retourné chez lui, dans le Nord, et qu'un nouveau potier prendrait bientôt sa place.

Cet incident supplémentaire conforta Iker dans ses convictions.

— Es-tu certaine de ne pas avoir été suivie ?

— J'ai pris mes précautions, affirma Bina. Et toi, Iker ?

— Je sais que je ne dois faire confiance à personne.

— Même pas à moi ?

— Toi, c'est différent : tu es mon alliée.

La jeune Asiatique eut envie de sauter de joie.

— Alors, tu acceptes de m'aider ?

— Le tyran ne me laisse pas le choix. L'un de ses sbires vient d'essayer de me supprimer. Et c'est un de tes amis qui m'a sauvé, n'est-ce pas ?

— Oui, bien sûr, répondit Bina avec empressement. Tu vois, nous veillons sur toi.

L'Asiatique était troublée. Elle ne savait pas qui avait agressé Iker, et pas davantage qui l'avait défendu.

— J'ai arrêté ma décision, déclara le jeune homme, et j'ai une surprise pour toi.

Il lui montra le manche de poignard marqué au nom du *Rapide*. Cette fois, il était pourvu d'une longue lame à double tranchant.

— Voici l'arme avec laquelle je tuerai le pharaon Sésostris, le monstre sanguinaire qui opprime mon pays.

61.

— Je suis prêt, annonça au roi le général Nesmontou. Dès que vous m'en donnerez l'ordre, nous attaquerons par le fleuve et par le désert. Les miliciens de Khnoum-Hotep seront pris en tenaille, et l'effet de surprise nous assurera une victoire rapide.

— Ne soyons pas trop optimistes, recommanda Séhotep. D'après ce que nous savons, ils lutteront comme des fauves. Si la moindre fuite se produit, ils sauront nous accueillir ! En cas de pertes élevées, nous devrons battre en retraite.

— C'est pourquoi il faut lancer l'assaut sans tarder, insista Nesmontou. Chaque jour qui passe met l'opération en péril.

— J'en suis conscient, reconnut Sésostris, mais je dois néanmoins attendre l'arrivée du Grand Trésorier Senânkh. Les informations dont il sera porteur peuvent changer le cours des événements.

Le monarque se leva, signifiant ainsi la fin du conseil restreint. Personne n'aurait eu l'impertinence de reprendre la parole après lui, et le vieux général regagna ses quartiers en bougonnant. À la première occasion, il tenterait de persuader Sésostris de revenir sur sa décision et d'intervenir au plus vite.

Conformément à ses habitudes, Nesmontou avait élu domicile dans une chambre de la caserne, afin d'être au contact de ses hommes. Ayant toujours une oreille qui traînait, il aimait entendre critiques et protestations plus ou moins feutrées, de manière à remédier aux insuffisances. D'après lui, la vie militaire ne devait souffrir d'aucune faille susceptible d'altérer le moral des troupes. Un soldat bien nourri, bien logé, bien payé et respectueux de sa hiérarchie était un vainqueur en puissance.

En pénétrant dans la salle à manger des officiers, Nesmontou sentit aussitôt que le climat était tendu. Son aide de camp l'aborda.

— Mon général, la bière manque et le poisson séché n'a pas été livré.

— As-tu convoqué l'intendant ?

— Là est le problème : il a disparu.

— C'est bien un responsable nommé par le chef de province Djéhouty ?

— Affirmatif.

— Préviens immédiatement Djéhouty, et qu'il le fasse rechercher. Demande-lui aussi de nous faire parvenir sans délai les denrées qui nous manquent. Ah... un dernier ordre : que les officiers ne mangent rien des nourritures procurées par cet intendant.

— Vous craignez que...

— D'un déserteur, on peut tout craindre.

Après un repas au cours duquel il avait dégusté une perche grillée, une côte de bœuf, des aubergines à l'huile d'olive, du fromage de chèvre et quelques douceurs, le tout arrosé d'un vin rouge daté de l'an un de Sésostris III, Khnoum-Hotep se rendit à sa grandiose demeure d'éternité dont il vérifiait chaque détail.

Un peintre de talent achevait un oiseau multicolore perché dans un acacia. Face à ce chef-d'œuvre, le corpulent chef de province fut ému aux larmes. L'élégance du dessin, la chaleur éclatante des teintes, la joie émanant de cette vision paradisiaque le fascinaient. Aussi admiratifs que lui, ses trois chiens s'étaient assis sur leur derrière pour contempler la dernière merveille créée par le peintre.

Khnoum-Hotep aurait volontiers passé l'après-midi à regarder travailler ce génie ; cependant, le chef de sa milice, après une longue hésitation, osa le déranger.

— Seigneur, je crois que vous devriez entendre un voyageur que nous venons d'arrêter.

— Ne m'importune pas, interroge-le toi-même.

— C'est déjà fait, mais ses déclarations vous concernent directement.

Intrigué, Khnoum-Hotep suivit le militaire jusqu'à un poste de garde où était retenu le suspect.

— Qui es-tu et d'où viens-tu ?

— J'étais l'intendant de la caserne principale de la province du Lièvre et je suis venu vous avertir.

Les yeux de Khnoum-Hotep brillèrent de colère.

— Me prends-tu pour un idiot ?

— Il faut me croire, seigneur ! Le pharaon Sésostris a reconquis toutes les provinces qui lui étaient hostiles, à l'exception de la vôtre. Même Djéhouty s'est incliné.

— Djéhouty ? C'est une plaisanterie !

— Je vous jure que non.

Khnoum-Hotep s'assit sur un tabouret qui faillit céder sous son poids et regarda l'intendant droit dans les yeux.

— Ne me raconte surtout pas de balivernes ou bien j'écrase ta tête entre mes mains.

— Je ne vous mens pas, seigneur ! Sésostris se trouve à Khémenou avec son état-major et Djéhouty est devenu son vassal.

— Qui est le général en chef ?

— Nesmontou.

— Ce vieux gredin... redoutable comme un cobra ! Et la milice de Djéhouty ?

— Elle lui obéit, comme celles des autres provinces désormais ralliées au pharaon. Le plus important, c'est que Sésostris a décidé de vous attaquer.

— M'attaquer, moi ?

— C'est la vérité, je vous l'assure !

Khnoum-Hotep se releva, empoigna le tabouret et le brisa en plusieurs morceaux. Les soldats se plaquèrent contre les murs, craignant de servir de souffre-douleur. Écumant comme un taureau furieux, le chef de province revint à pied jusqu'à son palais, dédaignant sa chaise à porteurs.

Constatant que son patron était en proie à l'accès de fureur de la décennie, la dame Téchat remit à plus tard la présentation des dossiers administratifs qu'elle comptait lui soumettre.

— Me faire ça à moi ! Vouloir envahir mon territoire ! Ce roi a perdu la tête, je vais le ramener à la raison.

— À mon avis, Sésostris suit un plan précis avec une détermination inébranlable.

Seule la dame Téchat osait s'adresser ainsi à Khnoum-Hotep, qui feignit d'ignorer cette remarque et gagna une salle de réception où régnait une agréable fraîcheur.

Son échanson lui apporta aussitôt de la bière et s'éclipsa sans bruit. Téchat demeura debout dans un angle de la pièce. Calé dans un fauteuil à ses dimensions, le chef de province caressait ses deux chiennes installées sur ses genoux pendant que le mâle veillait, couché à ses pieds.

— Un plan précis, disiez-vous. Et où le mène-t-il ?

— À régner sur la totalité de l'Égypte en supprimant le dernier rebelle qui, aujourd'hui, n'a plus aucun allié. Sésostris a éliminé un à un ses adversaires, sachant qu'ils seraient incapables de s'unir.

— S'il croit que je vais me prosterner devant lui, il se trompe lourdement !

— Ce serait pourtant la meilleure solution, estima la dame Téchat. Le roi est en position de force.

— Il l'aurait été, s'il m'avait attaqué par surprise ! Être

informé me met à égalité, et mon combat n'est pas perdu d'avance.

— Songez-vous au nombre de morts ?

— Cette province appartient à ma famille depuis maintes générations, et je ne la céderai jamais à quiconque ! Trêve de bavardages, dame Téchat. Je vais préparer une belle réception à l'envahisseur. Des morts, il y en aura beaucoup, surtout de son côté. Et ce pharaon réagira comme tous ceux qui ont tenté de s'emparer de mes biens : il reculera.

Bien qu'il eût écouté les arguments de Nesmontou avec attention, le pharaon demeurait inflexible. Dépité, le général continuait néanmoins à entraîner son régiment d'assaut. Quand la mauvaise nouvelle lui parvint, il la communiqua aussitôt à Sésostris.

— Le déserteur a été repéré lorsqu'il a franchi la frontière de cette province pour pénétrer dans celle de l'Oryx. La situation est claire : il a prévenu Khnoum-Hotep de nos intentions. Nous ne pouvons donc plus compter sur l'effet de surprise. Plus nous tardons à attaquer, plus l'ennemi renforce ses défenses, plus la bataille sera rude et incertaine. En cas de défaite, votre prestige serait anéanti et les chefs de province redeviendraient indépendants. Pardonnez ma franchise, Majesté, mais l'idée d'un désastre m'est insupportable !

— Quel type de piège prépare Khnoum-Hotep ?

— Du classique et du vicieux.

— Alors, général, adapte-toi et déjoue les embûches.

Cette mission enthousiasma Nesmontou. Au lieu d'une ruée brutale, ce serait un affrontement tactique. Dans ces circonstances, son expérience serait décisive.

Ce fut un Senânkh épuisé qui arriva à Khémenou avec son escorte. Le Grand Trésorier avait maigri, mais il ne se restaurerait qu'après avoir communiqué au roi les résultats de son périple.

À sa mine sombre, si rare chez ce grand travailleur d'apparence joviale, Sésostris comprit qu'ils étaient désastreux.

— J'ai fait parvenir au Chauve les échantillons d'or prélevés dans les trésors des temples, Majesté. Aucun n'a guéri l'acacia.

Sésostris savait déjà que l'or utilisé lors de la dernière et lointaine célébration des mystères d'Osiris, en Abydos, s'était révélé, lui aussi, inefficace. Démagnétisé, vidé de son énergie, atteint par le maléfice, il n'était plus qu'un métal inerte.

L'être démoniaque qui s'en prenait au cœur spirituel de l'Égypte avait déclenché la plus redoutable des offensives.

Le roi s'était pris à espérer que Senânkh trouverait l'or salvateur et qu'il pourrait annoncer à ses nouveaux vassaux la guérison de l'acacia. Ils se seraient alors engagés à ses côtés sans arrière-pensée et, face à une armée aussi puissante, Khnoum-Hotep aurait peut-être cédé.

— J'ajoute, poursuivit le Grand Trésorier, que les réserves d'or de nos temples sont au plus bas. Certains n'en possèdent même plus une once. À cause des chefs de province, les mines n'ont plus été exploitées. Il est possible que l'un d'eux ait accumulé des stocks considérables pour son usage personnel.

— Khnoum-Hotep ?

— C'est le nom qui revient fréquemment dans les accusations, mais je ne possède aucune preuve.

Le pharaon réunit son conseil, auquel furent de nouveau conviés Djéhouty et le général Sépi.

Nesmontou s'attendait à une déclaration de guerre, en bonne et due forme, au rebelle Khnoum-Hotep.

— Notre avenir immédiat repose sur la qualité de ta parole, Djéhouty.

— Je n'en ai qu'une, Majesté. Je vous ai reconnu comme roi de Haute et de Basse-Égypte, la province du Lièvre est désormais placée sous votre autorité.

— L'affrontement avec Khnoum-Hotep semble inévitable. Avant qu'il ne débute, j'ai une tâche sacrée à accomplir, et les généraux Sépi et Nesmontou doivent m'accompagner. C'est pourquoi je te charge du commandement des troupes casernées à Khémenou.

Nesmontou se contint à grand-peine. Confier ses hommes à un ancien opposant ? Une véritable folie !

— Quels sont vos ordres ? demanda Djéhouty.

— En attendant mon retour, tu disposeras les troupes sur la frontière de la province pour repousser une éventuelle attaque, à laquelle je ne crois guère. En cas d'agression, contente-toi de repousser Khnoum-Hotep.

— Il sera fait selon votre volonté.

Le regard du monarque se posa sur les autres membres du conseil.

— Nous partons immédiatement pour Abydos.

62.

Le Chauve et le pharaon se dirigèrent vers l'acacia.

— Vos instructions ont été suivies à la lettre, Majesté.

— Qu'ont proposé tes collègues ?

— Ils sont si désemparés qu'ils se cantonnent à leurs obligations. Nous n'échangeons plus que des banalités, chacun se mure dans le silence.

Réunissant dans son mystère le ciel, la terre et le monde souterrain, le grand arbre continuait à lutter contre le dépérissement. En lui, Osiris restait présent, mais combien de temps encore l'acacia réussirait-il à plonger ses racines dans l'océan primordial afin d'y puiser l'énergie nécessaire à sa survie ?

— As-tu découvert des remèdes dans les anciens textes ?

— Malheureusement non, Majesté. Je suis aujourd'hui secondé dans mes recherches et je ne désespère pas.

Un vent frais soufflait sur le bois sacré. Peu à peu, la porte de l'au-delà se refermait.

Accompagné de Sobek le Protecteur, Sésostris visita le chantier qui, malgré de nombreux imprévus, continuait à progresser. Grâce à l'intervention des prêtresses d'Hathor, les accidents se raréfiaient et les outils ne se brisaient plus. Le maître d'œuvre avoua connaître de difficiles journées, mais sa détermination et celle de ses artisans demeuraient intactes. Ils avaient conscience de participer à une véritable guerre contre des forces obscures, et chaque pierre posée leur apparaissait comme une victoire.

La présence du pharaon leur redonna du cœur à l'ouvrage. Assurés de son indéfectible soutien, les bâtisseurs se jurèrent de ne pas céder devant l'adversité.

— Prépare le Cercle d'or d'Abydos, ordonna Sésostris au Chauve.

Dans l'une des salles du temple d'Osiris, quatre tables d'offrande avaient été disposées en fonction des points cardinaux. Le signe hiéroglyphique de la table d'offrande se lisait *hotep* et signifiait « paix, plénitude, sérénité », notions qui caractérisaient la mission du Cercle d'or d'Abydos dont les membres, en ces temps angoissants, s'interrogeaient sur leur capacité à la remplir.

Le pharaon et la reine siégeaient à l'orient. Face à eux, à l'occident, le Chauve et le général Sépi. Au septentrion, le Porteur du sceau Séhotep et le général Nesmontou. Au midi, le Grand Trésorier Senânkh.

— En raison de la tâche qui lui a été confiée, l'un d'entre nous est absent, déclara le monarque. Bien entendu, il sera informé de nos décisions.

Tous les membres du Cercle d'or avaient été initiés aux grands mystères d'Osiris. Entre eux s'étaient tissés des liens indestructibles. Tenus au secret absolu, comme leurs prédécesseurs, ils vouaient leur vie à la grandeur et au bonheur de l'Égypte qui reposaient précisément sur la juste transmission de l'initiation osirienne.

Ici, la mort était affrontée en face. Ici, comme l'affirmait un texte gravé dans les pyramides royales de l'Ancien Empire, on faisait mourir la mort. Le Cercle d'or d'Abydos maintenait la dimension surnaturelle des Deux Terres où vivait le peuple de la Connaissance[1].

— Si l'acacia s'éteint, rappela Sésostris, les mystères ne seront plus célébrés. La sève qui circule dans le grand corps de l'Égypte se tarira, le mariage entre le ciel et la terre sera rompu. C'est pourquoi nous devons rechercher sans relâche la cause de ce maléfice dont l'auteur est probablement le chef de province Khnoum-Hotep.

— En douteriez-vous encore, Majesté ? interrogea le général Nesmontou. L'innocence des autres ayant été établie, il ne reste que lui !

— Je veux entendre de sa bouche les motifs pour lesquels il a commis cet abominable forfait. Il faudra livrer bataille et le prendre vivant. En cette période si tragique et si dangereuse, l'unité du pays est plus que jamais nécessaire. Notre division nous a beaucoup affaiblis, et c'est l'une des raisons qui ont permis à une force maléfique d'atteindre l'arbre d'Osiris, lui dont le corps cosmique se compose de l'ensemble des provinces célestes et terrestres réunies.

— Les paroles de puissance prononcées à Abydos reçoivent encore un écho favorable de la part des divinités, affirma le Chauve, et le collège des prêtres permanents assume ses fonctions avec la rigueur indispensable.

— Et si l'un de ces prêtres était complice ? avança Senânkh.

— C'est une hypothèse que l'on ne peut exclure, déplora le Chauve, mais aucun indice ne la confirme.

— Pardonnez cette question, Majesté, dit Séhotep avec gravité, mais elle doit être posée : si vous mourez lors de l'affrontement avec Khnoum-Hotep, qui vous succédera ?

— La reine assurera la régence, et ceux d'entre nous qui seront rescapés désigneront un nouveau monarque. L'essentiel

1. Je dois cette remarquable expression à l'une de mes lectrices, Mme Ingrid A. Qu'elle en soit remerciée.

est de trouver le moyen de guérir l'acacia. Jusqu'à présent, la quête de l'or a échoué. Aussi intensifierons-nous nos recherches.

— Explorer le désert, atteindre les carrières et en rapporter le métal salvateur prendront beaucoup de temps, estima le général Sépi. Et je ne parle pas des dangers du voyage.

— Chacun d'entre nous aura une tâche inhumaine à accomplir, précisa Sésostris. Quels que soient les risques, quelles que soient les difficultés, jurons de ne pas renoncer.

Chacun prêta serment.

— L'heure est venue de faire progresser notre disciple sur le chemin des mystères, décréta la reine. Certes, elle n'est pas encore prête à franchir l'ultime porte, et il serait aussi dangereux qu'inutile de précipiter sa formation. Néanmoins, elle doit tenter de franchir une nouvelle étape en direction du Cercle d'or.

La jeune prêtresse s'inclina devant le pharaon.

— Suis-moi.

Au cœur de la nuit, ils pénétrèrent dans une chapelle qu'éclairaient des torches. Au centre, un reliquaire formé de quatre lions placés dos à dos. Plantée dans le petit monument évidé, une hampe dont le sommet était recouvert d'un cache.

— Voici le pilier vénérable apparu aux origines de la vie, révéla le monarque. En lui s'est redressé Osiris, vainqueur du néant. Lui, Verbe et esprit, a été agressé, assassiné et démembré. Mais en transmettant l'initiation à quelques êtres, il leur a permis de rassembler les parties éparses de la réalité et de ressusciter l'être cosmique d'où, chaque matin, renaît l'Égypte. Il n'est pas de science plus importante que celle-là, et tu devras en maîtriser les multiples aspects. Seras-tu capable de voir ce qui est caché ?

La prêtresse contempla le reliquaire, sachant qu'elle ne pouvait demeurer passive. Un instant, elle songea à ôter le voile pour découvrir le sommet de la hampe, toutefois son instinct lui interdit d'accomplir une telle profanation.

C'était aux lions qu'il convenait de s'adresser, à ces quatre gardiens au regard embrasé.

Elle affronta les fauves, l'un après l'autre. Ils lui ouvrirent les portes de l'espace et du temps, et la firent voyager dans des contrées immenses, peuplées de chapelles, de collines, de champs couverts de blés d'or, de canaux et de jardins féeriques. Puis lui apparurent deux chemins, l'un d'eau, l'autre de terre. À leur extrémité, un cercle de feu au centre duquel trônait un vase scellé.

Les paysages s'estompèrent, et la jeune femme discerna de nouveau le reliquaire.

— Tu as vu le secret, constata le roi. Désires-tu continuer sur cette voie ?

— Je le désire, Majesté.

— Si les dieux te permettent un jour d'atteindre le vase scellé et d'en découvrir le contenu, tu connaîtras une joie qui n'est pas de ce monde. Auparavant, de redoutables épreuves te guettent. Elles seront plus exigeantes et plus cruelles que celles imposées aux initiées qui t'ont précédée, car jamais nous n'avons connu un tel péril. Il en est temps encore, tu peux renoncer. Sois bien consciente de ta décision. Malgré ta jeunesse, comporte-toi avec maturité et ne présume pas de tes forces. Le chemin d'eau anéantit l'être, le chemin de terre le dévore, le cercle de feu est infranchissable. Si tu t'engages dans cette aventure, tu seras seule aux pires moments, rongée par l'angoisse et le doute.

— Les bonheurs humains ne sont-ils pas éphémères, Majesté ? Vous avez parlé d'une joie qui n'est pas de ce monde. C'est elle que je recherche. Si mes défauts m'empêchent de la vivre, je serai la seule responsable.

— Voici l'arme avec laquelle tu parviendras à détourner certains assauts du mauvais sort.

Sésostris remit à la jeune prêtresse un petit sceptre en ivoire.

— Il se nomme *heka*, la magie née de la lumière. En lui s'est inscrit le Verbe qui produit de l'énergie. À lui seul, il est une parole fulgurante que tu ne devras employer qu'à bon escient. Ce sceptre appartenait à un pharaon de la première dynastie, le Scorpion. Il repose ici, après avoir lié sa destinée à Osiris. Depuis que l'Égypte est la terre aimée des dieux, le Cercle d'or d'Abydos a prouvé que la mort n'était pas irréversible. Mais aujourd'hui, l'acacia dépérit et la porte de l'au-delà se referme. Si nous ne réussissons pas à la maintenir ouverte, c'est la vie elle-même qui nous abandonnera.

En posant le sceptre sur son cœur, la prêtresse sut qu'elle ne reculerait pas. De manière surprenante, sa pensée l'emmena vers le jeune scribe qui, de plus en plus fréquemment, hantait ses nuits. Dans un moment aussi solennel, elle se reprocha cette faiblesse. N'était-ce pas un signe qui lui montrait à quel point son cheminement serait périlleux ?

Peu importaient ses imperfections et ses ennemis intérieurs, mieux valait les identifier et les combattre sans répit. Pourtant, ce qu'elle éprouvait pour Iker ne semblait ni l'affaiblir ni la détourner de son but. Mais les sages n'enseignaient-ils pas que les passions humaines s'achevaient dans l'errance et le désespoir, bien loin de la joie céleste ?

Trop d'émotions avaient bouleversé la prêtresse pour qu'elle fût capable d'une pleine lucidité. Serrant son sceptre comme un gouvernail, elle accompagna le pharaon qui sortait de la chapelle du reliquaire.

— Je vais célébrer les rites de l'aube, annonça-t-il, et offrir Maât à Maât. Que la rectitude soit ton guide.

Seule sur le parvis du temple d'Osiris, la jeune femme assista à la naissance du nouveau soleil. Une fois de plus, le pharaon avait vaincu les ténèbres.

Si l'acacia s'éteignait, l'astre du jour ne serait qu'un disque desséchant qui brûlerait la nature entière.

Elle goûta cependant la fin de cette nuit qui avait vu son existence changer de dimension et savoura les lueurs d'une aube d'où l'espérance n'était pas absente.

Bientôt, avec le Chauve, elle verserait l'eau et le lait au pied de l'arbre de vie, pendant que la terre sacrée d'Abydos se couvrirait de lumière.

La Reine Liberté, éditions XO :
  * *L'Empire des ténèbres.*
  ** *La Guerre des couronnes.*
  *** *L'Épée flamboyante.*
La Reine Soleil, Julliard
(Prix Jeand'heurs du roman historique).

Nouvelles

Le Bonheur du juste, Le Grand Livre du Mois.
La Déesse dans l'arbre, dans *Histoires d'enfance* (Sol En Si), Robert Laffont.
Que la vie est douce à l'ombre des palmes, Elle.

Ouvrages pour la jeunesse

Contes et Légendes du temps des pyramides, Nathan.
La Fiancée du Nil, Magnard (Prix Saint-Affrique).
Les Pharaons racontés par..., Perrin.

Essais sur l'Égypte ancienne

L'Égypte ancienne au jour le jour, Perrin.
L'Égypte des grands pharaons, Perrin (couronné par l'Académie française).
Les Égyptiennes, portraits de femmes de l'Égypte pharaonique, Perrin.
L'Enseignement du sage égyptien Ptah-Hotep, le plus ancien livre du monde, Éditions de la Maison de Vie.
Initiation à l'Égypte ancienne, Éditions de la Maison de Vie.
Le Monde magique de l'Égypte ancienne, éditions XO.
Néfertiti et Akhénaton, le couple solaire, Perrin.
Le Petit Champollion illustré, Robert Laffont.
Pouvoir et Sagesse selon l'Égypte ancienne, éditions XO.
Préface à : *Champollion, grammaire égyptienne,* Actes Sud.
Préface et commentaires à : *Champollion, textes fondamentaux sur l'Égypte ancienne,* Éditions de la Maison de Vie.
Rubrique « Archéologie égyptienne », dans le *Grand Dictionnaire encyclopédique,* Larousse.

Rubrique « L'Égypte pharaonique », dans le *Dictionnaire critique de l'ésotérisme*, Presses Universitaires de France.
La Sagesse vivante de l'Égypte ancienne, Robert Laffont.
La Tradition primordiale et l'Égypte ancienne selon les Textes des pyramides, Grasset.
La Vallée des Rois, histoire et découverte d'une demeure d'éternité, Perrin.
Le Voyage dans l'autre monde selon l'Égypte ancienne, éditions XO.
Voyage dans l'Égypte des pharaons, Perrin.

Autres essais

La Franc-maçonnerie, histoire et initiation, Robert Laffont.
Le Livre des Deux Chemins, symbolique du Puy-en-Velay (épuisé).
Le Message initiatique des cathédrales, Éditions de la Maison de Vie.
Saint-Bertrand-de-Comminges (épuisé).
Saint-Just-de-Valcabrère (épuisé).
Trois Voyages initiatiques, éditions XO :
 * *La confrérie des Sages du Nord.*
 * *Le message des constructeurs de cathédrales.*
 * *Le Voyage initiatique ou Les trente-trois degrés de la Sagesse.*

Albums illustrés

Karnak et Louxor, Pygmalion.
Sur les pas de Champollion, l'Égypte des hiéroglyphes (épuisé).
La Vallée des Rois, images et mystères, Perrin.
Le Voyage aux pyramides, épuisé.
Le Voyage sur le Nil, épuisé.

Impression réalisée sur CAMERON par

BUSSIÈRE CAMEDAN IMPRIMERIES

GROUPE CPI

à Saint-Amand-Montrond (Cher)
en juillet 2003

Mise en pages : Bussière

Édition exclusivement réservée
aux adhérents du Club
Le Grand Livre du Mois
15, rue des Sablons
75116 Paris
réalisée avec l'autorisation des Éditions XO

N° d'impression : 33772-032907/4.
Dépôt légal : juillet 2003.
Imprimé en France